人文社科
高校学术研究论著丛刊

当代英语翻译基本问题研究及多维透视

龚金霞 刘海林 韩淑俊 著

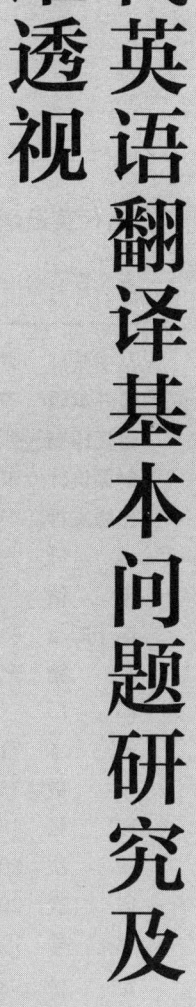

中国书籍出版社
China Book Press

图书在版编目(CIP)数据

当代英语翻译基本问题研究及多维透视/龚金霞，刘海林，韩淑俊著．－－北京：中国书籍出版社，2020.11

ISBN 978-7-5068-8119-7

Ⅰ.①当… Ⅱ.①龚… ②刘… ③韩… Ⅲ.①英语－翻译－研究 Ⅳ.① H315.9

中国版本图书馆 CIP 数据核字（2020）第 226624 号

当代英语翻译基本问题研究及多维透视

龚金霞　刘海林　韩淑俊　著

丛书策划	谭　鹏　武　斌
责任编辑	毕　磊
责任印制	孙马飞　马　芝
封面设计	东方美迪
出版发行	中国书籍出版社
地　　址	北京市丰台区三路居路 97 号（邮编：100073）
电　　话	（010）52257143（总编室）　（010）52257140（发行部）
电子邮箱	eo@chinabp.com.cn
经　　销	全国新华书店
印　　厂	三河市德贤弘印务有限公司
开　　本	710 毫米 × 1000 毫米　1/16
字　　数	336 千字
印　　张	18.75
版　　次	2021 年 10 月第 1 版
印　　次	2021 年 10 月第 1 次印刷
书　　号	ISBN 978-7-5068-8119-7
定　　价	98.00 元

版权所有　翻印必究

目 录

第一章　翻译概述 ⋯⋯⋯⋯⋯⋯⋯⋯⋯⋯⋯⋯⋯⋯⋯⋯⋯⋯ 1
　　第一节　翻译的界定 ⋯⋯⋯⋯⋯⋯⋯⋯⋯⋯⋯⋯⋯⋯⋯⋯ 1
　　第二节　翻译的分类与过程 ⋯⋯⋯⋯⋯⋯⋯⋯⋯⋯⋯⋯⋯ 5
　　第三节　中西翻译理论研究 ⋯⋯⋯⋯⋯⋯⋯⋯⋯⋯⋯⋯⋯ 9
　　第四节　翻译对译者的素质要求 ⋯⋯⋯⋯⋯⋯⋯⋯⋯⋯⋯ 23

第二章　英语翻译的基础：语言与文化 ⋯⋯⋯⋯⋯⋯⋯⋯⋯⋯ 25
　　第一节　中西语言差异 ⋯⋯⋯⋯⋯⋯⋯⋯⋯⋯⋯⋯⋯⋯⋯ 25
　　第二节　中西文化差异 ⋯⋯⋯⋯⋯⋯⋯⋯⋯⋯⋯⋯⋯⋯⋯ 38

第三章　英语翻译的常见问题 ⋯⋯⋯⋯⋯⋯⋯⋯⋯⋯⋯⋯⋯⋯ 61
　　第一节　可译性问题 ⋯⋯⋯⋯⋯⋯⋯⋯⋯⋯⋯⋯⋯⋯⋯⋯ 61
　　第二节　词汇空缺问题 ⋯⋯⋯⋯⋯⋯⋯⋯⋯⋯⋯⋯⋯⋯⋯ 67
　　第三节　文化等值与文化欠额问题 ⋯⋯⋯⋯⋯⋯⋯⋯⋯⋯ 69
　　第四节　文化翻译误区问题 ⋯⋯⋯⋯⋯⋯⋯⋯⋯⋯⋯⋯⋯ 70

第四章　英语翻译的常用技巧 ⋯⋯⋯⋯⋯⋯⋯⋯⋯⋯⋯⋯⋯⋯ 79
　　第一节　词汇翻译技巧 ⋯⋯⋯⋯⋯⋯⋯⋯⋯⋯⋯⋯⋯⋯⋯ 79
　　第二节　句子翻译技巧 ⋯⋯⋯⋯⋯⋯⋯⋯⋯⋯⋯⋯⋯⋯⋯ 102
　　第三节　语篇翻译技巧 ⋯⋯⋯⋯⋯⋯⋯⋯⋯⋯⋯⋯⋯⋯⋯ 103
　　第四节　修辞翻译技巧 ⋯⋯⋯⋯⋯⋯⋯⋯⋯⋯⋯⋯⋯⋯⋯ 106

第五章　文化维度下的英语翻译问题研究 ⋯⋯⋯⋯⋯⋯⋯⋯⋯ 108
　　第一节　文化概述 ⋯⋯⋯⋯⋯⋯⋯⋯⋯⋯⋯⋯⋯⋯⋯⋯⋯ 108
　　第二节　中西文化翻译观 ⋯⋯⋯⋯⋯⋯⋯⋯⋯⋯⋯⋯⋯⋯ 119
　　第三节　文化维度下英语翻译的具体策略 ⋯⋯⋯⋯⋯⋯⋯ 129

第六章　思维维度下的英语翻译问题研究 ⋯⋯⋯⋯⋯⋯⋯⋯⋯ 135
　　第一节　思维概述 ⋯⋯⋯⋯⋯⋯⋯⋯⋯⋯⋯⋯⋯⋯⋯⋯⋯ 135
　　第二节　翻译思维的要素与运行模式 ⋯⋯⋯⋯⋯⋯⋯⋯⋯ 138
　　第三节　思维维度下英语翻译的具体策略 ⋯⋯⋯⋯⋯⋯⋯ 154

第七章 美学维度下的英语翻译问题研究 ············ 162
第一节 美学概述 ············ 162
第二节 翻译美学的心理结构与基础层级 ············ 163
第三节 美学维度下英语翻译的具体策略 ············ 187

第八章 文学维度下的英语翻译问题研究 ············ 195
第一节 文学概述 ············ 195
第二节 文学翻译的要素与基本问题 ············ 197
第三节 文学维度下英语翻译的具体策略 ············ 211

第九章 文体学维度下的英语翻译问题研究 ············ 220
第一节 文体学概述 ············ 220
第二节 翻译文体学研究 ············ 221
第三节 文体学维度下英语翻译的具体策略 ············ 222

第十章 语用学维度下的英语翻译问题研究 ············ 229
第一节 语用学概述 ············ 229
第二节 中西语用翻译观 ············ 231
第三节 语用学维度下英语翻译的具体策略 ············ 235

第十一章 心理学维度下的英语翻译问题研究 ············ 248
第一节 心理学概述 ············ 248
第二节 翻译心理学的运行模式 ············ 253
第三节 心理学维度下英语翻译的具体策略 ············ 268

第十二章 生态学维度下的英语翻译问题研究 ············ 275
第一节 生态学概述 ············ 275
第二节 生态翻译的相关理论 ············ 282
第三节 生态学维度下英语翻译的具体策略 ············ 284

参考文献 ············ 289

第一章 翻译概述

翻译的覆盖面是非常广泛的,是一门极为复杂的学科,而且翻译与其他学科有着紧密的关系,如文体学、文化学、心理学等。要想能够翻译得准确,译者不仅需要具备高超的语言功底,还需要经过反复的训练,做到理论与实践的结合。本章作为开篇第一章,首先对翻译的基础知识展开分析,包含翻译的界定、翻译的分类与过程、中西翻译理论研究、翻译对译者的素质要求四个方面。

第一节 翻译的界定

翻译的概念是翻译理论的基础与原点。翻译理论的很多流派都对翻译进行过界定。人们的翻译活动已经有 2000 多年的历史了,对翻译概念的认知也随之发生了改变。学者威尔斯说:"一部翻译史事实上就是对'翻译'这个词的多义性进行的论战。"[1] 从威尔斯的论述中可知,对翻译的理解需要从多个层面进行考量。

一、翻译的任务

在翻译的定义中经常会出现"意义"一词,其主要包含翻译的客体,即"翻译是什么?"应该说,"意义"相比费奥多罗夫的"所表达出的东西",更具有术语性,用其解答"什么是翻译"的问题是翻译学界的一大进步。但是也不得不说,有时候运用"意义"对翻译进行界定会引起某些偏差,因为很多人在理解意义时往往会受到结构主义语言学的影响,认为语言是有着固定的、明确的意义的。但就实际程度来说,语言的意义非常复杂。

著名语言学家利奇(L. N. Leech)指出意义具有七大类型,同时指

---

[1] 威尔斯著;祝珏,周智谟译.翻译学——问题与方法[M].北京:中国对外翻译出版社,1988:19.

出:"我不希望给人留下这样的印象,即这些就是所有意义的类型,能够将所传递的一切意义都表达出来。"[1]利奇还使用sense来表达狭义层面的意义,而对于包含七大意义在内的广义层面的意义,利奇将这些意义称为"交际价值",其对于人们认知翻译十分重要。换句话说,源语文本中的这种广义层面的意义实际上指的都是不同的价值,将这些价值结合起来就是所谓的总体价值。

很多学者指出,如果不将原作的细节考虑进去,就无法来谈论原作的整体层面。但需要指出的是,原作的整体不是细节的简单叠加,因此从整体上对原作进行考量,并分析翻译的概念是十分必要的。

王宏印在对翻译进行界定时指出:"翻译的客体是文本,并指出文本是语言活动的完整作品,其是稳定、独立的客观实体。"[2]但是,原作文本作为一个整体如何成为译本呢?作者认为,美学中的"再现"恰好能解释这一过程。

在美学中,再现是对模仿的一种超越。在模仿说中,艺术家的地位是不值得被提出来的,他们不过是在现实之后的一种奴仆,他们的角色如镜子一样,仅仅是对现实的一种被动的记录,自己却没有得到任何东西。换句话说,在模仿说中,艺术品、艺术表现力是不值得被提出来的,因为最终要对艺术品进行评论,都是看其与真实物是否相像。实际上,模仿说并未真实地反映出艺术创作的情况,很多人认为模仿的过程是被动的,但是在看似这种被动的情况下,也包含了很多表现行为与艺术创造力,其中就包括艺术家的个人体验与个人风格。同样,即便是那些不涉及艺术性的信息类文本,其翻译活动也不是模仿,而是译者进行的创造过程;对于那些富含艺术性的文本,模仿说更是无稽之谈了。最终,模仿必然会被再现替代。

用"再现"这一术语对翻译概念进行说明,可以明确地展现翻译的创造性,可以将译作的非依附性清楚地表现出来。因为再现与被再现事物本身并不等同,而是一个创造性的艺术表现形式,同时再现可以实现译作替代原作的功能。

二、翻译的维度

从普通意义上对翻译内涵展开的论述有很多,但观点并不统一。通论式翻译概念的确立是从语言学角度来说的,并随着语言学研究的深入

---

[1] 利奇著;李瑞华,王彤福,杨自俭,穆国豪译.语义学[M].上海:上海外语教育出版社,1987:29.
[2] 王宏印.英汉翻译综合教程[M].大连:辽宁师范大学出版社,2002:54.

而不断完善与发展。

俄罗斯学者费奥多罗夫(Fyodorov)从传统语言学角度出发,指出翻译是"运用一种语言的多种手段,将另外一种语言的多种手段在形式、内容层面不可分割的统一体中所传达的东西,用完整、准确的语句表达出来的过程"。[1]

英国学者卡特福德(J. C. Catford)从普通语言学理论视角,将翻译定义为"将源语文本材料替换成等值的译语文本材料的过程"。[2]

英国学者纽马克(P. Newmark)认为,翻译形式是将一种语言/语言单位转换成另一个语言的过程。所谓的语言/语言单位,指的是整个文本或者文本一部分的含义。[3]

美国学者奈达与泰伯(E. A. Nida & C. R. Taber)指出:"翻译是用目的语创造一个与源语最接近的等值物,意义为首,风格为次。"[4]

通论式翻译概念对人们从宏观角度认识翻译有着巨大的帮助。但是,仅仅从语言角度进行强调也并不全面,也很难将翻译的概念完全地揭示出来,翻译的概念还应该涉及文化部分。

许钧指出:"从语言学角度对翻译进行界定是将翻译活动限于语言转换层面,这样会容易遮盖翻译所囊括的广义内涵,并且容易忽视语际翻译的全过程及翻译中所承载的文化。"[5]

科米萨罗夫(Komissarov)就指出:"翻译过程不是仅仅将一种语言替换成另外一种语言,其是不同个性、文化、思维等的碰撞。"[6] 同时,科米萨罗夫还专门对翻译学中的社会学、文化学问题进行了研究。即便如此,他们下的定义还未能明确文化这一维度。

俄罗斯学者什维策尔认为翻译过程中应该将两种语言、两种文化、两种情境体现出来,并分析出二者的差别。在他看来,翻译可以进行以下界定。[7]

(1)翻译是一个单向的,由两个阶段构成的跨语言、跨文化过程,在

---

[1] 杨仕章.翻译界说新探[J].外语教学,2015(6):101.
[2] Catford, J. C. A *Linguistic Theory of Translation*[M]. London: Oxford University Press, 1965: 20.
[3] Newmark, P. *About Translation*[M]. Beijing: Foreign Language Teaching and Research Press, 2006: 27.
[4] Nida, E. A. & Taber, C. R. *The Theory and Practice of Translation*[M]. Shanghai: Shanghai Foreign Language Education Press, 2004: 12.
[5] 许钧.翻译概论[M].北京:外语教学与研究出版社,2009:29.
[6] 杨仕章.翻译界说新探[J].外语教学,2015(6):101.
[7] 同上.

这一过程中,往往需要对源语文本进行有目的的分析,然后创作出译语文本,对源语文本进行替代。

(2)翻译是一个对源语文本交际效果进行传达的过程,其目的由于两种语言、文化、交际情境的差异性而逐渐改变。

很明显,什维策尔的定义包含了文化因素,并指出翻译是跨文化交际的过程,强调译本语境是另一种语言文化环境。

我国学者许钧认为翻译具有五大特征,即符号转换性、社会性、创造性、文化性、历史性。同时,基于这五大特征,将翻译定义为"以符号转换作为手段,以意义再生作为任务的一项跨文化交际活动"。[①]

显然,当前的翻译已经从语言维度逐渐过渡到语言—文化维度。

三、翻译的传播

在翻译的定义中将翻译的文化性体现出来,可谓一个很大的进步。但是,在将文化性体现出来的同时,很多学者习惯运用"跨文化交流"或"跨文化交际"这样的说法。

翻译属于跨文化交际活动,但这大多是从历史角度对不同民族间的翻译活动历史成效进行的定性表述。

普罗瑟认为,跨文化交流活动需要的是双向互动,但是跨文化传播需要的则是单向互动。[②]由于具体的翻译活动往往呈现的是单向过程,因此决定了翻译活动应该是一种传播活动。所以,如果确切地对翻译进行界定的话,可以将翻译定义为"一种跨文化传播活动"。

如果翻译的语言特征体现为不同语言之间的转换,那么翻译的文化特征体现的则是文化移植。当然,这种移植可以是引入,也可以是移出,由于源语文化与译语文化并不是对称的,同一个文化因素在引入与移出的过程中不可避免地会遇到不同的翻译策略。这样可以说明,无论是从语言转换的角度,还是从文化移植的角度而言,翻译都是单向性的。

[①] 许钧.翻译概论[M].北京:外语教学与研究出版社,2009:41.
[②] 普罗瑟著,何道宽译.文化对话:跨文化传播导论[M].北京:北京大学出版社,2013:3.

第二节 翻译的分类与过程

一、翻译的分类

依据不同的标准,翻译有着不同的种类。以下就从不同的标准出发,来分析翻译的具体类型。

（一）根据作品种类分类

根据翻译作品的种类,翻译可以划分为五大类。

（1）全译,即逐词逐句对原作进行翻译,是最常见的翻译种类。

（2）摘译,即从出版部分、编辑人员、读者的要求出发,对原作的一部分进行翻译,其往往在一些报纸杂志中比较适用。

（3）参译,即参考翻译,是一种自由的、特殊的翻译品种,可以是全译,也可以是摘译或者编译。

（4）编译,即一篇原文或者几篇原文的内容进行串联的翻译,是一种特殊的翻译形式,其可以将原作松散的内容进行整合,还可以将多篇原作内容进行串联,对译文进行丰富。

（5）写译,即译者将翻译作为主体的写作,是比编译更为宽松、自由的翻译形式。

（二）根据原作种类分类

根据翻译原作种类,可以将翻译划分为如下三种。

（1）一般语言材料翻译,即日常使用的语言,其包含一般报刊翻译与各类应用文翻译,这类翻译往往包含四个特点。

其一,杂,即内容上包罗万象,不仅有趣味的新闻,还有科普类文章,更有生活常识类文章等。

其二,浅,即语言上比较容易理解,不像文学作品那么深奥,也不像专业翻译那么专业化。

其三,活,即与一般科技类文章相比,行文上比较活泼。

其四,新,即语言上比较现代化,添加了很多新词、新语。

因此,在翻译此类文本时,译者需要对"忠顺"的矛盾加以灵活处理,采用一切方法,对译文进行加工与修饰,追求行文的传神与活泼。

（2）文学翻译，其要比一般语言材料的翻译较为困难，这是因为其具有如下几个特点。

其一，长，即跨度时间都比较长，因此要求译者具备扎实的基本功。

其二，突，即翻译时要凸显"忠顺"。

其三，高，即要求译者具有较高的译语基本功，尤其是对世界名著展开翻译时，要求的译语基本功更高。

其四，雅，即要求翻译时要雅，具有文学味道与作品气质。

其五，创，即要求翻译时译者要发挥自身的创造性，这一点要比其他两种翻译要求更多，因为文学翻译对传神达意的要求更高。

因此，在进行文学翻译时，译者需要对"忠顺"的矛盾进行灵活把握，解决二者的矛盾时需要考虑原作的特色、译作的目的以及译作的环境。

（3）专业翻译，即包含科技资料、商务信函、军事著作等在内的各种文本的翻译，这里仅就科技翻译来说明其特点。

其一，专业，即涉及大量的专业词汇与表达。

其二，重大，即具有重大的责任，因为如果误译的话，可能会造成严重的后果。

其三，枯燥，这是其特殊性，因为其涉及的词汇、表达等有时非常的枯燥无味、晦涩难懂。

（三）根据工作主体分类

根据翻译工作的主体，可以将翻译划分为如下两类。

（1）人工翻译，即传统的以译者作为主体的翻译形式，往往从多人到一人。

（2）机器翻译，即 20 世纪 70 年代后出现的将翻译机器作为主体的翻译形式，往往从简单到智能型。

需要指出的是，机器翻译比较快，不怕重复，也不需要休息，但是它也存在着不足之处，如比较机械，离不开人，还需要译者进行核对、润色与定稿。因此，要想翻译准确，机器翻译也需要人工翻译的配合。

（四）根据等值程度分类

根据等值程度，可以将翻译划分为如下四种。

（1）完全等值，即 1∶1 的等值，对于一种原文，虽然译法有一种或者几种，但是效果需要与原作保持基本一致。

（2）部分等值，即 1∶几或者几∶1 的等值，其源自两种：一种是对某一原作，有几种译文；二是对于多种原作，仅有一种译文。无论是哪种，其都未达到完全等值,仅仅是部分等值。

(3)假性不等值,即前面的完全等值或者部分等值,这种现象也非常常见。原作中的某个词、句子等,有时候译文初看与原作不等值,但是译语明明有完全等值的表达,译者就是不采用。这是为什么呢?因为译者如果采用了完全等值的表达,其在实际中的效果就不能实现等值,虽然他们在措辞上似乎是不等值的,但是在实际效果上是等值的。

(4)不等值,即 1∶0 或者 0∶1 的等值。

二、翻译的过程

翻译过程是非常复杂的,而且是一项复杂的心理过程,其工作的重心不仅是研究如何才能在兼顾原文思想的前提下传达原文的意义。这一过程包含三个关联阶段,即理解、表达与校改。

(一)准备

由于翻译是一项十分复杂的工作,因此进行适当的准备是非常重要的。在翻译之前,译者通过准备,可以保证自身的翻译工作顺利进行。当然,准备工作也包含很多,尤其要查询与之相关的资料,这样便于译者对原作有基础的了解。当然,译者还需要借助相关的工具书或辞典。具体来说,主要包含如下几个层面。

1. 了解作者的基本情况

在翻译之前,译者需要对原作作者的生平、时代、社会背景、写作风格等有基本的把握。对于这些信息,译者可以从多个途径获得,如百科全书、网络、自传等。

2. 分析作者的创作手法

在翻译之前,译者至少要阅读作者的两部著作,从中了解作者的写作风格、创作手法以及基本的思想取向等,尤其是作者的经典代表作,这样可以从中找到与所要翻译作品的某些相似之处,也可以使他们更深刻地理解所翻译的作品。

3. 清楚作者的语言风格

对作者语言风格的再现是翻译的重要内容,所以译者在翻译过程中要充分了解作者的语言风格。译者可以对某些段落进行解读,分析其中的行文与修辞特点,对作者的写作特殊之处有初步的接触,从而为之后的深刻剖析奠定基础。

　　4.准备工具书等材料

　　译者在进行翻译时,需要借助工具书,常见的工具书有百科全书、双语词典等,如 *The Shorter Oxford English Dictionary*、*Longman Dictionary of Contemporary English* 等。

　　(二)理解

　　所谓理解,即通过将事物间的联系进行揭露,并对新事物进行认知的过程。从翻译的角度来说,理解就是译者在对原作进行了解的基础上,运用英汉两种语言的词汇、语法、修辞等知识,对原作的内容与风格进行明确的意思。

　　(三)表达

　　表达是翻译过程中十分重要的一个环节,它是理解的深化和体现,是理解的目的和结果。表达是综合因素与艺术因素二者的结合,因此表达具有较高的创造性,译者在进行翻译实践时,一定要从原作中跳出,摆脱原作的形式束缚,要发挥出译语的长处,将对原作的表层与深层意义的理解确切地表达出来,将原作化成一个整体来再现。

　　(四)修改与审校

　　所谓修改,是指对译作进行加工润色与修正。其包含两个层面:一是对译文进行全面的修正;二是对译文词句进行修正,可以划分为两步。
　　(1)与原作对照,逐句逐段修改,具体展开如下。
　　其一,确定原作思想、内容是否准确传达。
　　其二,确定有无错译、漏译等情况。
　　其三,确定译文是否通顺。
　　其四,确定译文的风格色彩是否与原作相符。
　　(2)脱离原作之后,对译文进行反复的阅读,如有错误,进行修改,具体展开如下。
　　其一,译文用词是否规范、恰当。
　　其二,上下文是否衔接恰当。
　　其三,译文前后是否矛盾与重复。
　　其四,译文是否存在逻辑不通的情况。
　　所谓审校,是最后一个步骤,是对译文做最后查验,具体展开如下。

（1）审校译文的词汇、句子、段落是否存在错漏的地方。
（2）审校译文中的方位、人名、地名、数字等情况是否存在错漏的地方。
（3）审校译文中的术语是否存在不一致的地方。
（4）审校译文中的标点是否有错误的地方。
（5）审校译文中的注释是否有不妥当的地方。

第三节　中西翻译理论研究

中西方翻译的传统使世界翻译史上形成了两大特色鲜明的翻译体系，并且是相互独立的两大体系。虽然是独立的体系，但是都形成了各自有特色的翻译思想，这些思想可能是相近的，也可能是存在差异的。本节就对中西翻译理论进行研究。

一、中国的翻译理论

国内从20世纪下半叶开始引进西方翻译理论，其接受和消化西方翻译理论的过程值得反思。西方翻译理论大大开阔了国内翻译研究者的视野，为国内的翻译理论研究奠定了扎实的基础。

（一）中国古代翻译理论

中国的翻译活动起源于春秋战国时代，而真正的语际翻译活动是佛经翻译。佛经翻译也是翻译活动的第一个高潮。随着众多经书的译出，许多翻译理论和方法随之出现，因此佛经翻译时期是中国翻译理论形成的开端。

支谦作为佛经汉译的开创者，翻译著作丰富，重译了《道行》及《首楞严》。他十分注重翻译技巧的运用，在《法句经序》一书中，首先指出了翻译的不易，接着对当时"文"与"质"的翻译观点进行了分析，启发了严复对"信、达、雅"的思考。

对于翻译方法，释道安也提出了自己的见解。他认为，在翻译经文时，大乘经翻译应以"文"为主，戒律翻译应以"质"为主。他还提出了"五失本、三不易"理论，即五种情况易使译文丧失原意，三种情况不易处理。

在翻译方法上，玄奘主张将直译与意译结合起来，提出了著名的"五不翻"思想，即"秘密故、含多义故、此无故、顺古故、生善故"。玄奘还提出了六种翻译技巧,分别是补充法、省略法、变位法、分合法、译名假借法、代词还原法。

明朝初年,人们对自然科学存有一定程度的蔑视。徐光启(1562—1633年)主动介绍西洋自然科学,勤奋著述,译有《几何原本》《泰西水法》等书,为17世纪中西文化交流做出了重要贡献。与徐光启齐名的李之藻(1565—1630年)精于天文历算、数学,在几何方面的译作质量非常高。他与利玛窦合编了《同文指算》一书,至1613年译成,将西洋笔算传入我国。《同文指算》是中国编译西方数学的最早著作。

(二)中国近现代翻译理论

鸦片战争至甲午战争前,被誉为"组织翻译活动先驱"的林则徐一心致力于翻译西方书籍。林则徐虽然没有提出翻译理论,但是对中国的翻译事业做出了巨大的贡献。

第二次鸦片战争后,马建忠开始研习西学。他在《拟设翻译书院议》中指出了急需翻译的三类书籍,强调要挑选优秀著作来翻译,并提出翻译的标准在于译文与原文的一致。马建忠进一步指出,要实现译文与原文的一致,译者必须精通译语和源语。他的这一理论奠定了中国近代重要译学理论的发展基础。

被称为"维新志士"的梁启超,在翻译西学方面也表现得非常活跃,他提出了翻译强国的观点,并创造了翻译文学理论,其思想对当今的翻译实践仍具有借鉴意义。

中国近代启蒙思想家、翻译家严复,翻译了《天演论》《原富》《群学肆言》《群己权界论》等著作,将西方的社会学、政治经济学、哲学和自然科学引入中国。他提出了"信、达、雅"三条翻译标准,对后世的翻译实践具有重要的指导作用。

19世纪末20世纪初,西方资本主义文化思想包括两大派别:一是发达资本主义国家的个性主义和自由主义,二是被压迫民族的人道主义和民主主义。在这种时代背景下,鲁迅将目光转向后者,试图通过翻译这些被压迫民族的作品来唤醒沉睡的中国人。当时的翻译比较混乱,鲁迅始终将"忠实"作为翻译的首要原则,并大力提倡忠实于原著的白话文直译法,使西方近代资本主义思想进入中国。他还对翻译理论、翻译原则做出了诸多研究和论述,他创立了以"易解、风姿"和"移情、益智"为核心的翻译理论,以及"以直译为主,以意译为辅"与"以信为主,以顺为辅"的翻译原则,并提出"翻译应与创作并重"的思想。他的"重译"与"复译"观点及时纠正了当时的不良译风。

第一章 翻译概述

鲁迅的翻译理论基于对历代佛经翻译的批判继承与发展的基础上，并结合清朝末期社会科学与文学翻译理论的发展而逐渐形成的。作为一名翻译理论家，鲁迅发表了很多翻译理论著作与文章。直到今天，鲁迅的翻译思想仍旧是译学发展的一个重要组成部分。鲁迅的主要贡献总结如下。

以"直译为主、意译为辅"与以"信为主，顺为辅"思想。鲁迅主张，翻译应该"以信为主，以顺为辅"，反对只顺不信，也就是鲁迅所谓的"宁信而不顺"。鲁迅认为，在翻译时译者不仅将新的内容输入进去，还将新的表现手法输入进去，而其中的一部分会从不顺转成顺，那些彻底不顺的部分会逐渐被淘汰，这就涉及批判的内容。对于硬译与死译的看法，鲁迅认为翻译应该综合中国翻译历史的经验，要取其精华、去其糟粕，即不仅要尽量地输入，同时要尽量地予以消化，将那些可以运用的进行传承，将那些不可以运用的排除掉。对于"硬译"，鲁迅认为可以输入那些新造的句法，一时间可能让人感到异样，但是后来逐渐被据为己有，这就是所谓的取其精华，但同时那些确实可以舍弃的生硬句法就应该被舍弃，这是所谓的去其糟粕，这是翻译的辩证法。鲁迅既主张"信顺"，又主张将新的表现法进行输入，这就体现了他的"直译"思想。但是，他也并不排斥意译，只不过是存在宾主之分而已，并不是敌我的意思。

"易解、风姿"双标准论与"移情、益智"双功能说。鲁迅提出的"易解、风姿"是翻译的标准，而"移情、益智"是翻译的功能，他们是鲁迅翻译理论的核心内容。鲁迅曾经这样说："在动笔之前，要先解决一个问题，是要归化翻译，还是尽量保留洋气。日本译者上田进君主张采用归化翻译，他认为讽刺作品的翻译应该首先保证易懂。我认为应该是两样都需要的，如果仅要求易懂，还不如创作或者改作，将事情化为中国的事情，将人物化为中国人。如果是翻译，首要的目的应该对外国的作品进行博览，不仅仅要移情，还要益智，至少要知道什么时候发生了这件事，这就是所谓的洋气。"实际上，世界上并不存在完全归化的译文，如果有，从严格意义上说不算是翻译。只要是翻译，就需要兼顾两个层面：一是易解，二是保留原作风姿，但二者往往是矛盾的。从长期的翻译实践中，鲁迅创立了自己的理论，这两种翻译思想的理论价值在于，"易解、风姿"要比严复的"信、达、雅"具有更强大的涵盖力，使得"信、达、雅"得到进一步的丰富与深化。一般说，"信、达、雅"是对内容、语言、风格的描述，这三个层面是不能分割的，但是可以分开进行讲解。鲁迅的两面论不仅要求通顺，还要求忠实。但是，这个忠实与"信"并不完全等同，从本质上说是广义层面的"信"，即从内容到形式都是忠实的，是对原作的内容与形式这一不可分割的整体的忠实,是一种全面的忠实。

关于"重译"和"复译"的思想。"重译"与"复译"是鲁迅的两个重要翻译思想,这一思想击退了当时的乱译风,使我国的翻译事业健康发展。鲁迅所说的"重译"就是转译,任何的转译,无论是从英文、日本、德文还是法文等,都有一个先天的弱点,即翻译本身不可避免地使原作与译作间间隔了一层,而从其他文字译文进行转译,也无形中增加了一层,这就给译者设置了双重壁障。鲁迅提倡从原文直接进行翻译,这样是对作者的尊重,也是对读者的爱护。翻译界的后人正是基于鲁迅的这一思想,才让他们取得一次次成功,翻译出更优秀的作品,为我国的文学翻译事业做出贡献,这是翻译历史发展的必然趋势。对于复译,鲁迅认为即便已经存在好的译本,进行复译也是非常必要的,译者可以取旧译本的长处,加上自己新的体会,译出一种近乎完美的定本。当然,随着时代的变迁,以后也会不断涌现新的译本。翻译有没有"一劳永逸"的译本,对于这一问题不得不说是极少的。就文字来说,中国现在是不存在"一劳永逸"这一符号的,这就是说"一劳永逸"的译本也是不存在的,只能说存在更接近的定本。鲁迅对待复译很宽容,认为可以选取旧有的、已经存在的译本的长处,并加以借鉴,然后加上自己的心得,进行再创造。重点在于,译者要敢于超越。这也说明了一个道理:人类的文化总是基于原有文化进行逐渐积累。

胡适也是中国白话新诗翻译的领军人物。他认为,用文言文字译诗,只能供少数人欣赏,不能普及。诗歌必须为平民大众所理解,因此翻译应该做到明白流畅。对于翻译,胡适提出了"三负责"之说:一是要对原作者负责任;二是要对读者负责任;三是要对自己负责任。

(三)中国当代翻译理论

刘重德先生在其著作《文学翻译十讲》中提出了"信、达、切"的三位一体翻译标准。

(1)信:信于内容,即内容的忠实性。
(2)达:达如其意,即句子的表达性。
(3)切:切合风格,即风格的贴切性。

刘重德教授用"切"替代了严复的"雅"字,他认为"雅"即所谓的"尔雅"或"文雅",其实是很多风格中的一种,具体翻译时,不可一味地追求"雅",而应实事求是,恰如其分,切合原文风格。"切"是中性词,对于各种不同的风格均贴合。

林语堂对于翻译的独到认识是对中国传统翻译思想的丰富和发展。

林语堂在长篇论文《论翻译》中较为系统地论述了自己的翻译理论。

焦菊隐是我是著名的戏剧家、翻译家。他发表了著名论文《论直译》，提出了"整体论"的翻译思想，丰富了篇章翻译理论。"整体论"是指译者要具有整体视野，首先实现整体的意义对应，然后再从上到下、由大到小考察每个部分的意义，逐步完成各个部分的对应。他认为，翻译是"二度"创造的艺术。译者只有认识到了这一点，才能不断提升自身的翻译水平。

傅雷是我国著名的文学翻译家、文艺评论家，他积极地把自己的翻译与国家命运联系起来，试图通过自己的译作鼓舞人们为民族振兴而奋斗。傅雷最具代表性的翻译思想是"传神说"，即"重神似不重形似；译文必须为纯粹之中文"。译者要使译文达到传神的标准，需要满足三个条件。第一，吃透原作的外在形式和内在精神。第二，将自己的理解忠实而生动地表达出来。第三，气息、文脉要流畅、贯通。"传神说"正视了文化差异的客观存在，强调译者要从本质的层面去传递原文的风格、意境、神韵等。

谈起当代翻译理论，不得不提的另外一个人，就是钱钟书。钱钟书在《林纾的翻译》一文中提出了"化境说"。"化"是文学翻译的最高理想，即将作品从一种文字转换成另一种文字而不表现出生硬牵强的痕迹。

著名翻译家叶君健精通多种语言，一生翻译了大量外国文学著作，尤以翻译安徒生的童话而闻名于世。叶君健反对传统翻译观将译者视为"隐形人"的观点，比较注重译者在翻译中的主体性和创造性。叶君健认为，文学翻译不是简单的符码转化，翻译有再创造的一面。他在《翻译也要出"精品"》一文中，系统地论述了"精品"理论，即翻译可以使一部外国作品转化为本国作品，并强调了"译者的个性"和"个性的译作"。

二、西方的翻译理论

通过总结翻译现象和翻译活动，抽象概括出某种翻译理论，是所有翻译理论研究者的共同追求。随着众多学者对翻译理论研究的深度和广度的扩展，就形成了不同的翻译理论流派，这些流派从不同的角度和切入点来研究翻译，对翻译有着不尽相同的认识和理解。西方翻译有着几千年的历史，翻译理论成果丰富灿烂。国内从 20 世纪下半叶开始引进西方翻译理论，其接受和消化西方翻译理论的过程值得反思。这些西方翻译理论大大开阔了国内翻译研究者的视野，为国内的翻译理论研究奠定了扎实的基础。在此，将对七种主要的翻译理论流派进行基本的阐述。

(一)语言学派

从语言学的角度来研究翻译问题,是从奥古斯丁开始的,他是西方翻译理论的语言学传统的鼻祖和创始人。谈到语言,人们就会想到符号这个概念。在参照和继承了亚里士多德的"符号"理论的情况下,奥古斯丁指出语言符号包括"能指""所指"两种内容,并揭示了这两者和译者"判断"之间的相互关系。

既然是从语言学视角研究翻译,那么语言学的观点必然会影响着人们对翻译的研究。毫无疑问,西方翻译理论受到了斐迪南·德·索绪尔(Ferdinand de Saussure)的普通语言学理论的深刻影响。20世纪初,斐迪南·德·索绪尔详细说明了什么是语言以及什么是言语,并对语言的历时和共时的辨别提供了详细的解释,为此后翻译研究的语言学派构建了基本框架。也就是从这时候起,西方翻译学者纷纷注意到,语言理论可以为翻译模式建构提供理论支持,这就导致翻译语言学派对翻译中的语言事实比较关注,如语音、词汇、句子、篇章等一些语言单元都是研究者们的着手点,试图以此探索翻译活动的普遍规律。此外,他们深深地赞同"等值"理论,认为要进行翻译,必须先解决语言之间的转换问题。

随着越来越多的人加入翻译语言学派这个研究队伍,翻译语言学派像一棵大树一样生长得非常茂盛。翻译语言学派这个队伍中最具代表性的有尤金·奈达、罗曼·雅各布逊(Roman Jakobson)、约翰·卡特福德以及彼得·纽马克(Peter Newmark)。

1. 奈达

从1945年开始,奈达的主要精力就放在了对翻译的研究上,其对西方翻译理论史的贡献无人能及。他于1947年发表了《论〈圣经〉翻译的原则和程序》,这为西方语言学派科学地研究翻译掀开了新的篇章。他首次倡导要进行科学的翻译,于是提出"翻译的科学"这种打破历史传统的观点,翻译语言学派也因此被称为翻译科学派。他又将信息论引入了翻译研究,创立了翻译研究的交际学派。

奈达认为,在翻译过程中,应该遵循四大原则。

(1)相较于词语一致,保证上下文一致更为重要。对于单词的含义来说,其中涉及的不是语义点,而是语义域,即一个词往往会具备多层含义。在不同的语言中,相应词的语义域并不是完全相同的,因此译者在翻译时需要选择正确的词语对原作进行恰当翻译,考虑选择的词语是否上下文一致,而不应该仅限于某个单词的一致。

第一章 翻译概述

（2）相较于形式对应，动态对等或功能对等更为重要。从读者的角度而言，奈达认为译作应该关注是否能够被目的语读者理解。当然，其中的理解并不是目的语读者对某些词语的理解，也不是对句子规范的理解，而是对译作做出怎样的反应。当然，这种反应要求是基本一致的，不可能是完全一致，因为源语与译语的历史、文化等存在明显差异。

（3）相较于书面形式，口头形式更为重要。无论是何种语言，书面形式与口头形式并不是等同的，有的语言书面形式较为优美，但是如果放在口头上就很难让人理解。因此，译者在进行翻译时需要注意如下几点。

其一，翻译时尽量避免使用令人误解或者模糊的词语。

其二，翻译时尽量不要使用让人误解的语序及发音。

其三，翻译时尽量不要使用粗俗的词语。

其四，翻译时尽量不要使内容超载，保证简洁最好。

（4）相较于传统的语言形式，译者的需要更为重要。这就是说要照顾读者群体的需要，将大众语言反映出来，而不应该仅限于传统语言形式。

2. 卡特福德

卡特福德注重从现代语言学视角诠释翻译问题，他提出了以下几个主要的翻译观点。

第一，要想进行适当的翻译，必须先确立语言之间的等值关系。

第二，翻译以"对等"为中心和准则。

第三，他创立了"转换（shift）"这一概念，并将其分为"层次转换"和"范畴转换"两种形式。

第四，他还思考了如何培养翻译人员的问题，对此他认为要辨别原文和译文在语言上的不同特征并分析两种语言的限制性因素。

3. 雅各布逊

美国著名语言学家雅各布逊在1959年发表了《论翻译的语言学问题》一文，从语言学、符号学的角度审视翻译，提出了语内翻译、语际翻译和符际翻译三种翻译类型。雅各布逊认为翻译必须考虑语言的功能以及语言的比较。雅各布逊一直坚持语言功能理论，使得翻译研究跳出了词汇、句子和语篇等的限制性框架结构，而为翻译研究开拓出了一种语境模式，重点关注翻译中语言的意义、等值、可译性和不可译性等根本问题。

4. 纽马克

英国学者纽马克从跨文化交际理论的视角和现代语言学的视角，提出了"交际翻译"和"语义翻译"两个重要的翻译策略。交际翻译力求接近原文文本,语义翻译在目标语结构许可的情况下尽可能准确再现原文意义和语境。此外,他对雅各布逊的功能模式做出了修改,将文本功能分为寒暄功能、呼唤功能、表情功能、元语言功能、信息功能、审美功能六种,并据此来系统描述、比较源语和目的语,以期建立文本类型的样板。

(二)功能学派

在20世纪70年代到80年代,由于翻译研究对语言学的依赖,翻译理论与实践出现严重分离的现象,翻译的功能学派就在这种情况下出现了。功能学派翻译理论将分析翻译的角度延伸到了交际理论、行为理论、信息论、语篇语言学以及美学等领域,推翻了原文的权威地位,并从目标文本的立场去研究翻译。功能学派的主要代表人物有凯瑟琳娜·莱斯(Katharina Reiss)、汉斯·弗米尔(Hans Vermeer)、克里斯蒂安·诺德(Christiane Nord)、贾斯格·霍兹·曼塔里(Justa Holz Manttari)等。

1. 莱斯

莱斯的研究呈现阶段性特征。在早期阶段,她主要研究语篇对等。但是,她在研究后期意识到翻译不存在对等,因此颠覆了之前的研究成果。后来,她转而研究翻译的功能,弗米尔也加入了她的研究行列。在1971年出版的《翻译批评的可能性与限制》一书中,莱斯引入了功能范畴,使语言功能、语篇类型和翻译策略三者成为一个有机整体,使得基于原文与译文功能关系的翻译批评模式有了新的进展。功能派理论思想随之有了萌芽。

莱斯认为,文本类型是多种的,不同的文本类型对应不同的翻译方法。她将语篇分为"信息(Informative)文本""表情(Expressive)文本"和"感染(Operative)文本",这种划分只在译文和原文功能对等的时候才有意义。任何一种翻译类型都只是出现在特定环境中,并有着特定的翻译目的。判断一篇译文质量优劣的标准是译文能否传达原文的主导功能。功能主要由接受者决定,目标文本的形态首先就要符合这种功能和目的。因为莱斯的文本类型划分只适合于特定条件,所以她的功能对等论不被视为常规标准而只被当作特殊标准。

2. 费米尔

在批判莱斯翻译理论的基础上,弗米尔创立了目的论,以至于有人将功能学派称为目的学派。

费米尔沿用了符号的概念,并将翻译、符号与非语言行为进行联系,并认为符号的使用也是翻译目的所驱动的,并且受到跨文化交际的制约。在他看来,翻译就相当于语言符号的转换和非言语行为。

费米尔著名的目的论包括一系列的原则,最主要的是连贯原则、忠实原则和目的原则,并且目的原则统摄连贯原则、忠实原则。换言之,目的原则的要求是排在第一位的。

连贯原则主要针对的是语篇内的连贯,也就是指译文的前文和后文要有一定的逻辑关联,语言表达应该地道、真实、自然,并能够为目的语文化和交际提供某些价值。

忠实原则主要针对的是语篇间的连贯,也就是指译文和原文在内容和形式上应该有逻辑关联,但也并不是机械地要求译文和原文一模一样。面对同一篇原文,每一个译者可能有着不尽相同的理解,那么译文存在的目的和译者的理解就决定了忠实的程度和形式。

目的原则认为,翻译行为都具有一定的目的,译者在这个目的的指引下采取相适应的翻译方法。

在上述三个原则中,语篇间连贯从属于语篇内连贯,而二者同时受目的原则的统领。也就是说,当目的原则要求语篇间或者语篇内不连贯时,二者都将失去作用。

3. 诺德

诺德首先围绕语篇分析做了一些研究,其次还探索了具体的翻译类型,并从哲学的视阈下探讨功能主义目的论。

诺德对翻译中人的因素尤其关注,如译文接受者、译者的双语能力与译者培训等方面。另外,她对忠实原则也格外重视,并且在折中的思路下提出了"功能加忠诚"模式,此处的"功能"是指译文要让译语文化接受者受到某些启迪或者获得一些帮助,而"忠诚"是道德层面的概念,涉及的是翻译活动参与者之间的关系,强调译者应当通盘考虑所有参与者的期望。

4. 曼塔里

在冯·莱特(Gerog Henrikvon Wright)的行为理论和里宾(Jochen Rehbein)的功能语用学的基础上,曼塔里提出了翻译行为论,这对功能派翻译理论是一次新的拓展和完善。曼塔里特别重视行为参与者,包括信息发出者、信息接受者、译者、译文使用者,并且同样强调环境条件,如时间、地点、媒介等,认为译者自始至终就是翻译行为中的关键人物,他精通并且实施着跨语际转换。曼塔里强调,目的语本身携带着相关功能,这些功能需要在跨文化交际的视角下从语用角度才能实现。这就和译者主体性联系了起来,也就是说译者主体性的实现不仅有着语境的大前提,更需要做出"功能改变"。

(三)结构主义学派

1. 结构主义

结构主义作为一种认识事物的思维方式,引领了以结构分析法为特点的一股研究热潮。结构主义将所有事物都纳入结构中,并试图通过分析结构探索事物的本质。一个结构包含以下三种特性。第一,自我调整功能。自我调节是结构的本质特性,涉及结构的内在动力,具有一定的守恒性以及某种封闭性。不断变化的结构系统所产生的要素总是属于这个结构,并能保存该结构的规律。第二,动态性。一切结构都是一个变化着的转换系统。最初级结构呈现出数学群的状态,更高级别的结构显现出亲属关系。第三,整体性。结构中的各要素相互依存并且有机结合,最后产生的效果大于各个要素的简单叠加。

2. 后结构主义

后结构主义侧重结构的建构和解构。结构没有终极意义,因此解释的目的是强调事物的本身以及这个阐释过程。所有知识可以通过描写来得到,可以通过一定的中介或被组织在话语中而被理解。知识结构不是现实世界的准确表现,它随着情景的变化而一直处在变化中,也随之需要被重构。因此,学习也不再是简单地由外到内地转移、存储知识,更多的则是学习者自己主动构建知识的过程。

(四)解构学派

在 20 世纪 60 年代后期,在反对结构主义的基础上,解构主义学派的翻译理论悄然兴起,强烈地冲击了传统的翻译理论。解构主义对本质的否定、对结构的拆除以及对译者的突出,给翻译研究注入了新鲜血液。首先,解构主义翻译理论认为,一部翻译作品的好坏,需要经过时间的检验。如果一部翻译作品能在长时间被读者所接受,并且使原文也经久流传,那才真的算是质量高的翻译作品。另外,原文和译文的差异是客观存在的,译者就是要将这种差异展现在读者面前,读者对这种差异的反应程度决定了一篇译文的价值。再者,原文与译文之间的关系是平等的,译文不需要靠近、复制原文,也就是说,所有文本都有"互文性",没有权威性和创造性。

解构主义的主要代表人物有瓦尔特·本雅明(Walter Benjamin)、劳伦斯·韦努蒂(Lawernce Venuti)、雅克·德里达(Jacques Derrida)、保罗·德曼(Paul Derman)。

1. 本雅明

解构主义翻译思想的萌芽起源于本雅明于1923年发表的《译者的任务》一文。他对可译性问题给予了研究,他认为原作是否有翻译的需求,最大程度上决定了可译性,另外还要看是否有合适的译者。他的某些观点促使人们认识到盲目追求忠实的翻译是不可取的,译作不是处于次要的位置,这对后来解构学派翻译思想家颇有启发。

2. 韦努蒂

韦努蒂反对传统翻译以目的语为中心的做法,并认为译文不需要通顺,因此他提出了"抵抗式翻译"的异化翻译策略。他运用德里达的解构主义思想展现了原文或译文的断裂,并借此批判了文本背后的权力关系。解构主义倡导译者和原文作者的平等以及译文和原文的平等,所以否认原文的终极意义。解构主义破碎了对象,也破碎了自己,它是没有任何特征的,也是没有尽头的。

3. 德里达

德里达被称为"解构主义之父",他在1980年发表的《巴别塔之旅》一文中从哲学的角度对"翻译"进行了深度解构。德里达反对传统哲学中的唯一本原的思想,并提出通过延异、播撒、踪迹、替补来瓦解"在场(Presence)"。在这四种解构主义策略中,延异是德里达自创的用来表现存在与意义之间的某种原始差异,从而瓦解结构主义意义确定性的关键术语。

4. 德曼

保罗·德曼深度挖掘语言的本质,并在其翻译思想中展现了哲学观点,但是他不对具体的翻译原则和方法提出过多的见解。他生前在一次演讲中指出,本雅明思想并非救赎式语言观,这打消了人们对本雅明思想的错误认识。他解构式地分析了可译性、译文和原文的关系等,他的角度新颖独特,引起了人们对翻译本质和过程的深入思考。

(五)建构主义流派

在对结构主义和解构主义翻译理论批判的基础上,建构主义翻译理论出现了。建构主义翻译理论具有重构的性质,它以交往理性、实践哲学以及言语行为理论为基础。建构主义翻译理论对言语的实际运用更为关心,它认为言语主体的情感、目的等随着语境的变化而变化。在语言的实际使用中,要将构成性规则和调节性规则结合起来,才能使翻译准确、得体。另外,建构主义翻译理论还以共识性真理为真理观基础。这种真理观总是以当时人们的观念为评价的标准。当公众的共识产生变化时,人们的价值观也会随之而变化。尽管如此,不以时间为转移的客观性也仍符合真理观。译文不仅要具有合理性、可接受性,并符合知识的客观性,还要尊重、忠实原作的定向性和图式框架。

(六)女性主义流派

西方第二次妇女运动高潮的到来,促使女性主义者们开始将目光聚焦于文本。一方面,她们倡导男女平等,企图解构男性中心话语。另一方面,受翻译研究"文化转向"的影响,女性主义也开始对自己的文化身份感到不满意甚至怀疑,并且想要进行身份重建,女性主义翻译理论就这样产生了。女性主义翻译理论是把女性主义和翻译融合在一起,在研究翻译的同时也分析女性主义是如何与翻译相连接的以及女性主义对翻译有哪些重要的积极影响,打破了传统译论中原文与译文的主仆关系,并认为译文不需要忠实原文。

雪莉·西蒙(Sherry Simon)、劳丽·钱伯伦(Lori Chamberlain)等都为女性主义翻译理论做出了极大的贡献,另外一位学者巴巴拉·格达德(Barbara Godard)也为女性主义翻译理论发表了些许著作。

1. 西蒙

西蒙所著的《翻译的性别:文化认同和政治交流》(1996)是西方第一本在女性主义视角下全面论述翻译问题的学术性专著。她的翻译观非常独特,认为原文中包含无限个文本链与话语链,而翻译就是其中意义的延伸。在她看来,翻译不是语言之间的转换。另外,她也指出,社会意识和话语建构了性别,而性别又构成了身份与经验。

2. 钱伯伦

钱伯伦对性别政治十分关注,她通过分析17世纪到20世纪翻译中的性别化隐喻来探索其中的性别地位。西方文化一直将翻译视为和女性同等的地位,认为翻译是次要的。将这种男女之间的不平等的地位关系投射到文本关系上是不合理的,必须消除。女性的地位、女性译者的地位都应该得到提高。

(七)后殖民翻译理论

后殖民主义翻译理论作为一种多元文化批评理论,是将翻译和政治、民族、种族相结合的产物。后殖民主义主要分析宗主国和殖民地的关系、帝国主义的文化侵略,揭露了西方形而上学话语的局限性,使民族、文化或团体成为话语的"主体"和心理认同的对象。帝国主义开展殖民活动的对象由曾经的领土转变为现在的意识。这从翻译方向的不平衡性上就可以看出来,强势语言被翻译成弱势语言的作品多,而弱势语言被翻译为强势语言的作品少。

1. 赛义德

在赛义德看来,西方殖民主义者想要制约东方,就制造出了东方主义这样一种根深蒂固的政治教义。东方一直处于被西方主流学术界所忽视的地位,而赛义德偏偏将研究的目光聚焦于此,他的研究成果对后来所有的后殖民主义翻译理论和实践都带来了启迪。赛义德备受关注的另外一个学术成果就是"理论的旅行"概念。他指出,当某种理论在进入另一个情景的过程中,会失去自身的某些特征,并且与进入地的文化发生相互作用。因此,翻译完全会导致理论的变化。正因为如此,通过翻译而达到的文化再现使东方在西方人眼中始终扮演着一个"他者"的角色。

2. 斯皮瓦克

斯皮瓦克的翻译研究视角纷繁复杂,他擅长将其他领域的思想植入翻译研究中,并因此派生出自己的翻译理论。他既从比较文学、社会学、哲学、人类学中吸取精华,又从解构主义、翻译理论、女性主义、马克思主义等流派中进行广泛的借鉴。斯皮瓦克深受解构主义的影响,并从一种独特的文化理论阐释的角度解释并发挥了德里达的重要理论概念,如延异、差异、播撒、痕迹、踪迹、语言中心主义、逻各斯中心主义等。从此,阐释作为人文科学著作翻译的新手法被人们所了解,这是一种不囿于原文语言和结构的翻译策略。不仅如此,斯皮瓦克还对语言的修辞与逻辑之间的关系进行了研究,认为修辞是摧毁逻辑的主要力量,因此译者应该认可语言的修辞性,并且认为翻译还是一种涉及伦理和政治的文化批判问题,而不仅仅是传递意义。

3. 巴巴

巴巴的主要研究成果在后殖民理论中是不可替代的,如他提出的"第三空间""混杂性""言说的现在"等概念,其中混杂性理论影响了全球性后殖民语境下的民族和文化身份研究。巴巴对民族建构与话语叙述理论进行了系统的学习,并且很自然地将二者应用在文化翻译实践中,进而产生了积极的效果,从而促进后殖民文化研究和翻译理论研究在解构性方面有着创造性的表现。他的文化翻译理论直接对西方文化霸权主义发起挑战,强调语境的特殊性、历史的差异性,并且为少数族裔的立场摇旗呐喊。

4. 罗宾逊

罗宾逊深入系统地掌握了西方翻译理论和历史,并将解构主义和后殖民理论结合起来,从语言学和文学翻译角度对翻译问题进行系统的研究。人们可能怎么也想不起来"帝国"和翻译有什么联系,然而正是罗宾逊将二者结合起来进行探索,并撰写了《翻译与帝国:后殖民翻译阐释》这本经典著作。在该书中,他从帝国的政治、文化、社会视角,考察翻译在殖民化与非殖民化发展历史中的功能。在他看来,翻译就是一种人际沟通,译者需要和原文作者、目的语读者进行沟通。另外,他还从艾里克·切菲兹(Eric Cheyfitz)的后殖民翻译理论中吸取学术营养,以此来分析人种学、人类学与翻译的关系。

5. 尼兰贾纳

尼兰贾纳指出,翻译可以改变文化和社会。由此可见,翻译和文化之间是息息相关的。因此,他认为翻译是把一种文化翻译成另一种文化能够理解的语言活动。

在尼兰贾纳看来,翻译与文化关系密切,是文化和社会转变的重要因素。她在《为翻译定位:历史、后结构主义和殖民语境》一书中,对后殖民语境中的翻译问题进行了分析和论述,将文化和政治因素引进了翻译研究。在她的研究视角中,翻译并非语言转换,而是一个建构起殖民主体的话语场所,形成了一种不平等的权力关系。尼兰贾纳认为,如果要探索翻译和文化、殖民主义的关系,就应该将翻译与人种学结合起来分析。

第四节 翻译对译者的素质要求

当前,搞翻译的人有很多,但是到底有多少人真正地懂得翻译,这还是一个未知数。通常,在翻译中往往会出现八种错误。

第一,拼写错误。
第二,遗漏错误。
第三,语法错误。
第四,表达错误。
第五,中式英语。
第六,用词不当。
第七,语句累赘。
第八,文化误译。

之所以出现这些错误,主要归结于两大层面:一是中西文化差异的存在,二是译者自身的原因。因此,本节就来分析译者应具备的素质,以更好地提升译作水平。

一、译者能够对双语能力进行掌控

双语能力,即对母语与目的语两种语言的掌握能力,这是译者开展翻译工作首先需要具备的条件。也就是说,并不是说一个人懂英语,就能说他一定可以胜任翻译工作。译者进行翻译的第一步就是:必须从原作中对作者加以理解,从作者写作时当时的文化背景出发对作者意图加以把握,对自我进行克制,做到忠实,这样才能完成翻译。

同时,对于读者来说,译作是一个再创作的输出产品,如果译者的汉语知识不扎实,很难将源语的艺术效果表达出来。"好的翻译等同于创作",这是郭沫若说的,也恰好说出了翻译的关键。

这就是说,译者需要在两种语言中进行穿梭,把握两种语言的转换,这样才能避免错译、误译。

二、译者需要对译文恰当权衡

文本不同,特点也不同,因此译者需要对原作的用词、表现手法进行斟酌,不能所有文本都使用一种翻译手法。

例如,如果译者翻译的是一本旅游文本,就需要考虑该文本的信息,不能拘泥于汉语词句,要从旅游文本的特点出发,对译作进行增补与改译。同时,还需要考虑目的语读者的接受情况,避免误解的发生。如果译者翻译的是一本法律合同文本,那么就需要考虑法律文本的严肃性与权威性,严格按照法律文本的格式,保证规范、准确。一般来说,合同往往会以 ...made and signed by and between... 等开头。因此,这些都需要译者长期的积累。

三、译者需要具有责任心

作为译者,责任心是最重要的一项素质,刨除文化差异与理解的失误,很多错误都是由于译者责任心不强导致的。很多时候,译者为了追求速度,往往看到一些词汇就想当然地使用进去,没有考虑上下文,很容易误译。

因此,译者在进行翻译时应该端正自身的态度,融入责任心,这样可以避免某些错误的产生。特别是当涉及异域文化时,有些俚语不熟悉时,如果不去追根究底,那么很容易出现错误。

四、译者需要"一专多能"

很多人接触翻译之后,发现很多知识都是欠缺的,如很难读懂法律、科技、经贸类文本。因此,译者仅具备扎实的英语基本功是不够的,还需要具有专业性,这样才能在接触五花八门的材料时不犯愁。

第二章　英语翻译的基础：语言与文化

中西民族的文化背景不同,导致所形成的语言存在巨大差异。两个民族之间想要顺利展开沟通与交流,就需要学习与掌握对方的文化与语言。中西两种语言之间的差异主要表现在词汇、句子、语篇与修辞上,而两个民族的文化差异则主要体现在思维、价值观等层面。为此,本章就从中西民族的语言、文化差异入手,探讨英语翻译的基础。

第一节　中西语言差异

一、中西词汇差异

对于中西语言来说,词汇是其组成的细胞,中西两种语言中的词汇是非常丰富的。但是,这种丰富性也导致了中西词汇在词义、搭配、构词方式等层面的差异性。下面就对中西词汇差异展开分析。

(一)中西词汇搭配能力差异

词汇的搭配研究的是词与词之间的横向组合关系,即所谓的"同现关系"。一般来说,搭配是约定俗成的,但是中西搭配规律存在着明显的规律,不能混用。例如:

as plentiful as blackberries 多如牛毛

红茶 black tea

另外,很多词具有很强的搭配能力,如英语中的 to do 可以构成很多词组。

to do the bed 铺床

to do the window 擦窗户

to do one's teeth 刷牙

to do the dishes 洗碗碟

to do a light 观光

通过上述 to do 组成的这些词语可以看出其搭配能力的广泛,可以用于"床""窗户""牙""碗碟"等,但是汉语中与之搭配的词语不同,用了"铺""擦""洗"等。再如,汉语中的"看"也是如此。

看电影 see a film

看电视 watch TV

看地图 study a map

(二)中西词汇意义差异

1. 完全对应

在中西两种语言中,有些词在词义上是完全对应的,一般这类词包含名词、术语、特定译名等。例如:

paper 纸

helicopter 直升机

steel 钢

radar 雷达

2. 部分对应

在中西两种语言中,有些词呈部分对应,即有些英语词词义广泛,而汉语词词义狭窄,有些英语词词义狭窄,但汉语词词义广泛。例如:

sister 姐姐;妹妹

gun 枪;炮

red 红色;紧急;愤怒;极端危险

yellow 黄色;胆小的,胆怯的

3. 无对应

受中西文化差异的影响,中西语言中很多专门的词在对方语言中找不到对应词,就是"无对应",也可以被称为"词汇空缺"。例如:

chocolate 巧克力

hot dog 热狗

气功 Qigong

风水 Fengshui

4. 貌合神离对应

在中西两种语言中,有些词表面看起来是对应的,其实不然,这种对

第二章 英语翻译的基础：语言与文化

应的词语可以称为"假朋友"。例如：

grammar school 为升大学的学生设立中学，而不是"语法学校"
mountain lion 美洲豹，而不是"山狮"
talk horse 吹牛，而不是"谈马"
大酒店 hotel，而不是 big hotel
酒店 hotel，而不是 wine shop
白酒 spirits，而不是 white wine

二、中西句法差异

（一）中西语态差异

中西思维模式存在差异往往会影响人们交际过程中语态的选择。通过对中西语言的语态进行分析可知，英语这门语言在交际中善于使用被动语态，而汉语则不是，主动语态出现的次数比较多。中西语言语态的差异同样反映在翻译过程中。众所周知，语言是文化的一种载体，所选择的语态不同，就意味着语言背后文化的不同。简言之，英语使用被动语态意味着西方国家的人通常看重客观事物，而汉语使用主动语态则意味着中国人对做事的主体比较看重。

1. 英语善用被动语态

在西方国家，由于受到自然环境的影响比较大，因此西方人特别重视研究自然规律，希望可以把握出现某种自然现象背后的原因。与具有主观实现的人相比较而言，西方人更重视客观现象与事物，渴望对真理的探索。在语言表达层面，西方人喜欢使用被动语态来对一些规律、自然活动、动作承受者等进行强调，他们十分看重所做事情的过程。所以，英语中的被动语态是十分常见的。在历史上，英语某一些文体中将被动语态作为一种常规的表达方式。

在英语语法中，被动语态的表达形式多达十多种，而且如果使用的时态不同，那么被动语态的表达结构也是不同的。例如，一般现在时被动语态、一般过去时被动语态。不过，不同被动语态的结构往往表达了不同的意义。例如：

English is spoken by many people in the world.
世界上有许多人说英语。

Apple trees were planted on the hill last year.
去年山上种了很多苹果树。

AI technology will be used in the future.

将来会用到人工智能技术。

对于以上三个句子,通过分析就可以得知,第一个句子使用的是一般现在时态,通过被动语态表达的是当前的状况;第二个句子使用的是一般过去式,通过被动语态表达的是过去的状况;第三个句子使用的时态是一般将来时,通过被动语态表达的主要是将来的状况。

2. 汉语善用主动语态

与英语不同的是,中国人在做事的过程中往往注重动作的执行者,因此更注重使用主动语态,通过陈述具体的动作来清楚传达动作执行者的意图。不过,汉语中也是存在被动语态的,往往表达的是不希望、不如意的情况,如受到损害等。由于汉语中被动语态使用的较少,因此汉语中的被动语态在表达上往往比较生硬。例如:

饭吃了吗?

病被治好了吗?

可以看出,上面两个句子使用了被动语态来表达,然而读起来十分拗口,不符合中国人正常的表达习惯。所以,上面两个句子可以修改为:

你吃饭了吗?

医生治好了你的病了吗?

这样修改为主动句式之后,句子就显得流畅许多了。

(二)中西句子重心差异

众所周知,英语句子的重心在前,汉语句子的重心往往在后面。这就意味着,英语句子通常将重要的、关键的信息放在句子的开头部分,位于句首,让读者一看就可以领会整个句子的意图。而汉语句子往往将重要的信息、关键内容等放在句子的尾部,次要信息、不重要的内容则放于句首。下面通过典型实例进行说明。

传说在清朝末期,曾国藩作为湘军的首领奉命去围剿太平军,但战况不利,遭遇好几次战败,有一次甚至差点被太平军杀死在战场上。后来,他在向朝廷报告战况时使用了"屡战屡败"一词,该词如果翻译为英语,则是:"He was repeatedly defeated though he fought over and over again." 当时曾国藩的军师看到了这一情况,就将"屡战屡败"改为"屡败屡战",用英语表达为"He fought over and over again though he was repeatedly defeated."

表面来看,上述两句话中用的词是一样的,只不过将语序做了修改,然而正是因为语序不同导致了所表达含义大相径庭的结果。"屡战屡败"往往意味着曾国藩在围剿过程中一直处于战败,对胜利毫无信心,所以只能报告给朝廷,最终也会受到上级的处罚。然而,使用了"屡败屡战"一词后,所表达的含义就不同了,这句话传达的信息是曾国藩是一个效忠朝廷的好官员,虽然在战争中吃了败仗,但并没有气馁,所以应该受到朝廷的褒奖。

从汉语角度来分析可以得知,"屡战屡败"的重心是"败",而"屡败屡战"的重心则是"战"。可以说,军师的巧妙更改不仅保住了曾国藩的颜面,而且也救了他的性命。由此可见,在将汉语翻译成英语的过程中就需要重视句子重心的问题,从而准确传达原文的思想。

三、中西语篇差异

对于中西两种语言来说,语篇即语言的运用,是更为广泛的社会实践。在中西语言中,语言是词汇、句子等组合成的语言整体,是实际的语言运用单位。人们在日常交谈中,运用的一系列段落都属于语篇。同时,语篇功能、语篇意义等都是根据一定的组织脉络予以确定的。中西语篇在组织脉络上存在着明显的差异,这些差异影响着人们的谋篇布局。

(一)中西表达方式差异

1. 主题与主语

汉语属于主题显著语言,其凸显主题,结构上往往包含两个部分:一部分为话题,一部分为对话题的说明,不存在主语与谓语之间的一致性关系。英语属于主语显著的语言,其凸显主语,除了省略句,其他句子都有主语,主语与谓语呈现一致性关系。对于这种一致性关系,英语中往往采用特定的语法手段。例如:

The strong walls of the castle served as a good defense against the attackers.

那座城墙很坚固,在敌人的进攻中起到了很好的防御效果。

显然,英语原句有明确的主语,即 The strong walls of the castle,其与后面的谓语成分呈现一致关系。相比之下,翻译成汉语后,结构上也符合汉语的表达,前半句为话题,后半句对前半句进行说明。

2. 客观性与主观性

中国人注重主观性思维,因此汉语侧重人称,习惯采用有生命的事物或者人物作为主语,并以主观的口气来呈现。西方人注重客观性思维,因此英语侧重物称,往往采用将没有生命的事物或者不能主动发出动作的事物作为主语,并以客观的口气加以呈现。受这一差异的影响,汉语往往以主体作为根本,不在形式上有所拘泥,句子的语态也是隐含式的,而英语中的主被动呈现明显的界限,经常使用被动语态。例如:

These six kitchens are all needed when the plane is full of passengers.

这六个厨房在飞机载满乘客时都用得到。

显然,英语句子为被动式,而汉语句子呈现隐含式。

(二)中西逻辑连接差异

1. 隐含性与显明性

所谓隐含性,是指汉语语篇的逻辑关系不需要用衔接词来标示,但是通过分析上下文可以推断与理解。相反,所谓显明性,是指英语中的逻辑关系是依靠连接词等衔接手段来衔接的,语篇中往往会出现 but, and 等衔接词,这可以被称为"语篇标记"。汉语属于意合语言,英语属于形合语言,前者注重意念上的衔接,因此具有高度的隐含性;后者注重形式上的接应,逻辑关系具有高度的显明性。例如:

跑得了和尚,跑不了庙。

The monk may run away, but never his temple.

上述例子中,汉语原句并未使用任何连接词,但是很容易理解,是明显的转折关系。但是,在翻译时,译者为了符合英语的形合特点,添加了 but 一词,这样更容易被英语读者理解。

2. 展开性与浓缩性

除了逻辑连接上的显明性,汉语中呈现展开性,即常使用短句,节节论述,这样便于将事情说清楚、说明白。英语在语义上具有浓缩性。显明性是连接词的表露,是一种语言活动形式的明示,但是浓缩性并未如此。英语具有独特的思维方式与语言特点,这也决定了表达方式的高度浓缩性,习惯将众多信息依靠多种手段来思考,如果将其按部就班地转化成中文,那么必然是不合理的。例如:

She said, with perfect truth, that "it must be delightful to have a brother," and easily got the pity of tender—hearted Amelia, for being alone in the world, an orphan without friends or kindred.

她说道,"有个哥哥该多好啊,"这话说得入情入理。她没爹没娘,又

第二章　英语翻译的基础：语言与文化

没有亲友，真是孤苦伶仃。软心肠的阿米莉亚听了，立刻觉得她很可怜。

上例中，with perfect truth 充当状语，翻译时，译者在逻辑关系上添加了"增强"的逻辑关系。英语介词与汉语介词不同，是相对活跃的词类，因此用 with 可以使感情更为强烈，在衔接上也更为紧密。相比之下，汉语则按照语句的次序进行平铺，这样才能让汉语读者理解和明白。

3. 迂回性表述与直线性表述

中西逻辑关系的差异还体现在表述的直线性与迂回性上。汉语侧重铺垫，先描述一系列背景与相关信息，最后总结陈述要点。英语侧重开门见山，将话语的重点置于开头，然后再逐层介绍。例如：

Electricity would be of very little service if we were obliged to depend on the momentary flow.

在我们需要依靠瞬时电流时，电就没有多大用处。

上例中的逻辑语义是一致的，都是"增强"，但是在表述顺序上则相反。英语原句为主从复合句，重点信息在前，次要信息在后，在翻译成汉语后，则次要信息优先介绍，而后引出重点信息，这样更符合汉语的表达。

四、中西修辞差异

无论是英语还是汉语，任何一种修辞都是有意识、有目的的对话语进行建构和理解的行为，是将社会文化背景作为参照，将语言作为媒介的社会交际过程。在修辞格的使用上，中西有些是相同的，如比喻、排比等，有些则存在明显差异。

（一）英语 Onomatopoeia 与汉语拟声

1. 二者语音差异

在修辞中，"拟声"修辞是较为古老的修辞格，无论是英语还是汉语，都有拟声词，其是对语言的极大丰富，使语言更为生动传神。中西语中有很多的拟声词，它们是通过模拟自然声音来获得新的词汇。对同一声音，不同民族在声音模仿与感知上可能存在相似的地方，因此在语音形式上有着某些相似性，甚至可能是重合的。例如：

哈哈 ha-ha

啪嗒 patter

乒乓 ping-pong

但是，由于拟声是某一民族从自身语言固有的语言系统出发来改造加工的,因此很多拟声词也融合了特定语言中的声音,实现了特定语言与自然声音的融合。因此,中西两个民族的语言音系结构与词汇形态不同,导致他们对同一声音的感知与模拟习惯也存在差异。例如:

对人类声音的模拟:
titter 嗤嗤的笑声
boo 呸(表达轻蔑与嫌弃)
对动物声音的模拟:
chirp 唧唧(蟋蟀的叫声)
bleat 咩咩(羊的叫声)
ckatter 喳喳(喜鹊的叫声)
对大千世界声音的模拟:
zip 嗖嗖(子弹的声音)
rumble 隆隆(雷电的声音)
clink 叮当(杯子碰撞的声音)

中西拟声词在语音层面的差异使得中国人难以使用英语在大脑中创造出意境,也很难体会出英语中一些栩栩如生的意境。

2. 二者功能差异

中西语言在句法层面存在明显的差异,使得两种语言中拟声词的句法功能与词类归属也存在明显的差异性。具体来说,中西两种语言中的拟声词都可以充当句中的成分,但是二者在本质属性与主要句法功能上呈现差异性。

汉语拟声词的归属与英语拟声词的归属相比尚不明确,甚至还存在争议。著名学者李国南将汉语的拟声词划分为三类。①

第一,拟声词与感叹词合并为一类,称为"象声词",将其认定为虚词。
第二,拟声词与感叹词合并为一类,称为"象声词",但将其归入实词。
第三,拟声词归属于形容词的范畴,属于实词。

一般来说,除了常常作为独立成分,汉语中的拟声词还可以充当短语与句子成分,如定语、状语等。例如:

正在这时,石洞里面传来了"咕咚咕咚"的脚步声。
她急得嗷嗷的。

显然,上例中"咕咚咕咚"充当了定语,"嗷嗷的"充当了补语。在句法特征上,汉语拟声词与形容词类似,如可以跟"的""地"等。由于其与

---

① 转引自薛贝贝. 英汉拟声词差异和拟声词的英语修辞功能[J]. 新西部(下半月), 2009(8): 131.

形容词接近,因此很多时候可以担当形容词的作用,承担几乎所有形容词的句法成分。

相比之下,英语拟声词在句法层面上就有明确的归属,绝大部分充当的是名词或动词。

充当名词的英语拟声词:
rat-tat-tat 叩击声
drip-drop 滴答声
充当动词的英语拟声词
chug-a-lug 咕嘟咕嘟地喝
pip-pule 叽叽喳喳地叫

一般来说,英语拟声词的动词类用法较多,很多名词拟声词也可以转化成动词拟声词。

(二)英语 Parody 与汉语仿拟

1. 英语 Parody

英语中的 Parody 源自古希腊,在亚里士多德时代就已经出现,指的是一种对现有诗歌风格进行模仿的诗体。Parody 与历史有着密切的关系,随着时代的变迁,其概念也在发生改变。但综合看这些历代的概念,其都包含一个共同的特点,即都认为 Parody 是幽默、滑稽的修辞方式,通过对其他作者的词、句子、段落等进行仿拟,传达一种嘲讽、娱乐之感。

现如今, Parody 这种修辞手段是通过对各种格言、成语、言语等进行故意模仿,修改其中的部分词语来融入自身作品中,保障自身作品的感染力与表现力。例如:

To the Mondavi brothers, wine was thicker than blood. They feuded bitterly over control of Charles Krug Winery.

对于蒙特维兄弟而言,酒浓于血,他们因争夺查尔斯·库勒格酿酒厂,忘了手足之情,反目成仇。

在这里, wine was thicker than blood 是对 blood is thicker than water 的仿拟,其一针见血地揭示出蒙特维兄弟之间固有的那种矛盾,是对他们追求利益、忘记恩义的一种调侃与讽刺。

2. 汉语仿拟

汉语中的仿拟现象最早在秦汉时期出现,这种修辞现象非常普遍,但是并未作为一种修辞格呈现。直到 20 世纪 20 年代,仿拟才被作为修辞

格出现在汉语中。所谓仿拟,即故意仿拟特种既成形式,从而实现嘲弄讽刺的目的。例如:

满心婆理而满口公理的绅士们的名言暂且置之不论不理之列。

上例中,"婆理"仿拟自"公理",将绅士们自身的那种口是心非的姿态展现出来。

3. 二者差异

从表面上看,中西仿拟是对应的,但是由于中西两种语言属于不同的语系,因此在语法上二者也存在明显的差异,具体而言表现为如下几点。

(1)英语仿拟常常隐去本体

与汉语仿拟相比,英语仿拟往往会隐去本体,在运用仿拟时一般需要具备两大条件。

其一,本体是家喻户晓的。

其二,读者具有较高的文化功底,能够从自身的文化知识出发判断出仿拟的本体。

如果不具备这两大条件,那么这样的仿拟就毫无意义了。相比之下,汉语是较为灵活的,可以将本体隐去,也可以让本体与仿体同时出现,这种同时出现的是汉语仿拟的典型格式,目的是体现出彼此衬托与照应。例如:

To Arm or Not to Arm—That is the Question.

这是一句众人皆知的名言。读者一看到就会自然想到本体,即莎士比亚的《哈姆雷特》中的语句。

(2)英语仿拟存在特定的词缀仿词

英语属于表音文字,其形态理据性要比汉语更为强烈,具体的表现为英语中存在大量的派生词与复合词。因此,英语仿拟存在一种特定的词缀仿词方法。例如:

He had a clean-ceavatish formality of manner and kitchen-porkerness of carriage.

他着装整洁,举止得体,如同厨房中的火钳一样站得笔直。

上例中,clean-ceavatish 仿拟本体为 clean cravat,即意思为"整洁的领带";kitchen-porkerness 仿拟本体为 kitchen-porker,意思是"厨房里面的火钳"。这种仿拟并不是创造出新词,而是在本体的后面添加词缀,并且只呈现在英语中。

第二章　英语翻译的基础：语言与文化

4. 汉语仿拟可以实现"一本多仿"

汉语仿词有明显的"一本多仿"的情况，即在同一个句子或者同一个段落中，同时出现多个以一个本体仿拟来的仿体。这在汉语中较为常见，但是英语中很少。例如：

这哪是"抓点"，明明是"吃点、喝点、拿点"啊！

上例中，"抓点"为本体，并仿拟出了"吃点、喝点、拿点"，这就是典型的"一本多仿"，并且是排比句式，是对一些领导干部不廉洁的讽刺。

（三）英语 Pun 与汉语双关

1. 英语 Pun

英语中的 Pun 源于拉丁语，意思是"以不同的名称来称呼"，是一种通过同音异义或同形异义的方式传达一种幽默之感。在英语的修辞格中，Pun 的使用是较早的，在莎士比亚的作品中就运用了 3000 多处双关。现代的 Pun 已经没有了莎士比亚时期的高雅与严肃，变得较为诙谐与通俗。由于 Pun 能用于营造气氛，因此在英语中的运用也较多。一般来说，英语中的双关有两种。

（1）同音同形异义词

同音同形异义词即同一个词但是表达不同的意义，或与其他词进行搭配时传达出不同的意义。例如：

To English will I steal, and there I'll steal.

我溜进英国行窃。

上例中虽然使用了两个 steal，但是意义是不同的，前者是"溜进"的意思，后者为"偷窃"的意思。这两个 steal 的运用传达出了双关的效果。

（2）同音异形异义词

同音异形异义词即读音相同但拼写不同、意义不同的双关。例如：

Seven days without water makes one weak.

不折不扣的七天构成了一周。

七天不喝水使人虚弱无力。

对于上例，weak 与 week 是同音异形词，构成双关，可以理解为上述两种含义。但是，具体是哪一种，往往需要根据上下文来定。

2. 汉语双关

汉语双关是运用一个词、一个句子对不同的两层意思加以表达，使语言更显得幽默风趣，或者说的是此但意义表达的是彼，从而对语义予以加强。一般来说,汉语式双关包含两类。

（1）谐音双关

所谓谐音双关,是指运用相同的音或者相近的音来构成的双关。例如：

道是无情却有晴。

上例中,"情"与"晴"就属于谐音双关,从表面上看,"晴"代表的是一种天气,实际上表达的是对郎君的情谊。因此,其与"情"有着异曲同工之妙。

（2）语义双关

所谓语义双关,是借助词语一词多义的特征来进行表达的,即表层含义与深层含义是两回事。例如：

这些年喝这些苦药,我大概是喝够了。

显然,"苦药"一词表层含义是用来治病的药,在这里却表达出其深层意义,即指的是人生中的苦闷,是一种人生的苦药。

3. 二者的差异

由于中西方的思想方式存在明显的分歧,即西方人重视分析,中国人重视综合,因此在双关语的运用上有明显的不同。

首先是含蓄与直接的差异。众所周知,中国人性格较为内敛。思维方式是螺旋型的思维,因此在双关的使用上并不会借助词语的多义性,而是由词的进一步引申来实现的。相比之下,西方人性格独立,思想也较为开放,因此是直线型的思维。在双关的运用上,西方人注重面对面沟通,目的是通过幽默的方法让对方理解。英语中的双关一般将英语词本身的多义性作为前提。

其次是意味深长与自我解嘲的差异。汉语的双关不仅为了营造幽默的效果,还往往话里有话,给人以意味深长之感。相比之下,英语往往多是为了营造幽默的氛围。

（四）英语 Repetition 与汉语反复

1. 英语 Repetition

同汉语的反复类似,英语的 Repetition 也是对同一词、句、段的重复,目的是对情感的突出与强调,以使听者产生共鸣。Repetition 除了包含连续反复与间隔反复外,他的分类更为详细,很多学者对其观点不一。一般可以从重复的位置、词的变化形式、词义三个层面来进行划分。

第二章 英语翻译的基础：语言与文化

（1）根据反复的位置，Repetition 的位置可以划分为如下几种。

其一，首语反复，即在两个及以上的诗行、分句或句子的开头等进行词语或词组的重复。这一反复形式最为常见。

其二，尾语反复，即在连续的诗行、分句或句子的尾部进行单词、短语等的重复。

其三，首语反复＋尾语反复，即一个句子的首尾部分与后面句子的首尾部分相同。

其四，首尾反复，其与前者不同，即一个句子的首尾使用相同的部分，这一反复会给人留下深刻的印象，尤其常见于俗语中。

其五，尾首反复，即前面一个句子的尾部与后面一个句子的首部相同，这一反复的成分与汉语"顶针"类似。

其六，逆转反复，即按照颠倒的词组对某一个词或短语进行重复，这样的重复会使得语言更为活泼清新，也可以将语言之间的相互关系揭示出来。

（2）根据形态变化与语义，英语的 Repetition 可以划分为以下两类。

其一，同根词的反复，即同一个词位于同一个句子中，通过不同的词形变化、格、语态变化等形成修辞上的反复，这属于词汇形态层面的反复。

其二，同词异义反复，即同一个词通过相同或者相近的语法形式在同一个句子中以不同的词义进行反复，这是语义层面的反复。

可见，英语中的 Repetition 要比汉语中的反复更为复杂。

2. 汉语反复

汉语修辞学着重研究的是所反复的语言单位的连续或者间断，并将反复划分为两类：一类为连续反复，另一类为间隔反复。连续反复又可以称为"紧接反复"，即将反复的部分连续说出的一种反复形式，中间不添加其他的词或句子，因此这种反复又可以进一步划分为词的连续反复、句子的连续反复、词组的连续反复。间隔反复又可以被称为"隔离反复"，指的是反复的词语与句子中插入其他的词、句子等，因此这类反复也可以进一步划分为隔词反复、隔词组反复、隔句子反复、隔段落反复、首尾反复等。

除此之外，汉语中也有一些特殊的反复修辞，由于古汉语中单音词具有较大的使用比重，字又是汉语中最小的语义单位，因此对字的反复是汉语反复的一大特点。例如：

中吃中看中国菜。

上例"中"得以反复使用，呈现一种和谐匀称与音律美。但是，前面两个"中"代表的是"中意"，后面的"中"则是专有地名，是对语气的加强。

第二节 中西文化差异

不同的生活环境造就了人们不同的历史文化和风俗习惯,也使得人们形成了不同的思维方式和价值观念。思维方式和价值观念影响着人们的语言表达方式,制约着人们的行为方式。在文化领域下,中西民族具有不同的思维方式与价值观念,也就有了不同的语言表达方式和行为方式,如果不了解中西方思维方式与价值观念之间的差异,将难以有效了解对方并进行有效的翻译。

一、中西思维模式差异

所谓思维模式,就是思维主体在实践活动基础上借助于思维形式认识对象本质的思路。思维模式是人们大脑活动的内在程式,受到文化的影响。在中西语言背景下,中西民族所处的社会环境有所不同,人们的体验和经历也各有差异,因此看待世界的角度也不同,有着不同的思维模式,而这又进一步影响他们的社会体验和经历,也影响他们的语言发展。以下就对中西思维模式进行比较分析。

(一)分析性思维与整体性思维

1. 西方的分析性思维

西方倾向分析性思维,对事物进行分析时,既包括原因和结果分析,又包括对事物之间关系的分析。17世纪以后,西方分析事物的角度主要是因果关系。恩格斯特别强调了认识自然界的条件和前提,他认为只有把自然界进行结构的分解,使其更加细化,然后对各种各样的解剖形态进行研究,才能深刻地认识自然界。

西方人的分析性思维就从这里开始萌芽,这种思维方式将世界上的人与自然、主体与客体、精神与物质、思维与存在等事物放在相反的位置,以彰显二者之间的差异。这种分析性思维包含两个层面:一是分开探析的思维,即把一个整体的事物分解为各个不同的要素,使这些要素相互独立,然后对各个不同的独立的要素进行本质属性的探索,从而为解释整体事物及各个要素之间的因果关系提供依据。二是以完整而非孤立、变化

第二章 英语翻译的基础：语言与文化

而非静止、相对而非绝对的辩证观点去分析复杂的世界。马克思主义哲学大力提倡这种思维层次。

2. 中国的整体性思维

在最早的生成阶段，宇宙呈现出阴阳混而为一、天地未分的混沌状态，即太极。太极动而生阳，静而生阴，在动静交替中产生出阴、阳来。阴阳相互对立、相互转化。事物总是在阴阳交替变化的过程之中求得生存、发展。从哲学的角度来看，阴和阳之间的关系是从对立走向统一的。这就体现了中国传统哲学的整体性特点，它不注重对事物的分类，而是更加重视整体之间的联系。我国儒家和道家也认为人与自然、个体与社会就是一个大的整体，二者是不能被强行分开的，必须相互协调地发展。儒家所大力提倡的中庸思想就发源于阴阳互依互根的整体思维。

基于整体性思想，中国人总是习惯于首先从大的宏观角度初步了解、判断事物，而不习惯于从微观角度来把握事物的属性，因而得出的结论既不确定又无法验证。由此中国人逐渐养成了对任何事物不下极端结论的态度，只是采取非常折中、含糊不清的表达方式，在表述意见时较少使用直接外显的逻辑关系表征词。总而言之，中国人善于发现事物的对立，并从对立中把握统一，从统一中把握对立，求得整体的动态平衡。

（二）抽象思维与具体思维

1. 西方的抽象思维

英语民族侧重抽象思维，常用大量抽象的概念来表达具体的事物，反映事物内在的情况和发展规律，注重逻辑与形式的论证，具有"尚思"的特征。在语言的使用中，就表现为惯于用抽象的名词来表达复杂的理性事物。下面来看拜伦的诗句：

She walks in beauty, like the night,
Of cloudless climes, and starry skies;
And all that's best of dark and bright,
Meet in her aspect and her eyes;
Thus mellowed to that tender light,
Which heaven to gaudy day denies.

上述诗句的比喻中，主体和喻体的相似程度不高也没有关系。人的美和自然之美一样都是美的，将这两种美抽象地联系在一起，可以相互映衬，表明同一种意思。

2. 中国的具体思维

汉语民族侧重具体思维,人们在说明问题和描述事物时习惯用形象和比喻法,具有"尚象"的特征。这种思维对语言的影响是,汉语用词具体,习惯以具体的概念来表达抽象的事物,而且句中常会出现多个动词连用的情况,读来生动形象。例如:

去年今日此门中,人面桃花相映红。

人面不知何处去,桃花依旧笑春风。

(崔护《题都城南庄》)

上述诗句用词简单,语言简朴,形象具体,用意清晰明了。作者用了"人面""桃花"等具体义项,表达了对旧日美人的缅怀之情。类似这种的用具体名词或贴近生活的词语来表达抽象内容和情感的方式在汉语中十分常见。

(三)逆向思维与顺向思维

1. 西方的逆向思维

不同民族的人们在观察事物或解决问题时,会采用不同的视角和思维方位。西方人习惯采用逆向思维,通常从反面描述来实现预期效果。这种思维在语言上有着充分的体现,如在说"油漆未干"时,英语表达是 wet paint,在说"少儿不宜"时,英语表达是 adult only。

2. 中国的顺向思维

相较于西方,中国人更倾向于顺向思维,就是按照字面陈述其思想内容。这在语言中的体现十分明显,如"成功者敢于独立思考,敢于运用自己的知识"这句话就是按顺序表达,而且其意思可以按照字面意思理解。这句话的英语表达是"Winners are not afraid to do their own thinking and to use their own knowledge."由此可以看出中西方思维方式的差异。

(四)直线思维与曲线思维

1. 西方的直线思维

西方人的思维呈现直线式,在表达思想时往往直截了当,在一开始就点明主题,然后再依次叙述具体情节和背景。这种思维方式对语言也产生着重要的影响,即英语为前重心语言,在句子开头说明话语的主要

第二章 英语翻译的基础：语言与文化

信息，或者将重要信息和新信息放在句子前面，头短尾长。例如，"It is dangerous to drive through this area." 该句子以 it is dangerous 开始，点明主题，突出了重点。

2. 中国的曲线思维

中国人的思维方式呈现曲线式，在表达思想和观点时常迂回前进，将做出的判断或者推论以总结的形式放在句子最末尾。这种思维方式在语言中的反映是，汉语先细节后结果，由假设到推论，由事实到结论，基本遵循"先旧后新，先轻后重"的原则。例如，同样是"It is dangerous to drive through this area." 这句话，汉语表达则是"驾车经过这一地区，真是太危险了。"从该例既能感受到中国的曲线思维，又能了解中西思维的差异。

（五）创新思维与保守思维

1. 西方的创新思维

西方人的创新思维较强，并且也具有鲜明的批判性，因此西方哲学在各个时期都有不同的理论体系。西方思维方式趋于多元化，注重多方向、多层次、多方法地寻求新的问题解决方案，重视追根穷源，具有发散性、开放性。西方人勇于打破常规。对西方人来讲，有变化，才有进步，才有未来，三者之间有着直接的关联。没有变化、进步，就没有未来。翻开西方历史，显而易见的是标新立异的成功。正是这种创新的价值取向，使西方人永远生活在生机勃勃的氛围中。

2. 中国的保守思维

中国封建社会的一体化政治结构，决定了中国传统文化长期以来遵守"大一统"思想，要求个人和社会的信仰一致。这种"大一统"思想又通过儒家的"三纲五常""礼乐教化"来得到巩固。儒家倡导中庸之道，反对走极端，避免与众不同，主张适可而止。中国封建社会希望社会中所有的人，上至国君，下至百姓，都形成同样的价值取向和行为模式。在这种"大一统"文化的熏陶下，中国人的思维方式相当保守，极端排斥异己，因而也具有很强的封闭性，缺乏怀疑、批判、开拓和创新的精神。但是，正是因为这种保守思想，中华文化才得以保存、延续和发展。

二、中西价值观念差异

价值观是指人们对周围的客观事物的意义、重要性的总评价。人们对客观事物的主次、轻重、好坏的排序，构成了价值观体系。价值观和文化是双向互动的关系，因此不同的文化促成了不同的价值观。以下就对中西价值观进行比较分析。

（一）金钱观念差异

《茶花女》中有这样一句名言："金钱是好仆人、坏主人。"是做金钱的主人，还是做金钱的奴隶，这实际上反映了两种不同的金钱观。所谓金钱观，就是指对金钱的看法和态度。简单来说，就是认为金钱是重要的还是次要的。金钱是适应商品交换的需要而产生的，随着商品经济的高度发展而逐渐成为财富的象征。对于任何民族而言，日常生活都离不开金钱的流通，而对金钱的不同态度则反映了不同的价值取向。了解中西方不同的金钱观，对于了解中西方文化差异有着很大的帮助。

1. 西方的金钱观

西方文化历来崇尚物质，西方人一向都是热情和大胆地追求物质利益，他们认为物质成就的获得代表着个人的成功，自我的实现首先是物质成就的实现，然后是其他层面的进步和满足。但是西班牙人有着不同的金钱观，西班牙人认为人的生命是宝贵的，不要为钱去拼命，而应该尽情地享受人生，因此多数人对金钱的态度是，金钱可以使人有权有势，但不一定使人幸福。

2. 中国的金钱观

在中国传统文化中，人们固然认为金钱十分重要，但并没有将金钱的获得作为成功的标志或者生命的必须，而是"身外之物"。中国有句俗语说的是金钱"生不带来，死不带去"，实际上就是对金钱观的反映。在中国文化中，金钱和地位并不等同，所以中国人对金钱的态度要豁达很多。究其根源，主要是因为中国千百年来受儒家思想的影响，向来重农抑商，以农为本，以商为末，有"为富不仁""无商不奸""见利忘义"的看法。读书人认为谈钱有辱斯文和清高，并且以不言"阿堵物"为高尚。"金钱如粪土，朋友值千金"，视钱财如粪土，重义轻利被认为是检验正人君子的标准，成为中华民族的传统美德。商人总是被人讽刺和轻视，被认为重利轻情，因此整个社会都充斥着"万般皆下品，唯有读书高"的心态。这种

第二章　英语翻译的基础：语言与文化

金钱观在语言上也有着鲜明的体现,如"君子爱财,取之有道""钱字有两戈,伤尽古今人"等。在当代社会,尤其是近些年来,随着社会经济的发展,人们对金钱的认识和态度发生了很大变化,追求财富成为人们生活的重要部分,挣大钱成为人们的重要愿望。与此同时,也出现了不少的现实社会问题,金钱成了衡量人能力的一个标准,在与金钱的博弈过程中,亲情、友情和爱情都败下阵来。这种拜金现象在语言中也有所体现,如"有钱能使鬼推磨""人为财死,鸟为食亡""一文钱难倒英雄汉"等。

(二)审美观念差异

美学由西方哲学和诗学(文艺理论)发展而来,由德国哲学家、美学家亚历山大·戈特利布·鲍姆加登(Alexander Gottlieb aumgarten)于1750年提出的。审美是人类都有的心理活动,是人们根据自身对某事物的要求所做出的一种对事物的看法。审美是一个群体中人与人之间联系的纽带。审美观是审美主体对美的总的看法。审美观作为价值观的重要组成成分,与价值观的其他组成部分有着密切的联系。在通常情况下,审美观随着需求和认知的变化而变化,因此它体现了个体的需求和认知,因此审美观还因文化的不同而不同。

1. 艺术审美观

在哲学领域,艺术美学是一个重要组成部分,被称为"艺术哲学",起初是指"对感观的感受"。根据艺术美学的理论,艺术是美,美也是艺术。中西方艺术审美观既有共性,也有差异性。

(1)中西方艺术审美观的源泉

就美学史而言,中西审美观理论源远流长。其中,老子和柏拉图是中西方审美观照理论的源头,是人类文明史上第一个轴心时代的东西方民族的伟大代表。

先看柏拉图的"迷狂"。从理论形态上讲,柏拉图的审美观照理论通过他的专门论述,已经形成了相对清晰的脉络体系。他的《大希庇阿斯》就是一篇美学专论。

从审美的主客体方面讲,柏拉图比较强调审美观照时的超然物外的审美态度,强调直觉观照的方式。柏拉图认为,受到尘世欲望影响的人无法享受美的快乐,参与过多的社会琐碎事务会钝化自己对美的感受。他将美感同生理欲望、利害关系相互割裂开来。美感是灵魂在"迷狂"状态中对美的理念的回忆。需要注意的是,他的审美观照是炽烈的、沉醉的,他认为艺术家由于神灵附体而处于迷狂状态,由此产生了狂喜、沉醉般

· 43 ·

的直觉。

从审美的实践性的角度讲,柏拉图认为审美观照与人的社会实践毫无联系,这也是他的审美观照理论的弱点所在。作为审美观照的主体,总是要用人的感受器官来进行审美观照的,而审美的感官本身恰恰不能脱离人类的实践。人类的手足、耳朵、鼻子、眼睛等审美感官是"以往全部世界史的产物",是人类全部的实践形式的历史的"积淀和遗传在人的感官上的结果,而人类的审美感官在进行观照时也同时把"全部世界史"都机能化了。

再看老子的"玄鉴"。从理论形态上讲,老子的审美观照理论蕴含在他的哲学思想里,没有独立的美学体系,是比较混沌的、零散的,更多的是为审美观照理论提供了哲学的基础。从审美的主客体方面讲,老子和柏拉图的共同点在于都比较强调直觉观照的方式,他也认为审美观照时首先要有一个"虚静"的审美心胸,排除私心杂念,保持平静如水的内心状态。然而,他和柏拉图不同的是,他的审美观照是平和的、旷舒的,认为只有保持淡泊的、安宁的心境,美才会出现。

从审美的实践性的角度讲,老子的审美观照理论有着和柏拉图的审美观照理论一样的致命弱点。

(2)中西方艺术审美观的共性与差异性

在人类社会的初级阶段,由于生产力的不足,无论中国或是西方,起初的艺术审美都主要考虑社会功利作用。

在西方国家,艺术的主要作用是"认识"。西方阐释学家保罗·司格勒斯(Paul Sigles)将艺术比作代码,可以借助媒介传递信息。虽然在西方的历史发展过程中,在大部分时期艺术只在特定时期承担社会功能,但在大部分时期艺术充当着个体情绪与情感的载体。从古希腊时期起,西方哲学家就认为艺术是对自然的模仿。后来,柏拉图在《理想国》卷十里指出,文艺又是现实世界的"影子"。亚里士多德认为,文艺只是起了"净化"的作用。西方哲学传统认为,艺术只是在观察社会、表现现实,而不能改造社会,它始终是一个旁观者。所以,西方审美观更多地表现为人类的情绪或情感,注重个体情感的愉悦。

在中国古代并没有系统的美学学科,但有很多美学概念与西方美学如出一辙。中国的艺术审美观主要来自儒家思想。在儒家传统思想中,艺术是修炼"仁爱"之心的主要手段。"言,心声也""文,心学也""书,心画也"等言论,就将艺术和心灵表现联系在一起。另外,儒家学说中的"诗言志"表明,人们可以通过文艺的修炼达到仁的境界。由此可见,中国传统文化认为,艺术是道德教育的主要载体。因此,中国艺术审美观最

第二章　英语翻译的基础：语言与文化

终更多地走向审美伦理化和功利性。

2. 文学审美观

语言美是存在于语言中的一个审美信息结构。它既然是一个"结构"，就不仅仅是可以意会的，也是可以言传的，换言之，人们完全可以对之加以解剖、分析、描写、表现。语言中的审美构成包括物质形态审美构成与非物质形态审美构成。物质形态的审美信息存在于音韵、词句、章节等的具体的、物态的结构中，非物质形态的审美信息存在于语言的精神风貌中。因此，审美客体的审美构成可以分为两个表里相托、形意相融的系统：形式系统和非形式系统。

中西方的文学起源不同，有着不同的文学观。西方文学起源于模仿外物，中国文学起源于心物感应。因为西方文学源于模仿外物论，文学必然具有叙事的特征。中国的文学源于心物感应论，文学必然具有抒情的特征。西方文化选择的是知识之树，中国文化选择的是生命之树。这种文化差异表现在文学审美观上，就是西方的追寻意识，中国的空灵意识。

（1）西方的"追寻意识"

在西方人看来，主体必须尊重、了解客体，才能在这个客观世界上生存下来，这体现了西方人的追寻意识。古希腊德谟克利特曾说过："从蜘蛛我们学会了织布和缝补，从燕子我们学会了造房子，从天鹅和黄莺等歌唱的鸟我们学会了唱歌。"这样的文化氛围经过一代一代的传承，影响了整个民族和社会。以至于亚里士多德的"模仿说"在西方文学历史上长期居于主导性地位。"模仿说"的基本观念指出，一部作品是否能够称得上美妙，要看这部作品是否能将自然中人的言行举止模仿得非常形象生动，非常接近于被模仿的对象。这种"模仿说"后来体现在文学样式上，促进了叙事文学的兴起和繁荣。亚里士多德将文学样式分为三种类型，史诗是第一位的，然后才是抒情诗和戏剧。例如，世界上各个民族的史诗无不是对民族发祥、迁徙、所经历的战斗流血以及英雄业绩的模仿和再现。从文艺复兴一直到现代文学，"追寻意识"都是西方文学中的一条主线。"追寻意识"是西方文学和审美意识中崇尚自由、追寻、发展精神的集中体现。

古希腊的文化精神经过文艺复兴的传承，已经成为西方文化的根本内涵之一。西方人赞美生活、讴歌人类、歌颂人生，不断挑战自我、超越自我，以人为本、执着现实、积极进取。作为西方文化另一渊源的基督教，重视道德，强调仁爱和救赎，将"爱"视为伦理的最高原则，深深地影响着近代新型资产阶级。中世纪传说中的"圣杯"以及诸多骑士寻找圣杯的故事,滋生出了追随、寻找、复归等文化意义。这样,经过西方古典叙事文学的积淀,经过西班牙"流浪汉小说"的潜在导引,西方文学的主题大多是彰显个体奋斗和个人自由,由于作品吸收了广泛的社会现实的一些信息以及作者渗透出了先进的人道主义风格,因此会引起社会意识形态的审视和批判性思考。

(2)中国的"空灵意识"

中国的"天人合一"哲学观对中国文学有着重要的影响,使得中国历代文学家没有探求自然、历史等的意识,而是把注意力放在自己内在的生命意识的表达上,在文艺中强调感发意志、吟咏性情的重要作用。正如汉代的《毛诗序》所言:"诗者,志之所之也,在心为志,发言为诗。情动于中而形于言,言之不足故嗟叹之,嗟叹之不足故永歌之,永歌之不足,不知手之舞之,足之蹈之也。"此外,"永"即为"咏"。在这种"诗言情、歌咏志"的观念下,诗是心物感应出来的,因此就不难理解,历史悠久、人数众多的中国虽是诗歌的国度,却长期没有西方那样宏大的史诗。

"空灵"是一个美学概念,属于美学中的一种风格,主要是指作品有灵气、弹性足,可以用于形容作品在形象、内涵、意境、氛围等方面的特征。但是,中国文学将"空灵"一词的含义进行了引申和拓展,实际上是对"空灵"的一种借喻,主要是指中国文学对艺术精神、情感意趣以及"出世"思想的追求。例如,陶渊明之所以能写出这样脍炙人口的诗句——"采菊东篱下,悠然见南山",是因为他为了释放自身的失落、伤感与愤怒的情绪,而陶醉在这种悠闲、出世的氛围中。再如,孟子提出"达则兼济天下,穷则独善其身",这里的"穷"是指困境,在具体的现实中很多有才能、有抱负的人都遭遇了巨大的困境,可见,在儒家思想中,"达"与"穷"是两种完全相反的生活状态,但是人们在这两种状态中都能找到最理想的人生目标。当自己身处困境时,更应该提高自己的品德和修为。当然,"穷"的状态是人们都不愿意面对的,因为它让人悲伤,人们往往为了迅速地从这种状态中解脱出来就会自觉地从内心或者外界寻找一些安慰物或者心理的补偿物。因此,中国文学的审美情趣呈现出一系列空灵性特点。例如,中国文学常以仙和仙界折射人伦社会,表现出一种超越悲剧、超越现实的浪漫情怀。

在中国文学中,"自然"是消解悲剧情怀和寄托情怀的重要因素,如象征高洁的松、竹、梅、菊等。再者,山水也充分显示出了悲剧意识的消解功能,王维就是最好的证明,他的"明月松间照,清泉石上流""行到水穷处,坐看云起时"等诗句都显示出山水自然与生命情思的呼应。另外,酒

第二章　英语翻译的基础：语言与文化

因为自身的特点常常让人意识模糊、表现出醉意,因此也能给士人们带来暂时的释放情绪的感觉。中国的文人墨客常常将酒作为自己抒发情感的意象,并且通常都是代表一种达到快乐的手段和事物,酒在中国文化中是一个非常重要的因素。"对酒当歌,人生几何",一方面,酒能够麻醉人的大脑,从而使人得到暂时的轻松,进而忘掉令人悲痛的处境和一些道德的束缚;另一方面酒对人的精神有一种真正的放松作用。陶渊明就是通过喝酒才意识到了文化的本质和核心思想,于是决定在混乱的世间独自修养身心,这就显示出一种高尚的节操和追求质朴生活的人格。除了酒之外,梦在中国文学中也代表着一种空灵的审美形态,因为梦里的事情不是现实生活中发生的真实事情,所以它能够弥补现实的不足。例如,求仙不成的李白说"梦中往往游仙山";《桃花扇》用人生如梦以缓解巨大的悲剧意识。要说最能证明中国文学"空灵"意识的例子,应该是中国文学始终走在追求意境这条道路上,追求思想与意境的和谐共生。意境就是用有限的言语来衬托无限的意蕴,令人回味无穷。

(三)自然观念差异

1. 西方的"对立"观念

西方文化是主体与客体相对立的文化。人面对着自然,要么感到畏惧,要么就是想尽一切办法去征服。这就形成了人与自然的对立关系。

之所以形成这种状态,还要追溯到公元前 3000 年到公元前 2000 年左右的欧洲文明萌发期,即所谓"爱琴文明"时代。西方文明的发源地是古希腊。希腊半岛和爱琴海地区多山地,土地贫瘠,但是有着很多良好的港口,这种地理环境也使希腊人很早就从事海上贸易,使得希腊文明呈现出强烈的海洋性,发展了西方社会经济的商业文明。当时的人们通过航海和商业来谋生存,来发家致富。这一点可以通过考古发掘的器皿和壁画来证明,海草、珊瑚、海豚、章鱼等形象在那些器皿和壁画中到处可见,足见海洋生活对他们而言并不陌生。实际情况是,海洋比陆地更能显示自然作为人类对手的气质。大海波涛汹涌、狂风大浪、危险重重,因此人们明白不能"靠天吃饭",也不可能"乐天知命",人们要经常面对大海展开搏击,人不能征服大海,就要被大海吞没。人必须具备冒险的勇气和探索精神,才能求得在海洋上的生存权利。因此,人与自然之间是一种认识、征服和改造的关系。人要勇于挑战自然,彰显人的价值和力量。

2. 中国的"顺应"观念

中国位于亚洲东部的大陆上,地形复杂、气候多样、河流纵横的自然基础很早就萌发了初期的农业文明。可以说,中国文化起源于大河,黄河被称为中华民族的母亲河,除此之外,中国还有黑龙江、松花江、辽河、长江等各大流域。农耕文明与游牧文明的互动推动着中华文化的不断发展,总体上还是以农耕文明为主导。

在农耕社会,自然条件的好坏直接影响着人们的生活状况,人们在当时无力改变自然条件,祈求自然的眷顾、赐予,希望风调雨顺、五谷丰登。中国古人认为,人要顺应统一的规律,和自然一致、和谐。在原始的社会活动中,人企图用自己的情感感染自然、影响自然,希望"老天爷慈悲"。人们愿意顺应天命,从不抵抗天的旨意;既不甘做奴隶,也不想当主人。中国古代人从来没有把自然的"天"视为有独特能力的对手。人与自然是一种顺应与融合的关系。中国强调"天人合一",自然被作为人格神崇拜,当时的人们非常注重天与人之间的相互融合和协调。这种人与自然合一、物我不分的观念,直接导致了中国人综合思维的特征,考虑问题往往从整体和大局出发,中国人强调人际关系的和谐。中国人的自然观是中国产生集体主义价值观的重要根源。

(四)道德观念差异

1. 平等与奉献

(1) 西方的平等观念

西方的道德观念深受西方人文主义的影响。西方的人文主义是指那些发扬纯粹属于人和人性的品质的一种途径。在西方哲学史上,普罗泰格拉(Protagoras)第一次把人作为研究对象,强调了人的主体地位和能动作用,开创了西方人文主义的哲学思想。文艺复兴时期的"人的发现",是对古希腊时就已经存在的人的一种意识的唤醒,强调、发挥古希腊、古罗马典籍中关于人性、人的价值、人生幸福的思想。启蒙运动时期西方人文主义由贵族转向平民、由王权转向人权,更加明确地强调个人能量的解放和释放促使无限力量的形成。到了 19 世纪,人文主义认为,个人才能发挥促成的知识、财富、文明等方面的增长在物质和道德方面将人提高到前所未有的新高度。

人文主义倡导的自由、平等思想贯穿着中世纪以来的社会、政治、经济、文化等各个方面。西方的传统是崇尚法律,法律被认为是自由、平等、

第二章　英语翻译的基础：语言与文化

正义的象征。

（2）中国的奉献观念

中国很早就有了"利他主义"道德感，这一思想可以追溯至传统价值观的义利观。孔子在他在《论语·里仁》中指出，"君子喻于义，小人喻于利"，这种义利观影响中国社会几千年。利他主义产生的是一种奉献精神，这种精神的特点是将他人利益凌驾于个人利益之上。历史发展至今，奉献依然是中国核心价值观的基本元素。所以，在中国，不乏具备奉献精神的人物，古有"先天下之忧而忧，后天下之乐而乐"的范仲淹，后有全心全意为人民服务的雷锋，今有感动中国的大学生志愿者徐本禹等。

2. 德与仁

（1）西方的"德"观念

在西方社会，智慧、勇敢、节制和正义一直都是人们多崇尚和遵循的道德价值观念。西方的伟大思想家柏拉图（Plato）认为，正义是智慧、勇敢、节制三种美德的统一，同时正义这种美德是催生智慧、勇敢、节制这三种德性的前提。这一思想在柏拉图所著的《理想国》中有所体现，柏拉图从城邦正义、个人正义两个层面来阐述正义，他指出城邦正义就是城邦中的每一个人都只做自己的事情，个人正义则是指自己内心的各个部分不可相互干涉。正义还指人的智慧、勇敢和节制三种德性各司其职、和谐共处。正义使得人们安于自己在社会中的地位和职责，使得社会能够和谐有序地运行。

（2）中国的"仁"观念

在中国，仁和义是最为重要的道德价值观念，其中"仁"位于仁、义、礼、智、信的首位。孔子认为，"仁"作为儒家之道的根基，作为伦理主张和道德理念的"仁"和"温良恭俭让"等具体德行是不同的。孟子继承并发扬了孔子的思想，在《孟子·梁惠王上》中描述了他认为的理想社会，即"老吾老以及人之老，幼吾幼以及人之幼"，这与孔子的思想是一脉相承的。可见，推己及人是儒家的一贯态度，这符合仁的真实情感。当然，"仁"只是抽象的道，它又具体化为人际交往的准则，即"仁者爱人""己所不欲，勿施于人""己欲立而立人，己欲达而达人"等。而且儒家认为"仁"是后天获得的，具体的修身程序为"学礼—约之以礼—自觉地循礼行事—存养仁"。但是，"仁"的实现并不意味着修身的终止，对"仁"的追求就如同对真理的追求，永无止境。

· 49 ·

(五)教育观念差异

1. 西方求真

西方哲学强调对真理的追求,认为自然的目的在于探求真理,以便指导自己去改变自然、征服自然。无论是古希腊哲人赫拉克利特、柏拉图,还是亚里士多德,都主张认识的根本目标在于发现真理,智慧就在于认识真理,并把能认识真理视为人的最高追求。人们眼中的中世纪代表着愚昧、荒诞,虽然如此,那时候的人们仍然大肆宣扬着对真理的追求。圣·奥古斯丁就认为,在真理面前,心灵和理性都要让步,人人都想要获得幸福,但是途径只有一条,那就是获得真理,并且认识了真理便认识了永恒。但是,要发现真理还需要运用科学的手段,因此培根创造出了通过实验与理性来发现真理的科学方法。同样,笛卡儿也强调,追求真理要运用正确的方法,至于什么是正确的方法,还要深入研究。对于真、善、美的向往,是人类的共有特性。但是,西方文化是先求真,再求善,真优于善。例如,古希腊早期哲学只涉及真,而未涉及善。后来,道德问题在哲学中的地位有所提高,但仍然存在于真理的基础上。一直到近代,西方文化一直遵从这种真高于善、善基于真的格局,由此我们可以说西方文化为认识文化。

2. 中国求善

在某种意义上可以说,中国文化是一种伦理文化。这是因为在中国古代文化中,认识、求真往往与伦理、求善结合在一起,并且前者附属于后者。《论语》作为儒学的经典,就是以伦理为核心的,然后延伸至政治等方面。孔子甚至将"中庸"看成美德之至。孟子也是在其"性善"说基础上建立其"仁政"和"良知、良能"学说的。孟子认为,认识的先天能力(良知、良能)源于性善。"诚"的中心内容是善;"思诚"的中心内容是"明乎善"。唯有思诚、尽性,才能解除对良知、良能的遮蔽,获取充分的知识和智慧。显然,善高于真而衍生真。宋明理学作为儒学的新阶段,已吸收综合了道、佛的某些重要思想,但其基本构架仍是伦理思想统驭认识论,如"格物致知"的认识论就在伦理学的控制范围之内。理学的认识论完全被伦理学兼并了。

在中国古代,社会的价值观表现为文化政治化、道德化,在乎社会秩序和人际关系的礼仪,并认为这是"正道"。当时的人生理想被宣扬为读经书、考科举、进入仕途,因此许多知识分子争先恐后地追求仕宦前程,研究怎么度过人生、怎么安邦治国才算是最好的选择,而对与此没有直接关

第二章　英语翻译的基础：语言与文化

联的学问非常漠视。这种趋势在汉代以后就表现得更加明显,重义轻利,重人伦轻自然,重政治轻技术。甚至儒家思想还将理性思辨和科学分析置于日常生活、伦常感情和政治观念中,使科学理论伦理化、政治化。道家的文化是一种朴素的文化,他们推崇原始的、蛮荒的世界,普遍蔑视科学技术。这种情况在封建社会的后期变得更加严重,十分不利于科学技术的发展。人们都想通过宦官仕途而成为人上人,劳动者因为没有文化而不能把技术抽象为科学,而有文化的知识分子实际上就是封建官僚的后备军,又不屑于具体的科技。这就造成了"主流学问"与实用知识的脱节以及劳动实践与知识创造的割裂。所有这些实际上已经成为科技进步道路上的一个巨大的绊脚石。

三、其他文化差异

(一)饮食文化差异

1. 价值取向差异

(1)西方饮食追求营养

西方人的饮食更注重营养与科学,将保证食物充足的营养作为最高的饮食标准。也就是说,在西方人眼中,食物的营养居于主要地位,味觉享受居于次要地位。西方人饮食非常注重理性,对于口味并不过分推崇,饮食结构也非常简单,强调食物中的营养价值,追求各种食物搭配是否合理。

同时,西方饮食体现了一种实用主义功能,人们讲究食物是否营养全面,而很少将饮食与精神关联起来。在西方人眼中,饮食主要是为了填饱肚子、维持自我生存。

另外,由于西方人用餐的目的在于生存,即主要是为了充饥,因此一般用餐都是分食制的,即大家用餐互不干涉。在西方的宴会上,人们的目的也是交流情谊,因此这种宴会的布置会非常优雅、温馨。西方人对于自助餐非常钟爱,食物依次排开,大家根据自己的需要索取,选择自己喜欢的食物,这方便大家随时走动,也有助于促进交往。可见,西方的这种饮食习惯讲究实体与虚空的分离,他们尊重个体,注重形式结构,突出个性。

(2)中国饮食追求美味

中国人的饮食观念是追求美味,即讲究食物的味道,因此中国的厨师们往往费尽心思在食物的味道改良上。在中国人眼中,一道菜品的形色仅是外表,味道是其内在品质,因此必须要注重内在,不用对外表进行刻意修饰。简单来说,中国饮食观念最重要的一点就是:重视菜肴的味道,不过分展露菜肴的形色。

同时,饮食在中国具有巨大的社会功能。中国人喜欢请客吃饭,并且请客吃饭的理由有很多,如婚丧嫁娶、送别亲友、生日祝福、同学聚会等。中国人往往从饮食中去解读一些与饮食无关的问题,这一文化现象就是"泛食主义"。例如,将职业称为"饭碗",将轻而易举称为"小菜一碟",将学习知识称为"汲取营养"等。

另外,不管是什么样的宴席、什么样的目的,中国人大部分都围桌而坐,所有的食物无论是凉菜、热菜,还是甜点等都放在桌子中间。同时,中国人会根据用餐人身份、年龄、地位等分配座位,在宴席上人们会互相敬酒、互相让菜,给人以团结、祥和之感。可见,这一理念符合中国人的"民族大团圆",体现了用餐人"团结、礼让"的美德。中国人重视集体观念,强调全局,因此导致了这样的饮食习惯。

2. 烹饪方式差异

(1)西方饮食的烹饪方式简单

西方的饮食强调营养,保持事物的原汁原味,在饮食对象上较为单一,他们吃的目的在于生存与交往,因此他们的烹调程序往往按照一套标准来完成。

相比较而言,西方的菜谱整体上更为精确、科学,调料的添加、烹饪的时间都是有规定的,甚至他们厨房中都配有量杯、天平等,这样才能保证食物与配料添加的比例。正如肯德基、麦当劳,无论你在世界上任何一个地方吃,都会吃出一个味道,这是因为他们是严格按照世界通用的标准来烹饪的,这套方法做出的食物几乎保持了食物本身的味道。

(2)中国饮食的烹饪方式繁多

中国的饮食对象非常广泛,烹饪方式繁多,因此烹饪的程序也并不是唯一的,富有较大的变化。就比如说"宫保鸡丁"这道菜,你在中国不同的地方吃会吃出不同的味道,甚至味道的差别很大。在辅料上,中国的食物往往以"一汤匙""适量"等来描述,这样就导致没有一个统一的标准,不同的师傅做出来的也必然有所差异。

在烹饪程序上,师傅往往会添加自己的聪明才智,也不会严格按照标准来烹饪,因此导致中国的这片土地上产生了很多的菜系。为了追求味道的鲜美与独特,师傅们往往会根据季节、客人等将同一道菜做出不同的味道。

第二章　英语翻译的基础：语言与文化

3. 搭配方式差异

（1）西方饮食主要是以面包为主

西方的一日三餐几乎都有面包，即面包是主食，多为咸面包，同时辅以冷饮。西方人的早餐往往是涂有奶油或果酱的烤面包，配有牛奶或燕麦粥；午餐往往非常简单，一般是一份加鸡蛋、蔬菜、奶酪、火腿等的三明治面包。另外，甜点也是西方人饮食的一部分，备受西方人喜爱。

如果是正餐，一般在主菜或者汤过后，会配有甜点，也就是说甜点是最后一道菜。面包一般随汤一起吃，甜点之后会是茶或咖啡。西式的主菜一般以蛋奶或肉类为主，有各种各样的熏鱼、牛排等，肉类一般为三五成熟，蔬菜多为生食，甜点多为冰激凌等生冷食物。

（2）中国饮食讲究主副搭配

中国人饮食包含主食和副食，主食以粮食为主，如米、面等；副食以肉类、蔬菜制成的菜肴为主，喜欢吃熟食、热食，不喜欢生吃蔬菜、肉类。每餐必须主副搭配，实现淀粉、肉类、蔬菜的融合，这在中国人眼中才能称得上一顿饭。主食是为了饱腹，副食是为了调剂和补充。在中医看来，生冷食物容易对体内脏器造成影响，因此中国人喜欢吃加热之后的食物。即便是冬日里饮酒，也喜欢温了之后再喝。

传统的中式早餐是包子、粥配小菜或豆浆配油条。南方普通家庭的午餐、晚餐主要是大米饭，配有荤素的两菜一汤。

4. 餐具使用差异

（1）西方饮食中多使用刀叉

如前所述，西方人主要食物为肉类，又实行分食制，因此刀叉是最好的选择。当西方人普遍使用刀叉之后，餐具以及餐具的布置更为考究。在正餐的进餐过程中，一般是吃一道菜更换一副刀叉，如吃主菜用主餐刀、主餐叉，吃鱼用鱼刀、鱼叉，吃沙拉、甜点等也有相对应的刀叉，这样一顿正餐过程中要更换四副刀叉，甚至更多。

在西餐中，刀叉还有很多品种，如面包刀、黄油刀等，他们各自有各自的职能，不能混合使用。其他的进餐工具也是如此，如饮酒时酒杯也有很多种类，饮用葡萄酒的酒杯就分为白葡萄酒酒杯、红葡萄酒酒杯等，并且酒杯的形状也是不同的。

另外，除了刀叉的使用非常考究，刀叉等进餐工具的摆放也是非常考究的。西餐的桌面要求简单、整齐，要按照标准模式依次摆放刀叉、汤匙、杯子、面包盘、大盘、餐巾，还有副餐用的小型茶匙、叉子、咖啡杯等。用餐的时候需要按照顺序来取用,但是有时会出现左右摆着的餐具的件数不同,那就表明多出来的那一件餐具是单独使用的。刀叉的用法是从外侧向里侧按照顺序使用的。进餐时,一般左右手配合,即一刀一叉成对使用,每一道饭菜都会用到盘子、刀叉与餐勺。对于酒杯,如果是横放在一排,需要遵循从左到右的顺序。

当然,在长期的实践过程中,西方人也形成了独具一格的餐桌礼仪,即在使用刀叉时需要注意如下几点:一是切割食物时,尽量不要发出声音;二是切割食物时,要保证双肘下沉,而且手臂不能压到桌子上;三是切割食物的大小应该保证一下子能入口;四是刀叉的朝向一定要保证正确;五是放下餐刀时,不要将刀刃朝外,并且刀叉不能交叉摆放。当用餐者用餐完毕之后,可以按照左叉右刀的顺序摆放餐盘中。

(2)中国饮食中多使用筷子

中国的饮食对象多样,用餐也是围成一桌共食,因此筷子是中国人饮食的最好选择。筷子虽然简单,却可以应对一切食物。

随着人类社会与生活的发展,筷子的使用越来越普及,并且出现了一些与之相关的礼仪:一是避免敲筷,即不能一手拿一根筷子来敲打盘碗;二是避免掷筷,即在用餐前发放筷子时,应该将筷子按双捋顺,然后轻轻放在用餐者面前,如果位置较远,可以请人递过去;三是避免叉筷,即不能一横一竖交叉摆放,也不能一根大头一根小头摆放;四是避免插筷,即如果用餐途中需要离开座位,要将筷子轻轻放在碗碟旁边,而不是直接插在饭碗里;五是避免挥筷,即在夹菜的时候,不能将筷子在菜盘里面上下乱翻,遇到别人夹菜时要有意避让;六是避免舞筷,在说话时,不要将筷子作为刀具,在桌子上乱舞。

另外,筷子在中国的使用还推动一些菜肴或食俗的形成,如现代中国人比较喜欢吃的火锅,如果没有筷子是很难实现的。

6. 菜式命名差异

(1)西方饮食中的菜式命名往往直截了当

相比之下,西方菜名直截了当,往往一目了然,很少采用修辞手段。很多西式菜名直接采用原料+烹饪方法的命名方式,如水果沙拉、意大利披萨、炸薯条等。可见,西方菜名突出原料,取名方式虽然缺乏艺术性,但实用性较强。与中式菜名相比,西方菜名的典型特点就是"简"。

下面再列举一些西方菜名,其中都体现了其"简"的特征。

shark fin 鱼翅

breast of deer 鹿脯

第二章 英语翻译的基础：语言与文化

ham and sausage 火腿香肠
black pepper pork steak 黑椒猪排
Scotland mutton chop 苏格兰羊排
Australian fresh shellfish 澳洲鲜贝

（2）中国饮食中的菜式命名往往讲究颇多

中国人给菜肴命名时的讲究很多，如名字要含蓄、温雅又吉利，还要注重联想功能，使用各种修辞手法寓情、寓意。总之，中国菜名中包含了很多历史文化信息。除少量的大众化菜肴以原料直接命，相当一部分菜是以典故、景色、传闻甚至传世人命名的。归纳起来，中国菜名有三个典型的特点，即"实""虚""喻"。

体现中国菜名"实"特点的如下面一些。

成都火锅
广东龙虾
青椒肉丝
东坡肘子
北京烤鸭
湖南米粉

体现中国菜名"虚"特点的如下面一些。

全家福
龙凤呈祥
年年有鱼
百年好合
独占鳌头
鸿运团圆
满掌黄金
鸳鸯戏水

体现中国菜名"喻"特点的如下面一些。

蚂蚁上树
珍珠豆腐
水晶肴蹄
芙蓉鸡片
八仙过海
黑熊耍棍（木耳炒豆芽）
黄山一绝（一盘蕨菜）
桃园三结义（由白莲、红枣、青豆三种食物制作而成）

(二)节日文化差异

1. 价值取向差异

(1)西方节日注重个性

西方文化认为人是一切活动的中心所在,每个人都是独立的个体,理应被放在第一位。西方人对于个性和自由也非常推崇,非常强调个人的意志,追求个人的解放和自由。同样,西方节日也注重个性,当然在西方国家也有注重全家团圆的节日,如感恩节,但大部分节日更强调个人享乐,注重个性的张扬,如圣诞节、万圣节等。西方节日大都以欢快和娱乐为主基调,人们通常以过节之名,尽情享受个人欢乐。可以说,"狂欢""新奇""神圣""浪漫"等是西方节日精神的主要内核。

(2)中国节日注重集体

传统节日是一个民族价值观念和思维方式等的重要反映。中国节日注重集体活动,中国传统文化尊重人,强调宗法集体,讲究以大局为重。中华民族几千年来以血缘、地缘为纽带的社会关系决定了儒家传统文化的集体主义价值取向。体现在节日方面,中国传统节日大都具有较强的家庭宗族观念和群体观念,多是以家族或家庭为核心的集体活动,注重家族全员共享天伦之乐、团圆之情,强调全家团圆、阖家欢乐。可以说,"亲情""团圆""全家平安"是中国传统节日的主题。

例如,在中国,通常每逢春节、元宵节、中秋节等,在外工作的人都尽量赶回家与家人团圆,围坐聚餐,共吃团圆饭、元宵、月饼。聚餐期间,晚辈会向长辈敬酒祝寿,长辈会为晚辈祈福祝吉,洋溢着团团圆圆、和和美美的节日氛围。再如,人们会在端午节举行集体龙舟赛活动,在清明节举行祭祀祖先的集体活动等。这些都体现出中国传统节日追求团圆、尊长、和谐等,体现出浓厚的中国文化韵味。

2. 文化性质差异

(1)西方节日属于一种单一文化现象

西方节日的起源虽然与宗教密不可分,深受宗教影响,但是由于西方推崇"人性""个体价值",追求个人主义价值观,因此西方节日文化越来越注重单一的娱乐精神。虽然也有一些综合性质的节日,如圣诞节,但是相对来说,单一性质的节日更多。

(2)中国节日属于一种综合文化现象。

中国传统节日是一种综合文化现象,往往集热闹、怀念、娱乐、祭祀等

第二章 英语翻译的基础：语言与文化

于一体。以清明节为例，其最初为农事节目，逐渐发展为与祭祀、禁忌以及郊游、踏青等活动相汇合的综合性节日。春节则是中国影响最大的综合性节日，人们在节日期间会有祭神、祭祖、游览庙会、拜年、走亲访友等各种活动。

3.呈现方式差异

（1）西方节日推崇精神文化

西方节日追求精神上的愉悦。具体来说，西方节日追求在交往中营造欢乐的氛围，注重将彼此的情感加以释放。虽然很多节日中也不乏食物，如复活节的彩蛋、圣诞节的烤鹅、感恩节的火鸡等，但更多的是追求精神上的愉悦和快乐。

以狂欢节为例来说，其不仅仅是一个节日，也是人们打破正常生活秩序的一个时节，人们会举行盛大的化装舞会、喧闹的彩车游行等，其充分体现了西方人追求欢乐的宗旨。此外，愚人节也是能够充分反映西方节日文化特色的一个节日。在愚人节这一天，人人都可以取笑别人和被别人取笑。节日期间的相互愚弄和搞笑可以充分缓解人们的紧张情绪，给生活增添一定的乐趣。

（2）中国节日推崇饮食文化

相比之下，中国节日注重饮食。在我国的传统节日中，饮食一直都扮演着重要的角色，如春节、端午节、中秋节等都有与之相对应的特色食物。

在春节这一中国最隆重的节日，人们除了贴对联、拜年，还会做各种食物。虽然各地饮食习俗各异，但在春节期间人们都会吃团圆饭，在除夕之夜齐聚一堂，享受美味佳肴。在端午节，人们吃粽子、鸡蛋，还会喝雄黄酒。中秋节人们回家团聚，一起赏月吃月饼。

（三）社交文化差异

在文化和社会交往的基础上形成的社交礼仪，毫无疑问，带有民族文化特色的烙印。下面从如下几个层面来探讨社交文化差异。

1.社交称谓差异

纵观中国的历史可以发现，社交称谓语的使用较大的反映了社会中的不同人际关系。在官本位思想的深刻影响下，中国古代人在社会交往中往往以官职相称，这在古代人看来是对他人表达尊敬的一种方式。即便在当前社会，人们在与有官职的人交际时仍然会以职务相称。有的时候为了表示自己的尊敬，在称呼时还特意将"副"字去掉。

在西方国家,社会交往中用职务来称呼对方的情况是十分稀少的,仅有少数职务可以用于称谓,以下说法在西方基本是不存在的。

Bureau Director David 大卫局长

Manager Jack 杰克经理

Principle Aaron 艾伦校长

(1)自称与谦称

所谓自称,即自己称呼自己的用语。中西方自称的使用频率都是最高的。

在中国文化中,从广义上而言,自称包括谦称,因为谦称也是自己称呼自己的一种方式。不过,从狭义上来看,二者的区别还是很明显的。谦称显然表示的是一种谦虚的态度,但自称并不能体现这种态度,并且有时候人们的自称称职还可能体现出自负的不良态度,如老子、老娘等。另外,汉语中的自称用语分类十分详细,人的年龄、身份、地位不同,所使用的自称也是不同的。

受中国传统文化的深刻影响,中国人在交谈过程中往往使用谦卑的态度,同时表达对对方的尊敬,因而在社交称谓上就形成了大量的尊称。例如:

晚生—先生

犬子—令郎

贱内—夫人

下官—大人

上述社交称谓语在英语中是基本找不到对应用语的,西方人受自己国家文化的影响,在某些情况下对中国的上述称谓语并不能很好地理解,尤其是谦称词语的文化内涵。

在西方文化中,自称的用语比较少,如 I, we,基本不会将 one, yours truly 等用于自称。

(2)他称称谓语与尊称

所谓他称,指的是交际过程中涉及的第三方所使用的称谓用语。

在中国文化中,如果交际过程中涉及了第三方,往往会根据其性别、身份、职业、年龄、亲疏关系等来使用相应的称谓语,即尊称。通常而言,汉语中的尊称往往会用"令"或"尊"置于官职名或者亲属称谓语前。

在西方文化中,历史上常见的他称有如下几种。

his/her majesty

his/her honor

his/her lordship

上述他称往往用于王室成员、社会名流、达官贵人等之间的人际交往中。此外,由于英语国家很少使用尊称,因而并没有相应的尊称称谓语。

第二章 英语翻译的基础：语言与文化

2. 问候与告别差异

（1）问候

问候作为对交际对方的一种关怀的话语，起着维系人际关系的作用。但是，在不同的文化环境中，人们问候的方式和内容是不同的。在中国，人们将问候视为开启一段交际关系或者营造良好感情氛围的手段，比较注重的是问候的方式，不太注重问候的内容。人们通常会就事论事或明知故问，被问候的人可以回答也可不回答，只要说话人表示的关心到达被问候人那里就行了。

在西方，人们的问候显得随意，问候内容不具体，通常根据对方的接受程度来决定问候的内容。

（2）告别

中国人和西方人在告别方式上有以下几种不同点。

第一，告别的理由。中国人很照顾对方的感受，即使在告别时也经常说"打扰您太长时间了"。西方人告别的原因有时候是客观事件，有时候是主观想法。

第二，告别语。中国人在告别时通常会表达自己的关切，如"保重""一路小心"等。西方人在告别时通常表达一种祝愿，如 Goodbye 表达的就是 "God be with you."

第三，告别时的评价。中国人不会将当前感受表现出来，并且总是出于一种客套而发出再次邀请的信息，如"有空常来呀"这类话。英语国家的人在道别时很注意对双方接触的评价，以表达愉快相会的心情。他们的再次邀请都是出于真实想法，时间是明确的。

3. 请求和拒绝

（1）请求

总体来讲，中国传统文化讲究含蓄、收敛，这表现在请求方面就是间接暗示。当然，请求的发出方式还和社会地位、辈分有着直接关系。一般而言，地位较低者对地位较高者、幼者对长者通常是间接地提出请求。他们在提出请求之前，先详细交代请求的原因、背景等内容，以便请求具备一种较强的合理性，也容易被接受。但是，地位较高者向地位较低者、年长者对年轻者通常是直接地提出请求，因为双方都认为这是合情合理的。西方人在提出请求时也要参照社会地位的高低，除此之外，还要考虑双方关系、性别、年龄和请求实现的难度。为了表示礼貌和尊重，他们也经常使用间接方式提出请求。被请求者的社会地位越高、年龄越大、涉及的内容越特殊或困难,间接或暗示的程度就越大。

(2)拒绝

在中国,地位较低者在拒绝地位较高者时,一般要使用"道歉"语;反之,则不用。在西方,人们的平等意识较强,不同地位的人在拒绝他人时都使用"道歉"语。

第三章 英语翻译的常见问题

众所周知,翻译不仅是语言之间的转换,更是文化之间的转换。因此,在翻译中,不仅要将语言差异的问题予以解决,还需要对文化差异的问题进行分析与审视。也就是说,在翻译过程中需要注意的问题有很多,如可译性问题、词汇空缺问题、文化等值与文化欠额问题、翻译误区等,了解这些问题,对准确有效地进行翻译十分有利。本章将对这些常见的英语翻译问题进行探讨。

第一节 可译性问题

在翻译界,可译性问题一直都是关注的焦点。可译性与不可译性是两个紧密相关的概念,在论及可译性问题时,不可避免地会涉及不可译性问题,它们一直都是翻译界争论的话题。实际上,并不存在绝对的可译性和不可译性,只是可译的程度与不可译的程度问题,二者是一个相对的概念。

一、关于可译性问题的界定

对于可译性与不可译性问题,很多学者进行过研究与探讨。学者威尔斯指出,文本是否可译的问题是19世纪才成为研究的重点问题,但是文学的可译性问题可以追溯到文艺复兴时期。一般来说,文学的可译性问题与可译的限度有着密切的关系。因此,下面就对一些学者的可译性观点展开分析,并重点探究可译性的限度。

(一)洪堡特的观点

德国学者洪堡特对可译性与不可译性的问题进行了辩证与系统的探究,这就使得可译性问题登上舞台。在洪堡特看来,语言具有普遍性,但是也有着特殊性。也就是说,对于语言而言,普遍性中存在着特殊性或差异性。这些特殊性与普遍性是相互协调的关系,而普遍性的存在决定了语言是可译的,特殊性的存在决定了语言存在某些不可译的情况。

在洪堡特看来,语言是发出的主体与另外一些主体间联系的工具。对于人而言,语言是一个传承下来的客体。这就是说,语言是客观的,这一点决定着语言与个人是独立的两个层面,也决定了语言能够成为人类普遍的认知手段,这就是可译性的表现。同时,洪堡特还指出,语言不仅是客观的,还是主观的,即语言是某种世界观的体现,是一种精神存在,因此不同的人有着不同的语言,这就是不可译的表现。

在洪堡特看来,等值的翻译是不存在的。译者在进行翻译时,往往会遇到两大困难。

其一,努力接近原作,不得不牺牲目的语及其风格。

其二,靠近目的语,不得不牺牲原作。

这就是说,要想实现一种语言与另一种语言的完全等值,这是无法做到的,每一种语言在对概念的表达形式上都存在着明显的差异。虽然看到了这一点,他也对翻译的可行性进行了充分的肯定。在洪堡特看来,每一种语言的创造力都是无穷的,因此每一种语言的表达方式可以无限变换。同时,翻译针对的是言语,如果从细节上不能翻译的东西,那么可能在聚合的整体层面是可以翻译的。

(二)刘宓庆的观点

我国学者刘宓庆指出,可译性针对的是在两种语言转换中源语的可译程度。从刘宓庆的定义中可以看出,可译性是存在某些限度的。由于源语与目的语在语言结构、文化等层面存在明显的差异,因此在语言各个层次都存在着能够互通信息的通道,这就对语言的有效转换造成了阻力,这就是所谓的可译性的限度。

就广义层面来说,可译性限度既可能体现在语言层面,也有可能体现在文化层面。因此,可译性问题的实质在于译者能否准确再现源语作品中呈现的精神风貌与思想,而不是仅仅探讨源语是否可译。

(三)贺麟与陈康的观点

贺麟的可译论与陈康的不可译论都是对翻译进行的抽象哲学的思辨。

贺麟(1940)认为,要想探究翻译的真理,首先要分析的是从理论层面对源语文本进行翻译的可能性问题。贺麟从心理学的角度对自己的理论加以验证,认为人类的本性就是心同理同的部分,因此这一部分可以翻

第三章　英语翻译的常见问题

译,可以用无限的句子对其进行表达。

陈康(1985)认为,某一种文字中的字、词等表示的是其在自身文字中产生了思想,代表的是该文字本身民族的思想,而不可能用另外一种文字的字、词对其自身没有过的思想传达出来。这就是翻译的不可译问题。

总而言之,很多翻译家都看到了不同语言的差异性问题,并且肯定了语言的普遍性及其引申的可译性。学者奈达也认为,虽然不同语言存在差异,但融合的要素大大超过了分裂的要素,因此翻译是可能的,是可以进行交际的。

可译性与不可译性问题也深受我国学者的重视,并且研究历史悠久。早在东晋时期,学者释道安就提出了"五失本"理论,指出了容易导致译本丧失本来面貌的五种情况,并提出在必要时对译文进行修饰,以便于读者理解。尽管这存在很大难度,但也是可译的。唐代玄奘提出了"五不翻"原则,这里实际上指的是"不意译",而非指不翻译,"不意译"也就是音译,而音译就是不可译。刘宓庆指出,可译性并不是绝对的,而是具有一定的限度。

本质上而言,可译性与不可译性并不是泛指两种语言之间是否可译、相互传译,而是指"某些感情和艺术色彩以及文化特色比较浓厚的作品,在传译时由于语言的差别而所能达到的译文确切性的程度问题"。相互转换的两种语言以及两种语言所承载的文化都有着显著的差异,所以确保源语与译语的完全对等翻译是不可能的,也就是说译文无法完全等同于原文,但可以无限地趋近于原文。奈达指出:"在语言间不可能做到完全的对等,因此也没有完全准确的翻译。译文的总体影响只会接近原文,而不可能在具体内容上一致。"由此可见,可译性与不可译性并不是相互独立、完全对立的两个概念,二者相互依存,而且有着紧密的辩证关系。

二、可译性的理据

对客观事物认知的相似性使得人们拥有了大致相同的概念体系,也使得翻译具有了可译性。

(一)相似的经验世界

人类身处在同一个世界当中,体验的也是同一个世界,所以在知识观念形成的过程中会拥有相似的世界经验,这些相似的世界经验就是翻译可译性的依据。

针对翻译而言,原文作者和译者所面对的文本指的是同一外部世界,必然也会存在共同的体验,也就有着共同意思。以英汉翻译为例,英汉两种语言属于不同的语系,无论在拼写、读音和表达方式上都存在显著的差异,这一定程度上也是不同世界观念的反映。尽管如此,但相似的世界经验为可译性提供了重要依据,使得人们可以相互交流。

(二)共同的语言基础

不同地域的民族在诸多方面都存在显著差异,人们仍可以相互交流,这主要源于人类语言的基本相同的功能。语言是人们生存、交流的基本而重要工具。处于相似的自然环境中,人们有着相似的行为、经历和感受,因此语言的基本功能也具有相似性。比勒(K. Bühler)和雅各布逊都对语言的功能进行了总结,纽马克(Newmark,2001)在两位所提观点的基础上提出了语义翻译(semantic translation)和交际翻译(communicative translation)的概念。可见,语言功能的普遍性为可译性提供了依据。

(三)文化的相互融合

不可否认,不同的文化之间存在巨大差异,但也存在共性。随着社会的发展,各个民族之间的交流日益频繁和紧密,文化也开始相互影响、相互渗透,随着文化的差异越来越小,共性逐步扩大。

不同文化在相互融合的过程中会产生互化,这种文化具有相互性,而语言的相互影响也是如此。例如,英语中的很多显性连接词语在现代汉语中出现并使用,这使得汉语的意合传统受到了很大冲击;而受汉语意合特点的影响,现代汉语中越来越多的名词直接作定语。随着文化不断融合,语言也得以丰富和发展,文化与语言相互融合极大地对二者的共性进行扩大,也为语言的可译性提供了某些层面的理据。

三、可译性的限度——不可译性

就宏观的情况而言,语言具有可译性,但是这种可译性不是绝对的,而是有限的,这也可以称为"不可译性"。从语言层面出发,不可译性又分为相对可译性和绝对不可译性。

翻译过程中,不仅要深入了解翻译的可译性,也有必要认识翻译的不可译性。卡特福德认为,不可译性有语言的不可译和文化的不可译之分。傅仲选指出,不可译性可分为绝对不可译和相对不可译。这里主要对卡特福德的分类进行说明。

第三章　英语翻译的常见问题

(一)语言的不可译

1. 语音上的不可译

世界上没有完全相同的两种语言,每一种语言都有着有别于其他语言的语言系统和特色,而这也就导致了语言的不可译。

就英汉语言而言,英语属于多音节语言,只有简单的声调变化,而没有语调的变化。汉语属于单音节语言,声调变化复杂,而且语句工整。将汉语中整齐工整的诗句用英语中与之相对应的语句来翻译,几乎是不可能的,即便可以翻译,也需要进行调整,原文的含义也必然会受到损害。此外,有着鲜明民族特色和地方特色的方言和口音也是不可译的,在另一种语言中不可能找到与之相对应的手法。可见,在语音层面上,不同语言是不可译的。例如:

东边日出西边雨,
道是无晴却有晴(情)。

The west is veiled in rain, the east enjoys sunshine; my gallant is as deep in love as day is fine.

原文诗人通过"晴"和"情"的谐音双关,深刻地表达了自己的思想情感,不仅语言工整,而且读来上口。通过英语来表达相同的谐音相关,同时传递原文含义,是不可能实现的。译文虽然传达了原文的含义,却损害了原文的语音特色。

2. 词汇上的不可译

在词汇形态上,每一种语言也都独具特色,这也就导致语言的词汇形态具有不可译性。例如:

人曾为僧,人弗可以成佛。

可以看出,这种有着明显汉语特色的字形特征和拆字组句技巧在英语中是不存在的,所以译成英文是十分困难的,不论如何翻译,都不能完好保留原文的形象。

3. 句法上的不可译

在句法上,英汉语言的差异也是巨大的。英语属于形合语言,常依靠各类连接词来维持语言的连贯,而且常附带一些定语从句、状语从句等从属成分,句子结构呈"葡萄型"。汉语属于意合语言,常依靠上下文关系来组句成篇,一般不需要连接词,也很少附带从属成分,句子结构呈"竹竿型"。在翻译时,要想达到语义对等,必然会有损源语的句法结构,所以英汉语言在句法上不可译。

4. 文体风格上的不可译

文体风格是指文章的体裁格式和语言特色,其涉及范围广泛,包括各种体裁、个人特征和民族特色等,这种独特性就决定了文体风格的不可译性。例如,韵律、咬文嚼字等文体风格是很难进行翻译的,这里将其做不可译处理。例如:

寻寻觅觅,冷冷清清,凄凄惨惨戚戚。

I've a sense of something missing I must seek. Everything about me looks dismal and bleak. Nothing that gives me pleasure, I can find.

原诗句用了七对叠字,将作者的情感淋漓尽致地表达了出来,而且层层深入,感人肺腑,艺术风格十分独特鲜明。上述译文在内容上进行了准确的传达,但文体风格与原文相差甚远,通过译文读者几乎没有同源语读者读这首诗时所产生的相同的感受。由此可见,在文体风格的翻译上,是存在可译限度的。

(二) 文化的不可译

文化是一个社会对事物的客观反映,存在于一种文化中的现象,在另一种文化中可能不存在,也就没有与之相对应的表达方式,即使可以间接表达,也会对信息造成损害,因此在一定程度上也具有不可译性。文化的不可译具体包括两种情况:文化词汇空缺和指称词语的冲突。

1. 文化词汇空缺

某些词汇是一个民族特有的,对本民族而言,这些词语的概念意义是一目了然的,但对于其他民族而言是十分陌生的,更不用说词汇的内涵意义了。这是因为这些词汇所传达的概念在非本族人们的文化中根本不存在,这就是所谓的"词汇空缺"。"词汇空缺"在英汉两种语言中十分常见,而且对翻译造成了一定的困难。例如:

hipple 嬉皮士

阴阳 Yin Yang

气功 qigong

Hipple 和"阴阳""气功"都是英汉语中所特有的表达,有着独具特色的文化含义,在另一种文化中根本不存在,而且也没有相应的表达,所以对它们进行翻译是非常困难的。hipple 译为"嬉皮士"也只传达了"嬉皮笑脸"含义,并没有表达其真实含义,而"阴阳""气功"也只能音译。

2. 指称词语的冲突

指称词语冲突包含语义文化冲突和语用意义冲突两种情况。

有时将一种文化信息符号忠实地转换为另一种语言符号时,内涵意义会发生显著的变化,甚至完全相反,这就是语义文化冲突。例如:

泰山北斗 Mount Tai and the North Star

虽然译文与原文实现了指称意义上的对应,但语义文化并不对应。在汉语文化中,"泰山北斗"是对德高望重之人的尊称,很显然译文并没有准确传递这一文化信息。

语用意义冲突是指词语文化信息符号的语用意义在进行语际层面的转换时会产生冲突。例如:

《红楼梦》A Dream of Red Mansions

对于红色,其在英汉文化中有着不同的含义,在汉语文化中,红色具有喜庆和昌盛的意义,但在西方文化中,红色具有危险和暴力的象征意义。所以,《红楼梦》这一著作名译为 A dream of red mansions 是不妥的,应译为 The Story of The Stone。

第二节 词汇空缺问题

在翻译过程中,词汇空缺问题经常出现,这一问题会给译者带来很多翻译层面的障碍。上文已经提到并简要介绍了词汇空缺,这里就对其进行详细说明。

一、词汇空缺的概念

不同民族的语言和文化不尽相同,反映在词汇层面就会形成不同的个性,即一个民族的词汇可能在另外一个民族是不存在的,这些词汇的概念与意义对于其他民族是非常陌生的,这就是所谓的"词汇空缺"。

在英汉语言中常会见到词汇空缺现象。例如,英语中有 strong point 和 weak point 的说法,但汉语中只有"弱点"而没有"强点"的说法。再如,汉语中"长处"和"短处"的说法,但英语中只有 shortcoming 而没有 longcoming 的说法。

很明显,词汇空缺势必会对语言的转换和文化的交流造成困扰,这就需要译者在翻译过程中注意这一现象,并灵活采用一些相应的措施。

二、词汇空缺的原因

(一)地理环境差异

不同民族的人们身处在不同的地理环境,所以该民族语言中描述地理环境的词汇在其他民族中可能会不存在,也就是存在词汇空缺。例如,"泰山"在汉语中有着独特的文化内涵,其喻指德高望重的人和强大的实力,如"有眼不识泰山"。无论是泰山这一物体还是其文化内涵,都是汉语文化所特有的,其他文化中并不存在,如果按照字面意思直接译为 have eyes but fail to see Taishan Mountain,就会丢失其文化信息,读者也会产生疑惑,不明所以。而英语中的 take French leave(不辞而别)和 Spanish athlete(吹牛,胡说八道的人)也是其他民族所不具有的,也不能按照字面意思直接翻译,否则会令读者不知所云。

(二)价值观念差异

价值观念深刻地反映着文化,因文化背景的不同,所以不同民族的人们有着不同的价值观念,这在思维方式、语言表达等方面有着显著的体现。受中国传统观念和文化的影响,中国人崇尚礼仪,讲究谦让,在与人交际时常会采用很多谦辞,如"寒舍""鄙人"等。受个人主义价值观的影响,西方人追求自由,讲究平等,在与人交际时常会直接表达,而且富有逻辑,汉语中的一些谦虚表达在英语中并没有相对应的形式。

(三)社会风俗差异

英汉民族有着各自独特的社会风俗,反映在语言上,也会导致这方面的词汇空缺。例如,中国的传统节日,如"除夕""清明""中秋"等在西方国家并没有,与之相对应的一些节日风俗,如"守岁""扫墓""吃月饼"等在西方国家更是没有,这些富有中国特色的习俗在英语中根本没有相对应的表达形式。西方文化中万圣节的 trick or treat、感恩节的 turkey 等,在汉语中也没有相应的表达。可见,社会风俗差异也会导致词汇空缺现象的产生。

三、词汇空缺的翻译难点

(一)双语信息空白

双语信息存在偏差是词汇空缺的一种常见表现形式,也就是一种语言中的词汇在另一种语言中不存在。针对这种情况,是很难进行翻译。例如,汉语中的"提"包、"挑"柴、"挎"篮中的"提""挑""挎"都有"携带"的意思,但英语中表示"携带"含义的词只有 take,bring,carry,而且与汉语表达完全不对应。

(二)文化内涵不对等

词汇空缺还表现在文化内涵的不对等上,即虽然两种语言中有相对应的表达,但所蕴含的文化信息不同。如果忽视了这一点,在翻译时就很容易丢失重要的文化信息,错误引导读者,甚至可能引起文化冲突。例如,"熊"这一动物在中西方都存在,但所表达的文化含义不尽相同。在中国人看来,熊是一种行动缓慢、呆傻样态的动物,所以常用它来比喻反应迟钝的人。但在西方人看来,熊是一种凶残的动物,常用来比喻那些鲁莽的人。可以看出,文化内涵的不对等必然会影响翻译的有效进行,因此在翻译过程中要注意这一问题。

第三节 文化等值与文化欠额问题

翻译对于文化等值是一直追求的,但是受文化背景的影响,翻译过程中不可能回避不等值现象,进而造成文化欠额问题的出现。本节就对这两个问题展开详细的分析和探讨。

一、文化等值问题

美国学者奈达提出了等值论,他指出翻译对等包含形式对等(formal equivalence)和功能对等(functional equivalence)这两种。形式对等注重语言的形式和内容,功能对等注重翻译的效果。在翻译中注重形式对等而忽视功能对等,就会造成文化信息欠额。

翻译不仅涉及语言,更关乎文化,做到文化对等是其目的。纽马克认为:"文化对等是把出发语的文化词转化成目的语的文化词的一种近似的翻译。"译者作为连接原文和读者之前的桥梁,为原文和读者之间搭建了沟通的渠道——译文,其不仅要处理语言问题,更要处理文化障碍问题。译者在翻译过程中不仅要传递语言的表层言语信息,还要传递深层文化信息,这样才能有效传播文化。

翻译是一种文化信息传递和接受的互动过程,要想提高互动的效果,就要确保文化信息的等值,避免简单的字面转换,减少翻译中的文化欠额。

二、文化欠额问题

纽马克(1981)指出,文化欠额翻译(under-loaded cultural translation)是指"在翻译中零传输或者部分传输了源语文化环境中的内涵信息的现象,即译文所传递的文化信息量小于原文的文化信息量"。文化欠额翻译会导致原文文化信息的不完整传输,会直接影响译文的质量。

上文提到,翻译中过于注重形式也就是字面信息的等值,就会造成文化信息的欠额。例如:

Shall I compare thee to a summer's day?

对这一名句进行翻译时,很多译者将其译为"能把你比作夏日吗?"实际上,因地理位置的不同,夏日在英汉文化中有着不同的含义。英国的纬度较高,并没有酷热的烦恼,所以英国人十分喜爱夏日,但中国的夏日则是酷热难当。采用直译法进行翻译,会使原文的地域文化内涵丧失。将原句译为"我可以把你比作充满生机的夏日吗?"更能传递原文的文化内涵。

总体而言,在多元文化背景下,在进行英汉翻译时,要深入研究可译性和不可译性问题,同时要了解词汇空缺、文化等值和文化欠额问题,从而更加准确、有效地进行翻译。

第四节 文化翻译误区问题

一、文化翻译误区的体现

(一)理解偏差

在进行文化翻译之前,首先要对文化进行理解与把握,如果存在偏差,那么文化的传达势必出现问题。文化需要不断理解与适应,如果理解不到位,必然会导致在表达时出现文化缺失,甚至会出现误译。

(二)未考虑读者

译作最终是要为读者服务的,译作质量是高还是低在很大程度上需要读者加以检验。一般来说,读者具备一定的认知水平,如果译作无法与他们的认知水平相符,那么读者的理解就会出现偏差。因此,在翻译时,译者需要将读者的认知能力、理解能力等考虑进去。

二、文化缺位与文化错位

(一)文化缺位

"文化缺位"这一概念首先是由苏联著名的翻译理论家索罗金(Sorokin)等人提出的。所谓"文化缺位",即在不同民族之间所有事物、所有观念存在的空缺情况。人们在接受新的文化信息的时候,往往会将已有的旧文化认知激活,从而构建对新文化信息的理解与把握。不同的民族,他们的文化认知也必然存在差异,正是这种差异的存在,导致文化缺位的产生。

1. 文化缺位的内涵

苏联翻译理论家巴尔胡达罗夫(Barkhudarov,1975)对比和分析了不同语言中的词汇,提出在另一种语言中存在不等值的词汇。

1980年末期,苏联学者索罗金正式提出了"缺位"这一理论,他通过对不同民族的话语展开深入研究,对"缺位"下了一个明确的定义,即认为一种文化在另一种文化中处于缺省的状态。

我国学者对文化空缺现象也进行过研究和探讨。

何秋和(1997)认为,在每一个民族中,都存在其特殊的语言文化,这些在其他民族中并不具备,这就是"缺位"的表现。

王秉钦教授(1995)认为,"缺位"指的是一种民族中的语言文化不被其他民族明白与接受的空白情况。

可以看出,对"缺位"的界定有很多,但是这些界定都存在一个明显的特点,即都认为受到不同民族文化差异的影响,一种语言中存在的概念或现象在另一种语言中不存在,或者找不到与之相似的情况,这就导致了空缺。

2. 文化缺位的特点

(1)不理解性

文化空缺的第一大特点就是不理解性。例如,在英语语言中,屈折现象是非常常见的现象,名词数、格、时态等也都有着深层的意义,这很难被汉语民族理解。

（2）不习惯性

文化空缺的第二大特点就是不习惯性,即两种语言在语法、词汇层面表现的差异。同时,两种语言在引发联想、对事物的区分上也存在明显的不同,因此将这种现象又称为"异域性",其在对事物的认知与表达层面体现得尤为明显。

例如,英语中 aunt 一词是大家熟知的,很多人也知道其既可以代表"阿姨",也可以代表"舅妈""伯母"等。但是,在汉语中,由于中国人等级划分非常鲜明,因此很容易让中国人不理解、不习惯。

（3）陌生性

文化空缺的第三大特点是陌生性,即两种语言在修辞、表达、搭配等层面产生的联想与情感不同。例如:

一丈青大娘大骂人,就像雨打芭蕉,长短句,四六体,鼓点似的骂一天,一气呵成,也不倒嗓子。

上例中采用了比喻的修辞,这种通过用喻体来代替本体的说法,可以给整个语言增添色彩。但是,对于西方民族来说,这种现象并不常见,因此会是陌生的、新奇的。

（4）误读性

当不同文化在摩擦与接触中,文化之间出现误读的情况是非常常见的。也就是说,对于一种文化中的现象,另一种文化中的人们会采用自身的思维对其进行解读,那么很容易出现不确定情况或误读情况。

例如,在澳大利亚,袋鼠是一种常见的动物。18 世纪,探险家们刚见到这一动物,就询问当地居民它的名字,当地居民告诉探险家是 Kangaroo。因此,在探险家脑中,这一词就自然而言地形成了,含义就是"袋鼠"。实际上,其本意是"我不知道"。但是,久而久之,这个名字也就这样固定下来,人们也就不会探究其真伪了。

（二）文化错位

所谓文化错位,即人们对同一文化事物、同一文化现象产生的内涵解读与认知联想上的错位。文化错位现象常常在不同的文化圈内发生。一般来说,一个文化圈的人只对本圈的事物有一定的认知,而对其他文化圈的事物不了解或者缺乏认知,这样导致在跨文化交际的过程中,人们习惯用本圈的认知对其他文化圈的事物加以判断,从而产生文化错位。

同一文化事物、同一文化现象在不同的文化圈里会有不同的指称形式,也可能会产生不同的联想。即便处于同一种原因中,虽然读音相同、词语文字相近,其内涵意义也可能存在某些差异,这就是文化错位的表现。下面具体来分析文化错位的几种类型。

1. 指称错位

每一个民族,其对事物的分类标准都有各自的特征,都习惯用自己熟悉的事物对其他事物进行指称。

指称错位即在不同的文化环境下,同一事物、同一现象在语言上的指称概念存在错位性差异。当然,造成这一错位性差异的因素有很多,如历史差异、第一差异等。这些差异导致有些词汇的表面意义相同,但是实质含义不同,或者指称含义相同,但是表达形式不同,或者表达形式相同,但指称含义不同。

2. 情感错位

所谓情感错位,即在不同的文化背景下,人们对同一事物、同一现象所赋予的情感会存在错位现象。不同民族,其情感倾向可能是不同的,这就有可能造成情感错位。一般来说,情感错位包含如下两点。

（1）宏观情感错位

基于哲学的背景,中西方国家对同样的事物的情感倾向会存在明显差异,这就导致价值判断的差异性。中国人往往比较注重共性,比较内敛;相比之下,西方人注重个性,比较直接。因此,在跨文化交际的过程中,会出现宏观情感的错位。例如:

无论是在英语中,还是在汉语中,表达感谢的言语行为是十分常见的,但是所使用的的频次与场合却存在明显差异。西方人不仅对同事、上司、陌生人的帮助表达深深的感谢,对那些关系亲密的朋友、亲属也会表达谢意。例如,丈夫给妻子冲一杯咖啡,妻子会表达感谢;儿子给爸爸拿一份报纸,爸爸也会表达感谢等。与之相比,由于中国人的传统观念,下属为上司办事是应尽的义务,因此没必要说感谢,而且家庭成员之间不需要表达感谢,因为在中国人看来,亲属之间表达感谢会让人觉得很见外。另外,对他人给予的夸奖或者关心,西方人都会表达感谢。例如,西方人觉得别人关心自己时,往往会说"Have a good flight?""Not at all bad, thank you."用这样的话语表达对对方的感谢。同时,西方人在公共场合发言之后,一定要听到听众的道谢之声,这样才能让发言者感受到听众在认真地听他说话。因此,"Thank you!"在英语中使用频率颇高,甚至高于汉语中的"谢谢"。中国人在表达感谢时主要是感谢人,而西方人除了要感谢人,还要感谢物品,甚至会感谢时间。因此,西方人常用"Thank you for your time."等这样的表达。

　　受传统文化的影响,请求在英汉言语交际行为中也非常常见。中国人在请求时要么直接要么过于间接,经常会用暗示的方式请求他人。在中国,地位较高的人、年长的人向地位较低的人、年轻的人提出请求是非常合理的,因此往往是直接的请求。例如,总裁对秘书说"小李,把这个材料复制一下",这种就是直接式的请求,因此往往会使用祈使句。但是这对于西方人来说,往往会觉得很突兀或者非常不礼貌。但是,地位较低的人、年幼者向地位较高的人、年长者提出请求时,往往会比较谨慎小心,采用婉转或者间接的方式提出。发话人在提出请求时,往往也会建立一个情景框架,这样可以让对方听起来更为合理,使对方有一个思想上的准备。例如,某员工向老板请假,一般会说"主任,我今天不舒服,所以我今天请个假"。但是这种过于间接的方式往往会让西方人感到迷茫。西方人在请求他人做事时,往往会使用不同的间接式言语行为来表达文明或者礼貌,直接或者间接的程度往往受请求者、被请求者的熟悉程度、社会地位等的影响,以及请求内容的难易程度。被请求者的年龄越大、社会地位越高,间接的程度就会越大。另外,请求行为的直接还是间接,还会受到场合、环境等的影响。在西方社会,人们多会根据句法结构的变化来实现请求,或者根据语句的言外之意来实现请求的目标。例如,要向他人借笔,按直/间接程度的不同,可以说:

　　Give me a pen.

　　Lend me a pen, please.

　　Hi, buddy, I would appreciate it if you'd let me use your pen.

　　Would you please lend me a pen.

　　I'm sorry to bother you, but can I ask you for a pen?

　　在请求时,中西方可能都会采用直接的手法,但是直接的原因不同。中国人往往受传统思维的影响,会出于他人的取向和面子来考虑实施请求,他们尽量做到不损害他人的面子。而西方人与个人取向有着密切的关系,人们在向他人提出请求的时候往往会比较委婉,尽量不给人强加的感觉,他们首先考虑的是不能损害彼此的面子。

　　除了请求,还有拒绝。拒绝主要是围绕请求、邀请等展开的。英汉语拒绝言语行为的因素主要是社会地位,地位较低者在拒绝地位较高者的建议或者请求时,往往会表达遗憾和道歉,但是地位较高者拒绝地位较低者时往往不需要道歉。受平等的人际关系取向的影响,西方人对社会地位较高的人并不会像中国人那样敏感,反而他们会十分关心地位是否平

第三章　英语翻译的常见问题

等,不同社会地位的人在拒绝建议与请求时,都会表达遗憾和道歉。如果关系较为明朗,如亲朋之间,美国人倾向于使用 no 等更为直接的方式;如果关系不够明朗,即较为熟悉的同事与同学之间,人们倾向于间接的拒绝,具体如下。

表示遗憾: I am sorry...

陈述拒绝原因: I have a headache.

对请求者移情: Don't worry about it.

表示自己的态度语: "I'd like to but..."

哲理性的表态: One can't be too careful?

原则的表示: I never do business with friends.

表示未来可能接受请求的愿望或可能性: If you had asked me earlier...

此外,寒暄非常常见,如果一个人善于寒暄,那么他就更容易打开交际,如果一个人不善于寒暄,那么就会让对方感到冷场,交谈很难进行下去。虽然寒暄语并不会传递什么有价值的信息,但是在交际中也是非常重要的。交际双方注意的并不是寒暄语的语义,而是其所传达的情感。中国人在寒暄时往往会说"到哪去?""你吃了吗?"这些话语仅仅是为了客套,问答的双方都不会将其视作有意义的话题。但是,西方人听到这类的话会认为你要请他吃饭或者其他什么目的。西方人见面时往往会说"Hi""Hello""Good morning"等,但是不会询问与他人隐私相关的事情。此外,中国人在寒暄时往往会问一些与钱财、年龄等相关的话题,对方也不会介意,但是如果西方人听到这样的问题,会认为你侵犯了他人的隐私。西方人在寒暄时往往会谈及天气等与个人无关的话题。另外,中国人在见面时往往会根据具体的情况说"买菜呀!""打球呢!"这样的话,西方人很难理解这些描述,认为这些话没有任何意义。中国人还往往以称呼来与对方进行寒暄,如"张老师""李总"这样的称呼,是对老师、上司的寒暄。

（2）微观情感错位

微观情感错位是人们对具体事物的情感倾向的错位。由于中西方文化在很多层面存在差异性,这导致英汉两种语言也各具特色,表达形式纷繁复杂。其中,颜色词所蕴含的象征意义就是中西文化差异的一种明显的表现。中国人对于红色是非常偏好的,认为红色代表着喜庆、吉祥如意,但是忌讳白色,因为在中国人眼中,白色代表的是贫困,有丧葬的意思。相较于中国人对于颜色的偏好,西方的不同国家有着不同的偏好。埃及人对于明显的色调是非常推崇的,认为白底或黑底上面的绿色、橙色、红色等是很搭配的颜色,但是他们对紫色、黄色特别厌恶,认为这些颜色代表着死亡或者丧葬。摩洛哥人喜欢黄色与粉红色,这是吉祥的颜色,厌恶白色,认为白色代表着丧葬与贫穷。法国人、比利时人认为蓝色不吉利,因此厌恶蓝色。意大利人对于艳丽的颜色是非常喜欢的,认为紫色代表着消极。

数字是中西方文化中重要的一部分。人们的日常生活几乎离不开数字,因此中西方产生了很多与数字相关的语言。但是,中西方对数字的理解与信仰存在明显差异。例如,在中国人眼中,"四"与"死"谐音,因此中国人对于"四"这个数字是极度厌恶的。人们在选择门牌号、车牌号时,也避开这个数字。在西方人眼中,four 是非常受人们欢迎的,其与 three 一样,被认为是方形的代表,因此是非常全面和稳固的。在西方人看来,人们生活的世界都离不开 four 这个数字,因此也诞生了很多与 four 相关的语言。再如,在汉语中,数字"五"有着特别重要的意义。在中国古代,有"五行"之说,即"金、木、水、火、土"这五大元素。在这五行之中,五大元素相克相存。同时,"五"在数字一到九中居于中间,是奇数,也是阳数。五行相克展现了中华民族的辩证思维,呈现的也是汉民族的价值观,具有深远的哲学意义。英语中与 five 相关的习语并不多见,因为西方人认为 five 这个数字很不吉祥。并且,英语中 five 的构词能力相较于其他数字而言是较少的。又如,在中国人眼中,"七"是比较忌讳的,如人死后的第七天被称为"头七",七七四十九天会还魂,家属需要告慰亡魂。正是有着这样的寓意,因此中国人避讳送礼送七件,而往往选择八件。在办喜事时,人们也不会选择有"七"的数字,宴席也不会用七道菜等。农历七月七是中国人熟知的日子,但是在这样的日子中,人们是不会选择办喜事的,这源自于牛郎与织女的典故。因为每年这一天,牛郎与织女会相会,人们相信如果这一天下雨,那么必定是二人的眼泪,表达一种伤心之情。另外,与"七"相关的很多习语也都包含贬义的颜色。在西方文化中,seven 是一个十分吉利的数字,含有圆满、幸运的意思。这是因为,上帝用七天创造了世界,圣母玛利亚有七件高兴的事情。因此,西方文化中的善事、美德等都与 seven 有着紧密的联系,诞生了很多与 seven 有关的习语。

由于受文化传统、文化内容等诸多因素的影响,英汉两种语言赋予了动物词汇一定的文化内涵,并形成了各自特定的动物文化。动物文化体现了不同民族对道德、精神、生活等层面的内容,是对不同民族心理文化与社会文化背景特征的反映。例如,中国人眼中的"龙"是一个图腾的形象。在中国的古代传说中,龙能够降雨,能够上天入地,集合了多种动物的本领。中国人赋予龙吉祥的象征,并以是"龙的传人"而感到非常的自

第三章 英语翻译的常见问题

豪。在中国几千年的历史中,龙的地位一直非常高大,并作为封建皇权的一种象征,如"真龙天子""龙袍""龙脉"就是典型的代表。中华民族推崇龙的英勇不屈的精神,也正是基于这一精神,中华民族力图将其发扬光大,形成一种不屈不挠的精神观念,构成中华民族的一种道德规范。相比之下,英语中的 dragon 与龙的文化内涵存在明显的差异,这是最为典型的例子。在西方的神话传说中,dragon 是一种类似巨大蜥蜴、长有翅膀、身上有鳞、具有长蛇尾、能够喷火的动物,是邪恶的代表。甚至,dragon 被西方人认为是凶残的,应该被消灭,这在很多的古代神话人物事迹中可以体现出来,很多英雄都会去剿灭这种怪物,最后以怪物被杀作为结局。现实中,有很多与 dragon 相关的包含贬义的说法。再如,中国人眼中的狗是令人讨厌的动物,代表着龌龊、肮脏。很多与狗相关的语言都是用来骂人的,如"狗仗人势""狗急跳墙"。相比之下,在英语中,dog 的地位是非常高的,它们不仅用于打猎、看家,还往往是为了陪伴。有的人没有儿女,往往用 dog 来替代,他们的 dog 往往有很多特权与优待,有吃有穿,还有音乐家为其专门谱的"狗曲",生病时还往往请兽医来诊治,还会请专科医生、心理学家来疏导与治疗。如果主人外出,它们还可以享受假期待遇。又如,在中国文化中,猫一般是精灵、可爱的代表。中国人对猫是非常喜欢的,因为猫可以和主人作伴、可以消遣,还能够抓老鼠,非常实用。相比之下,在西方文化中,cat 代表着魔鬼的化身,在中世纪,是巫婆的守护神,尤其是黑色的 cat,更让西方人躲避,非常厌恶。因此,英语中常使用 cat 一词代表包藏祸心的人。

大自然的绿色象征着生命,人类与植物有着密切的关系,依靠这些植物,人类才得以延续与发展。千百年来,人们将植物作为物质基础,并运用植物来表达情感与思想。因此,植物就逐渐具有了深刻的审美价值与文化意蕴。概括来说,人们对各种植物的态度、看法及各类植物所蕴含的意义反映的是该植物文化的基本内容。由于受文化背景、自然条件的影响和制约,各民族有着不尽相同的植物文化。例如,汉语中的水仙花是"花草四雅"之一,在我国已经有 1000 多年的培育历史了,自宋朝以来,有很多对水仙花歌颂的诗词。水仙花在诗词被认为是"凌波仙子",代表的是轻盈漫步的仙子,因此有了"高雅、脱俗"的含义。英语中的 daffodil 是道德的象征,代表的是一种自我欣赏、傲慢、自尊自大。在希腊神话中,那喀索斯(Narcissus)是一位美少年,但是他只爱惜他自己,对他人不关心,回声女神厄科向他表达爱意,他直接拒绝了她,之后厄科逐渐憔悴,躯体消失,只留下山林中的回声。爱神阿佛洛狄特为了惩罚那喀索斯,让他迷恋上自己的倒影,最后憔悴而死,死后化成了水仙花。因此,daffodil

有了与narcissus同样的寓意。再如，在汉语中，海棠是娇艳动人、风姿绰约的代表，其中有的红中有白，有的白中泛红，如同少女的脸颊。因此，海棠花的第一个寓意就是"美貌"。例如，唐朝何希尧的《海棠》中有"著雨胭脂点点消，半开时节最妖娆"，诗人将半开海棠的娇娆展现在读者面前，其如同一位娇羞的少女，在春雨中那样地楚楚动人。英语中的crab apple与我国的海棠品种不同。英语中的crab apple只有山楂子树，口味比较酸涩，人们常用其来比喻"孤僻的人、性格不随和的人"。例如，《造谣学校》中有这样一句"...with his odious uncle, Crabtree"（带着他那讨人厌的叔叔）。

3. 类比错位

类比错位是指不同文化族群用于借指比喻的事物所表达的含义的错位。

（1）类比物的错位

在不同的自然环境和社会背景中，人们会接触到不同的事物。古代中国人长期生存在小农经济体制下，所以物产丰富，类比物多种多样，并且多与农业相联系；而西方民族的生存环境相对狭小，物产资源相对贫乏，生产方式从畜牧转变为工业，其类比物多与牧业、工业相关。

（2）类比含义的错位

人们往往借助于熟悉的事物来表达某种含义，这就是借喻。在不同的文化里，相同的类比可能具有不同的含义，此时不能直译。例如，"The sorority had a hen party for its members."中的hen不能译为"鸡"，因为在汉语中"鸡"可以指代性服务工作者，而在英语中雌性动物可以用来指妇女，因此此处的hen party在英语中是指"女性聚会"。

第四章 英语翻译的常用技巧

由于中西方在思维、历史、文化等方面有着显著差异,因此英汉两种语言在词汇、句子、语篇、修辞层面上存在着明显的不同。上述章节已经对英汉两种语言及其文化进行了比较分析,本章将从翻译技巧入手,具体分析词汇、句子、语篇、修辞翻译的常见技巧。

第一节 词汇翻译技巧

无论是在英语中还是汉语中,都有丰富多样的词汇,在对英汉词汇进行翻译时,需要根据不同的词汇现象采用不同的翻译技巧。另外,翻译与文化密切相关,因此在英汉语言中有很多特殊的文化词汇,掌握这类翻译技巧,能更好地理解句子与语篇。

一、词汇翻译技巧应用的前提

词汇翻译是一种需要讲究技巧的活动,但是技巧的应用效果也是建立在译者自身的词汇综合素质的基础上的。译者的词汇综合素质不仅体现在译者对词汇概念的认知上,还体现在其词汇能力上,最重要的是体现在词汇量上。

(一)对词汇概念的认知

每种语言都有着自己独特的词汇系统,这个词汇系统是动态发展的。词汇的领域是非常广阔的,不仅仅是指某一单独个体。词汇是一个集合概念,就英语这门语言来说,英语词汇系统包括了英语语言中的全部词与固定词组。所以,词汇并非代表着某一具体词或者某些固定词组,而是代表一种语言中全部的"词"和"语"。

另外,我们可以从历时和共时的维度来界定词汇。从历时的角度来看,词汇可以包括某种语言在各个时期生成的全部词汇。从共时的角度来看,词汇包括某特定时期所有语言变体中的全部词语,如古英语词汇、中古英语词汇、现代英语词汇。

那么词和词汇是什么关系呢?可以很明确地说,词汇和词是包含与被包含的关系,也就是说,词汇包含词。因此,我们可以从以下四个方面来界定词的内涵。

第一,就成分和组合来看,空白段和间隙中的字母或者音节段落都可以被视为词。

第二,从语法的角度来讲,因为语法包括很多等级和层次,在这个等级和层次的系统里,词作为一种级阶,是一种介于语素和词组之间的语法单位。

第三,从术语的角度来看,每种术语都有各自的属性,而词这个概念既具有普通术语的属性,也具有专门术语的属性。例如,当人们看到 man 与 men 这两个词时,如果将其当成两个词,那么就将词看成一个专门术语;如果将其当成一个词,那么就将词看成了一个普通用语。

第四,既然很多学者都对词做过研究,那么词一定是一种可以概括和归纳的语言单位。

由以上可知,词汇与词是整体与个体的关系。

(二)了解词汇能力的表现

卡特和理查兹(Carter & Richards)认为,词汇能力主要包含如下九个层面的内容。

(1)运用词语进行造句的能力。
(2)理解词汇的内涵意义的能力。
(3)准确辨别同义词、近义词的能力。
(4)了解单词使用的机会和可能性有多大,在哪些场合可以使用,以及在哪些情况下不可以使用。
(5)对于多义词而言,要了解它的所有含义。
(6)弄清一定数量的词汇。
(7)理解词汇的连贯性,以及如何将词汇连接成一段语篇。
(8)理解词汇的搭配意义。
(9)理解词汇的构造机制。

理查德(Richard)指出,词汇能力不仅包括对词汇含义的理解,还包括其他知识,如同义词的区别、派生词的含义、词汇与句法的意义、在不同语境下词汇的使用范围等。简言之,就是要弄清楚词汇的运用能力。

第四章　英语翻译的常用技巧

（三）具备充足的词汇量

外语词汇习得过程比母语词汇习得过程更复杂和特殊。外语学习涉及两种情况：第一种是在双语环境下同时学习两种语言；第二种是儿童在学会母语后学习外语。在第一种情况中，儿童学习两种语言是社会化过程的一部分；在第二种情况中，外语的学习相当于其他知识的学习，受制于个体差异、环境、情感等因素。中国人的词汇学习基本属于第二种情况，在此就从这一角度探讨如何扩大词汇量。

1. 动机

动机分为内部动机和外部动机。内部动机是自己的主观需求、情感和兴趣导致的内部驱动力。外部动机是外在的客观要求导致的一种外部的作用力。有的学生有学习英语词汇的动机，而有的学生没有学习英语词汇的动机。

对于没有英语词汇学习动机的学生而言，他们是迫于学校课程设置的压力和要求，为了通过英语课程考试才学英语，自己在主观上没有学习英语的兴趣和愿望，对英语没有任何实际需求，因此也不会花太多时间和精力学习词汇。

对于有英语学习动机的学生而言，这还要分为两种情况。第一种是这些学生有学习英语的兴趣和愿望，那么他们就具有学习英语的内在动机。第二种是这些学生是由于客观要求才努力学习英语的，如看英语电影、去英语国家旅行、与外国人沟通、玩英语版游戏或者为了通过英语考试等，他们也会用很多的时间和采用各种方法学习词汇。但是，从理论上讲，内部动机比外部动机应该能够更好地促进词汇学习。

2. 认知因素

词汇学习是一个复杂的认知过程，涉及注意、判断、加工、记忆等认知活动。Schmitt & McCarthy（2002）指出，当学习者用于学习某些词汇的认知能量足够大的时候，他们以后就更容易记忆和运用这些词汇。换句话讲，如果学习者在某些词汇上投入的注意、思考、加工、记忆越多，那么保存和可提取的词汇信息量就越大，也就越能提高保存和提取的准确度和流畅度。

（1）注意

申克（2003）强调，要想进入学习的过程，首先需要注意学习的对象。也就是说，注意是学习必不可少的前提条件。

对于词汇学习而言,学习者需要首先注意到输入的未知词汇或已知词汇的未知信息。学习者不是在真空的环境中进行学习的,通常外界干扰的存在、视觉与听觉的局限、对词汇输入兴趣的不足,会导致学习者只是对输入的未知词汇或已知词汇的未知信息获得了一个模糊的印象,甚至根本没有注意到输入的未知词汇或已知词汇的未知信息,前者是部分注意,后者没有发生注意,也就没有产生学习。注意意味着学习者真正意识到输入的未知词汇或已知词汇的未知信息。具体来讲,当一个学习者面对未知词汇时,感觉到"我遇到了一个不认识的词",或者感觉到"这是个认识的词,但我好像不知道它在这里的意思或用法",那么说明这个学习者就发生了真正的注意。

(2)判断

当学习者产生注意之后,可以到此为止,也可以继续进行下一步的认知活动,也就是判断是否需要处理遇到的未知词或未知信息。在对未知词汇有一个基本的判断之后,学习者会做出相应的处理。如果未知词或未知信息极大地影响着对输入的理解,学习者又不能够从上下文中正确推断词义,那么他可以通过第三方工具的帮助来达到理解的目的。但是,在以下两种情况下,学习者可以选择忽略未知信息,也可以选择学习它们。

第一种,如果未知词或未知信息不影响对输入信息的理解。

第二种,如果学习者可以从上下文中正确推断出未知词的词义或者未知信息。

(3)加工

当学习者想要学习输入的未知词汇或已知词汇的未知信息时,他们会采用各种方式对目标词进行不同层次的加工。

Craik & Lockhart(1972)的加工层次理论认为,加工从浅加工到深加工有不同的层次。浅加工着眼于词的发音、拼写这种词的表层特征。深加工关注的是意义。深加工比浅加工需要学习者付出更多的注意力、努力和脑力。深化加工较之于浅加工的一个明显的提升方面是细化,即增加与学习任务有关的联想的数量与质量。加工的程度越深,学习的效果就越好。或者说,学习时大脑活动的质量决定了学习的数量。在此,还需要区分有意义加工与机械加工。有意义加工是深加工,有助于掌握词的形式,并且强化词的形式与意义之间的联系。机械加工是浅加工,仅有助于掌握词的形式。以下是学习者进行的一些不同层次的加工方式。

第一,反复朗读目标词或者反复朗读目标词所在的句子。有的学习者还会在纸上重复书写目标词。研究显示,朗读含有生词的句子比不朗

第四章 英语翻译的常用技巧

读更有利于学习者的记忆。朗读或书写的时候不联想词义,只是机械加工。朗读或书写的同时联想词义是有意义的加工。

第二,查看目标词的一些基本特征信息,如发音、词性、词义、例句以及目标词与其他词的搭配等。有的学习者会将查到的信息写在纸上,不断查看纸上的信息,这在加工深度上又进了一步,有助于更好地掌握目标词。

第三,分析目标词的构造和结构,如分解出目标词的词根部分与词缀部分,这种方式也可以反向操作,即分析一个词是否可以加上某种词缀构成派生词。

第四,采用归类方式对目标词进行加工,如按词形、词性、语义场进行归类。归类其实也是一种建立词与词之间联系的方式,可以将具有相同词缀的词归为一类,或者将既有相同词缀也符合相同规则的词归在一起。也可以按照词性将目标词归类,如将介词或连词列在一起。还可以将与某一概念紧密相关的词放在一起,如将 gymnastics, track& field, volleyball, hurdles, play chess, cricket, judo, diving, fencing, wrestling, badminton, golf, hockey, horizontal bar, shuttlecock kicking 等运动术语放到一起。

第五,将目标词与其他词通过以下方式联系在一起:语义联系,即同义词或反义词之间的联系;搭配关系;二语词与母语词之间的联系。

第六,辨析目标词的多个意义与多种用法。学习者首先将某个目标词的多个词义与多种用法罗列出来,配上各种例句,记在纸上。然后,对目标词的各个意义或用法进行深入分析,尤其是注意辨别那些只有细微差异的意义与用法。将该词与其他意义或用法相近的词放在一起分析与辨别,这是高水平学习者善于使用的加工方式。

第七,有目的、有意识地使用目标词。他们对目标词进行一些基本的加工之后,会专门用目标词造句,还会有意识地在二语表达中使用目标词,这也是高水平学习者善于使用的加工策略。

(4)记忆

词汇学习尤其需要记忆。学习者是否成功地学习了某些词汇,最终是要看这些词汇是否进入了记忆系统,尤其是进入长时记忆。进入长时记忆的词汇,就构成了心理词典的一部分,可以被学习者熟练、流利地提取与使用。

被注意到的信息首先会进入短时记忆,短时记忆存储的信息在大脑中保留的时间非常短暂,大概只有几秒钟的时间,短时记忆的容量也非常有限,大约为7个单位。如果不采取进一步的行动,短时记忆中的信息会很快被忘掉,只有通过复述才能继续维持并且与长时记忆中已被激活的信息建立联系。长时记忆的容量是无限的,长时记忆中的信息可以长久地乃至永久地保存在大脑中,当出现某些线索时,这些信息可以被激活。

(5)输入

输入是英语词汇习得的先决条件之一。但是,并不是所有的输入都可以产生有效的词汇学习,只有输入符合一定的条件,学习的效果才是最好的。

输入假设认为,输入的信息必须稍微超出学习者目前的语言水平,才有利于二语习得。从词汇的角度来说,输入的可理解性意味着输入中要包含大量学习者认识的词汇,足以使学习者可以充分理解输入。如果输入中含有太多的生词,学习者会因为难以理解而失去学习动力。输入中生词所占的比例不但不能影响对输入的理解,而且还应该有助于生词的间接习得。研究表明,可理解输入中生词所占据的比例不能超过2%,学习者熟悉的词至少要有98%。

学习者通过接触含有新语言知识的可理解输入,从目前的水平向习得顺序的下一个水平发展。这意味着输入不但要可理解,而且要恰当。输入的恰当性意味着输入中不但要包含大量学习者认识的词汇,还要包含学习者在词汇习得的下一个阶段需要学习的生词。可以通过以下三种途径来确定词汇学习的阶段性:一是了解学习者习得词汇的路径;二是按照词汇在语言使用中出现的频率,从高频率词到低频率词的顺序分段;三是按基础词汇、学科基础词汇和学科专业词汇分阶段,以满足学生的学习需求。

输入除了可理解性与恰当性之外,还要有足够的量,一方面给学习者提供接触大量词汇的机会,一方面给他们提供频繁接触一个词的机会和接触一个词的各种特征的机会。大部分词需要多次接触才能习得,尤其是对于低频词来说更是如此。一个词也需要多次接触,才有可能遇到并掌握它的各种特征信息。

(6)母语的影响

在母语词汇习得过程中,概念和表达方式的学习同步进行。外语学习者是在已有概念系统外学习一个新的语言符号来表达某一概念。母语与外语的相似度越小,外语学习的困难就越大。母语对英语学习的影响主要体现在以下几方面。

第一,词法方面。英语具有很多种构词方法,并且英语单词的形态变化多种多样,这也对外语学习造成了障碍。

第二,书写方面。汉语和英语的拼写属于完全不同的体系,学习者可

第四章　英语翻译的常用技巧

能先在视觉上适应了属于表意文字的汉语,再来学习属于表音文字的英语,再加上阅读习惯的不一致,就可能出现词汇学习上的困难。

第三,语音方面。汉语的语音和英语的语音由不同的符号组成,并且组合方式也是大相径庭,因此汉语语音的学习会对英语语音的学习造成一定的障碍。

（7）附带学习

无论是在母语学习还是在英语学习中,大量的词汇都是通过附带学习获得的。附带词汇学习指在不是以词汇学习为目的的语言活动或语言教学活动中习得词汇的方式。这些方式可以包括看各种读物、与人交谈、收听广播节目等。例如,人们在从事旨在获取信息的日常阅读时,人们在进行旨在交际的日常交谈时,可能都会学到单词,那么这种学习就是附带词汇学习。因此,附带词汇学习是以理解或表达为目的的语言活动的伴生物或副产品。可见,附带学习往往是间接的。

附带词汇学习可以是无意识的,也可以是有意识的。如果学习者在从事语言理解与表达活动过程中无意识或下意识地习得了未知词或未知词信息,那么这样的学习是无意识学习。这样的学习是隐性的、不可直接观察的,学习者难以清晰陈述。如果学习者在以理解或表达为目的的语言活动过程中有意识注意或收集未知词与未知词汇信息,那么这样的词汇学习称为有意识词汇学习。这样的学习应该是显性的、可直接观察的,学习者可清晰陈述。

附带词汇学习的效果取决于一定的条件。第一,学习者要有大量的输入与接触。大量的词汇是通过在各种话语语境中不断接触而逐渐习得的。对于将英语作为外语的中国学生来说,间接词汇学习需要的输入与接触主要来自阅读。第二,输入要是可理解输入。第三,输入中的目标词汇要恰当间隔地多次出现。第四,也是最重要的条件是,学习者在接触这些输入时能够注意到目标词汇,并且通过一系列认知活动将这些词汇纳入长时记忆系统。

二、普通词汇翻译

对于普通词汇的翻译,一般需要考虑词汇的搭配、词汇的词性、词汇上下文关系、词义的褒贬与语体色彩等层面。下面就具体对这几个层面加以分析。

(一)确定词汇搭配

由于受历史文化的影响,英汉两种语言都有各自的固定搭配。因此,译者在翻译时应多加注意这些搭配。例如:

heavy crops 丰收
heavy road 泥泞的道路
heavy sea 汹涌的大海
heavy news 令人悲痛的消息
浓郁 rich
浓茶 strong tea
浓云 thick cloud
浓眉 heavy eyebrows

(二)弄清词性

英汉语言中很多词语往往有着不同的词性,即一个词可能是名词也可能是动词。因此,在进行翻译时,译者需要确定该词的词性,然后再选择与之相配的意义。例如,like 作为介词,意思为"像……一样"; like 作为名词,意思为"英雄、喜好"; like 作为形容词,意思为"相同的"。下面来看一个例句。

I think, however, that, provided work is not excessive in Amount, even the dullest work is to most people less painful than idleness.

然而,我认为对大多数人来说,只要工作量不是太大,即使所做的事再单调也总比无所事事好受。

上例中,如果将 provided 看作 provide 的过去分词来修饰 work,从语法上理解是没有问题的,但意义上会让人产生困惑。如果将其看作一个连词,翻译为"只要、假如",那么整个句子的含义就很容易让人理解了。

(三)考虑上下文

上下文之间存在着紧密的关联,这种关联构成了特定的语言环境。正是由于这种特定的语言环境,才能帮助读者判定词义,并且衡量所选择的词义是否准确。事实上,不仅某一个单词需要从上下文进行判定,很多时候一个词组、一句话也需要根据上下文来判定。例如:

Fire!
火!

上例可以说是一个词,也可以说是一句话。如果没有上下文的辅助

第四章 英语翻译的常用技巧

或者一定的语境,人们很难确定其含义。其可以理解为上级下达命令"开火",也可以理解为人们喊救命"着火了",但是要想确定其含义,必须将其置于具体的语境中。

(四)分析词义褒贬与语体色彩

词义既包含喜欢、厌恶、憎恨等感情色彩,又包含高雅、通俗、庄严等语体色彩,因此在翻译时需要根据上下文来进行区分,并且将其代表的情感色彩与语体色彩体现出来。例如:

An aggressive country is always ready to start a war.
好侵略的国家总是准备挑起战争。
An aggressive young man can go far in this firm.
富有进取心的年轻人在这家公司前途无量。
显然,通读完上述两句话就可以得知,两句中的 aggressive 的情感色彩是不同的,第一个为贬义色彩,而第二个呈现的是褒义色彩。

三、文化词汇翻译

习语、典故、人名、地名、动物词、植物词、饮食词汇、服饰词汇、建筑词汇等具有极深的文化内涵,不仅内容包罗万象,其使用也极其广泛,可以说是语言文化的瑰宝。不论在英语中还是在汉语中,这些词语都数量可观。下面就对这些文化词汇的翻译技巧展开探讨。

(一)习语翻译

不同的民族所处的地理环境、历史背景、经济生活、风俗习惯、心理状态、价值观念等各不相同,并且习语与人们以及人们生活的环境有着密切联系,所以习语也被赋予了鲜明的民族特征。

例如,以英语为母语的国家多数处于海洋围绕的板块上,美国处于北美洲,三面环海;英国地处不列颠群岛上,四面环海。可见,多面环绕海洋是英美国家重要的地域特征。得天独厚的海洋资源曾经使得航海运输业成为英美国家重要的生产方式。他们对海洋有着深刻的认识和情感,所以创造了丰富的海洋文化,于是,英语中出现了很多与海洋和航海工具相关的习语,如 all/completely at sea(茫然、困惑), in the same boat(同处危机), set sail(远航)。受海洋这一特殊地理环境的影响,英国的气候变化无常,时而风和日丽,时而大雨滂沱,所以英国人对气候非常无奈,并且经常彼此抒发这种对气候的心情,如"Everyone talks about weather, but no one could do anything about it"。同样,与气候有关的英语习语也有很多,如 in the wind(在酝酿中)、a drop in the ocean(沧海一粟)。因为中国位于亚洲东部,太平洋西岸,是一个半封闭式的大陆,并且地形复杂、气候多样,河流纵横,很早就萌发了初期的农业文明。可以说,中国文化起源于大河,黄河被称为中华民族的母亲河。此外,中国还有黑龙江、松花江、辽河、长江等各大流域。农耕文明与游牧文明的互动推动着中华文化的不断发展,总体上以农耕文明为主导。因此,汉语中有大量与农事有关的习语,如"深栽茄子,浅栽葱""芝麻开花——节节高"。

由上述内容可以了解到,英汉习语汇聚了语言的精髓所在,蕴涵着丰富的文化信息,同时从中能了解到英汉习语的异同。要想对习语进行翻译,就要充分了解习语的寓意,掌握英汉习语的异同,进而采用恰当的翻译方法,以有效还原习语的外在形式与内在意义。具体来讲,习语的翻译可采用以下几种方法。

1. 直译法

英汉语言中的一些习语在形式和喻体形象上非常接近,译者翻译时就可以采用直译法,再现原文的形式并保留原文的喻体。例如:

tower of ivory 象牙塔
put oil on the flame 火上浇油
纸老虎 paper tiger
无可救药 beyond cure

2. 意译法

由于中西方文化背景的不同,使得许多英汉习语在形式和意义上无法对等,此时就不能用直译法进行翻译,而可以尝试用意译法进行翻译。运用意译法可以传达出原文含义和语体风格,其不拘泥于原文的形式和修辞手法。例如:

a lion in the way 拦路虎
the heel of Achilles 致命的弱点
like a fish out of water 很不自在
大张旗鼓 on a large and spectacular scale
赔了夫人又折兵 suffer a double loss instead of making a gain

3. 套译法

假如英汉语言中的习语在内容和形式上都比较接近,即说字面意义、

第四章 英语翻译的常用技巧

喻体形象和比喻意义都相似,那么译者就可以借用相互对应的习语进行对等翻译。例如:

make pig of oneself 猪一样的饭量

A rat crossing the street is chased by all.

老鼠过街,人人喊打。

(二)人名翻译

无论是在英语中,还是在汉语中,人名都是历史发展的产物,是日常生活与交往的媒介和向导,具有丰富的文化内涵。但是,由于人名文化存在明显的差异,导致译者在翻译时会遇到很多困难。特定文化中的人名命名与社会经济文化关系密切,通过翻译人名,人们可以了解不同社会经济文化的差异性,懂得不同国家人名的内涵与文化色彩。

对于英汉人名的翻译,一般要遵循如下几点原则与方法。

1."名从主人"译法

随着全球一体化进程的推进,很多异国婚姻以及移民的增多,导致姓名的语源逐渐被隐藏,很多人逐渐获得了所在国家的国籍,感情上也形成了对该国的认同感。这就导致后代的很多名字很难寻根溯源,也引起了一个常见的问题,即除了一些名人,译者要想翻译准确,就需要对每一个名字的主人的身世进行研究,但是这显然不现实。

另外,中西方人名在构成、来源等层面存在差异,这就要求翻译时一定将该民族的人名特征反映出来。就翻译来说,汉语属于表意文字,英语属于表音文字,因此人名的翻译不适合采用转写的方法,大多采用音译法。所谓音译法,就是尽可能用目的语语音对源语的语音进行模仿。在对人名进行音译时,译者需要"名从主人",即翻译时需要按照源语的发音与读音规则。当然,姓名的顺序也需要符合目的语国家的规范,中国人名往往是姓前名后,西方人名则相反。

根据《关于改革汉语拼音方案为我国人名地名罗马字母拼写的统一规范的报告》,对于英语人名的翻译,译者必须采用各国的标准罗马拼写来进行翻译,一律采用音译的方法,而不能使用意译。例如:

Snow:这一人名不能翻译为"雪",而应该翻译为"斯诺"。

Talleyrand:这一人名不能翻译为"泰里兰",而应该根据法语规则,翻译为"塔列朗"。

另外,虽然中西方人名的含义丰富,但是人名作为符号,其含义逐渐丧失,因此在翻译时只需要展现表层形式,不需要对某些特殊含义进行刻意表达。例如：

霍启 Huo Qi,不需要翻译为 Disaster

Sharp 夏泼,不需要翻译为"尖刻"

这一原则被当前的译者所接受,并且作为翻译中的一项重要方法。但是,这一方法的运用也存在一些问题,还有待进一步研究。

2."约定俗成"译法

事物的名称往往根据人们的意向来决定,并且被人们逐渐遵守。后来,人们经过长期的实践,最后对事物的名称、形式等进行确定,逐渐地"约定俗成"。历史上很多名人的人名翻译一般适用这一原则。这是因为,随着历史的发展,这些译名被逐渐沿袭运用并保留下来。例如：

Pearl Buck 赛珍珠

Bernard Shaw 萧伯纳

Churhill 丘吉尔

Holmes 福尔摩斯

Kissinger 基辛格

Pushkin 普希金

对于这些具有一定影响力和历史背景的人名的翻译,基本采用了固定的译法,这就是约定俗成用法的体现。

3. 归异结合译法

归化法是指对源语表达形式进行省略或替换,找到地道的表达形式表达目的语。归化法的运用会丧失源语文化意义,更符合目的语的文化意义。异化法是指译者对源语文化进行保留,并尽量向作者的表达贴近的策略。虽然语言是对客观世界的反映,但是受不同思维方式与文化背景的影响,不同民族对同一事物的认知也存在明显差异。译者在对具有丰富历史色彩的信息进行翻译时,应该尽量保留其文化背景知识,采用异化法是比较好的选择,有助于传递源语文化。

对于采用归化法还是异化法翻译人名,译者往往比较迷茫,实际上这二者没有优劣之分,译者需要具体问题具体分析。在改革开放之前,中国人名的翻译往往都是采用归化法。例如,将武打明星成龙翻译为 Jackie Chen。但是,随着研究的深入,这种归化法受到人们的质疑,很多人认为这种方法不可取,让人们判断不出人名文化的源头。因此,异化法诞生。例如：

第四章　英语翻译的常用技巧

刘翔 Liu Xiang,而不是 Xiang Liu

姚明 Yao Ming,而不是 Ming Yao

尤其在翻译文学作品时,归化法往往会将中西人名中的文化差异抹杀掉,失去人名中所承载的源语文化信息,造成中西人名文化氛围不协调。例如:

Tolstoy 托尔斯泰,不需要翻译为"陶师道"

Gogol 果戈理,不需要翻译为"郭哥儿"

4. 同名同译法

受历史、社会等的影响,同名不同译现象非常多。例如,对于《红与黑》的作者 Stendhal,《辞海》中将其翻译为"司汤达";《中国大百科全书》将其翻译为"斯丹达尔";《外国历史名人辞典》中将其翻译为"斯汤达"。对于这些译名,读者很难做出判断,因此译者在翻译时尽量同名同译。例如:

Smith 史密斯

Robert 罗伯特

(三)地名翻译

对于地名文化的翻译,应该坚持两条原则:一是让外国人看懂,另一个是基于第一条原则,让本地人能明白他人说的地名是什么。在翻译某些地名时,译者应该具体问题具体分析。

1. 音译法

音译是主要的翻译方式。中国一些省市县等的地名往往使用汉语拼音,即音译。例如,上海(Shanghai)、天津(Tianjing)、和县(Hexian)、萧县(Xiaoxian)。需要指出的是,当有些地名写成拼音形式容易混淆时,建议用隔音符号进行分割。例如,西安(xi'an)、建瓯(Jian'ou)、兴安(Xing'an)、东阿(Dong'e)。

英语中也是如此。为了保证中西地名翻译的准确性,并且保留源语文化的底蕴,西方很多地名往往采用音译方法。例如:

Berlin 柏林

Toronto 多伦多

Vienna 维也纳

2. 意译法

英汉语言中的有些地名代表的是美好愿景,有些地名代表的是富饶物产,有些地名代表的是浓郁地域特征等。为了体现这些地名固有的文化内涵,有时候可以采用意译法。例如:

象鼻山 the Elephant Hill

牛尾海 Port Shelter

大屿山 Lantau Island

英语中也是如此,有些地名用音译法很难体现其内涵,因此采用意译法进行翻译,如通用名,修饰专属名的新旧、方向、大小的形容词,含有数字的地名,来自人名的地名等。例如:

Great Island 格雷特岛

Mount Alabama 阿拉巴山

Three Lakes（Wash.）三湖村（华盛顿）

3. 非义译法

在翻译某些专有地名时,对于那些具有实在意义的词,需要采用显义,但是对于某些不存在实在意义的词,需要使用非义译,避免不必要的联想。例如,Sydney 翻译为"雪梨"是违背了最大音似原则,而将其翻译为"悉尼"则更符合,这是因为"雪梨"作为常见水果,具有实在意义,如果将这一不具有这一意义的城市名翻译为一个水果名,显然是不妥帖的,容易引起误解。

4. 显义译法

一些地名的某些单词具有实在含义,在对这些地名进行翻译时,往往需要采用显义法,如下面这些例子都包含 New 这个词。

New Zealand,太平洋西南部一个岛国,1942 年,诺漫斯发现了这一岛屿,因地貌与荷兰的 Zealand 岛屿有着类似特征,因此称其为"新的西兰岛"。显然,在这里的 New 是一个实义词,不是一个地理符号,翻译成"新西兰"要比"纽西兰"更为恰当。

New South Wales,澳大利亚东南部沿海的一个州。有人将其翻译为"新南威尔士",简称新洲,也有人将其翻译为"纽修威",简称"纽省"。实际上,其是相对于英国 South Wales 来命名的,这里的 New 有着真实的含义,不仅仅代表的是一个地名。鉴于此,译为前者更为合适。

第四章 英语翻译的常用技巧

5. 习惯译法

我国幅员辽阔,很多地方有着相同的名字。对于这一现象,译者必须严格按照中国地名词典标注的读音和书写形式进行翻译,不能随意更改。例如,

山东省单县的单城 Shancheng Town

黑龙江双城县的单城镇 Dancheng Town

在英语中,源于人名、民族名的地名通常采用其习惯译名。例如:

White Harbor 怀特港

San Luis Canal 圣路易斯运河

Indiana(State)印第安纳州

(四)动物词翻译

任何一种民族语言都与其文化紧密相连,由于受文化传统、文化内容等诸多因素的影响,英汉两种语言赋予了动物词汇一定的文化内涵,并形成了各自特定的动物文化。

1. 直译法

所谓直译,即将源语中的动物文化意象直接翻译为目的语文化中的对等意象。由于人们对某些动物的情感有些共通性,因此在翻译时可以实现文化重合,进行意象的等值传递。例如:

A lion at home, a mouse abroad.

上例中包含两个动物意象:lion 与 mouse,而英汉两种语言中都可以用狮子形容凶猛,用老鼠形容胆小,因此可以直译为"在家如狮,在外如鼠。"

她只会鹦鹉学舌。

She just parrots what others say.

上例中,鹦鹉在英汉两种语言中的意义基本一致,都可以用于指代某人没有自己的观点,缺乏主见。

2. 省译法

所谓省译,即对动物文化意象的减值传递,有些动物词语在英语中有着丰富的文化内涵,但是在汉语中并不存在;反过来同样如此,因此译者可以采用意象减值传递的手法,直接翻译出动物意象的内涵,也可以称为"释义法"。例如:

a poor fish

英语中的 fish 可以指代特殊的人,但是在汉语中并不存在这一项,因此可以将动物意象省略,直接翻译为"倒霉的人",这样才能消除读者的阅读障碍。

rain cats and dogs

由于汉语中并不具备与之对应的动物文化意象,因此翻译时只需要将意象省略,保留"倾盆大雨"即可。

3. 转译法

所谓转译,即在目的语中存在一种动物意象能够与源语动物意象实现对等,这样做的目的是便于理解与把握。有时候,译者采用转译的翻译手法主要是因为源语意象并不能被读者理解与把握,并且目的语中恰好存在与之相契合的对等意象,因此就用其加以替代,以便于目的语读者理解把握。例如:

落汤鸡 like a drowned rat

拦路虎 lion in the way

力大如牛 as strong as a horse

瓮中之鳖 like a rat in a hole

(五)植物词翻译

由于英汉植物词汇文化存在明显的差异,因此对于植物词的翻译需要遵循一定的技巧。

1. 直译法

一些植物词汇在英汉语中的联想意义基本相同或者相似,这时可以采用直译的手法进行翻译,能够将原文的形象保留下来。例如:

sour grapes 酸葡萄

hold out the olive branch 抛出橄榄枝

a stick and carrot policy 大棒加胡萝卜政策

2. 意译法

一般为了考虑读者的接受程度,往往需要保留原文的风味。如果采用直译手法,会导致读者无法理解。因此,译者需要考虑原文与译文的文化差异,翻译时选择与目标语接近的词语,将原文的意义表达出来。例如:

苦如黄连 as bitter as wormwood

如果将其翻译为 as bitter as coptis,会让目的语读者感到奇怪,也很

第四章 英语翻译的常用技巧

难理解深刻,翻译为 as bitter as wormwood 更为恰当。

The idea that such a tomato might be involved in murder was terrible.

这么一位漂亮的女人竟然会卷入谋杀案件中,真是可怕。

如果将 tomato 翻译为西红柿,译为"这么一个西红柿竟然卷入谋杀案中,真是可怕"会让人贻笑大方的,显然目的语读者不会理解。

(六)饮食词汇翻译

1. 西方饮食文化翻译

(1)菜肴文化翻译

西方人在烹饪菜肴时注重食物搭配,保证营养,因此与中式菜肴相比,西方菜肴种类很好,菜名也非常直白、简单,往往以国名、地名、原料名等来命名,如丹麦小花卷、牛肉汉堡等。

关于西方菜肴文化的翻译,人们的看法不同,有人认为应该意译,即用中国类似菜品的名字来替代。例如:

sandwich 肉夹馍

spaghetti 盖浇面

但是,一些人认为这样的翻译是不妥当的,虽然两种食物在外形上相似,但是味道、材料上明显不同,因此这样的翻译是错误的。为了保证翻译的地道,反映出西方菜肴的韵味,笔者认为应该将直译与意译相结合来翻译。例如:

potato salad 土豆沙拉

grilled chicken 香煎鸡扒

apple pie 苹果派

corn soup 粟米浓汤

shrimp toast 鲜虾吐司

vegetable curry 蔬菜咖喱

(2)酒文化翻译

西方的酒文化有着悠久的历史,随着历史的积淀,西方的酒文化逐渐形成自身的特点。对于酒文化的起源,西方有很多说法,但是大多都认为源于神话故事。在英语中,很多词语都与酒神有关。例如:

bacchus 酒的通称

bacchant 狂饮酒作乐的人

bacchic 狂欢醉酒的人

bacchae 参加酒神节狂欢的妇女们

对于酒名的翻译,一般采用如下几种翻译技巧。

直译法。有些酒名采用直译法进行翻译,可以实现较好的翻译效果。例如:

Bombay Sapphire 孟买蓝宝石

音译法。在西方酒名的翻译中,音译法是最常见的方法,主要适用于原有的酒名没有任何其他含义的情况。例如:

Vermouth 味美思

上例中 Vermouth 本义为"苦艾酒",因为其在制作过程中添加了苦艾叶,以葡萄酒作为酒基,因此微微带有苦涩的味道,但是如果仅仅以其中的一个原料命名实为不妥,听起来给人以忧伤的感觉,与葡萄酒香甜的味道相违背,因此采用音译,改译为"味美思"更为恰当。

意译法。除了直译与音译外,意译也是西方酒文化翻译的常见方法。例如:

Pink Lady 粉红佳人

Wild Turkey 野火鸡波本

2. 中国饮食文化翻译

从上述分析中不难看出,中西饮食文化存在明显的差异,因此在向西方宾客介绍中国菜肴时,尤其介绍中国菜名时,必须掌握一定的翻译技巧,要把握菜肴命名的侧重点,令宾客能够对菜肴一目了然,并了解菜肴文化背后的内涵。

(1)以形象手法或典故命名的菜肴的翻译

中国菜肴中有很多用形象手法或典故命名的菜肴,在对其进行翻译时,应该将菜肴的本原加以还原,力求能够将其原料、做法等都翻译出来,兼顾修辞方式。

例如,为了取吉祥的寓意,中国菜名常会借用一些不能食用的物品,如"翡翠菜心"。显然"翡翠"是不能食用的,是蔬菜艺术化的象征,因此在翻译时应该将"翡翠"省略掉。又如,"麻婆豆腐"这道菜是四川地区的名菜,传闻是一个满脸长满麻子的婆婆制作而成的,但是西方人对这一典故并不了解,因此翻译时不能直译为 a pock-marked woman's beancurd,而应该以这道菜味道的特殊性作为描述重点,便于译入语读者理解,可以翻译为 Mapo tofu stir-fried tofu in hot sauce—the recipe is attributed to a certain pockmarked old woman。

(2)以烹饪方法命名的菜肴的翻译

在中国饮食文化中,烹饪方法居于核心地位,根据烹饪方法进行翻译并表达出来,有助于译入语读者了解中国菜肴的文化内涵。例如,"干煸"是将原料进行油炸之后捞出来,加入少许油再进行翻炒,直至炒干后起锅。在翻译"干煸牛肉丝"这道菜时,可以尝试在西方菜肴已有的烹饪方法中找到与"干煸"类似的,如"烤干、烘干""煎"等。根据其制作过程,可以将其翻译为 sauted beef shreds。

（3）以特殊风味命名的菜肴的翻译

在中国菜肴中,很多是凭借味道来广为流传的。因此,在翻译时需要考虑这些特殊的风味,除了需要将原料展示出来,还需要将其风味特色展现出来。例如,"鱼香肉丝"是四川的一道非常具有独特风味的菜品,其与"鱼"并没有关系,而是通过作料的搭配而烹饪的一种具有鱼香的菜品。因此,在翻译时不能翻译成 fish-flavor shredded pork,而应该翻译为 stir-fried pork shreds in garlic sauce。

（4）以特色命名的菜肴的翻译

中国饮食文化具有悠久的历史,加上原材料与烹饪方法非常丰富,因此很多菜名都是独一无二的,在翻译这类菜名时,往往需要进行迁移处理,把握译入语的当地特色,采用音译的方式来处理。例如:

汤圆 Tang Yuan

混沌 WonTon

饺子 Jiaozi

包子 Baozi

馒头 Mantou

锅贴 Kuo Tieh

炒面 Chow Mein

（七）服饰词汇翻译

1. 西方服饰文化翻译

（1）把握文化空缺词

英汉物质文化的不同导致在词汇表达上的差异性,文化空缺词就是其最突出的表现。所谓文化空缺词,即某一民族特有的词汇,可能是在历史长河中逐渐形成的,也可能是该民族独创的。对于这类词的翻译,不是要求按照字面意思来翻译,而是要求将其在原文中的效果传达出来,译出其原作中的文化内涵。例如,对于帽子,西方就有很多表达。

bowler 常礼帽

fez 红毡帽

Stetson 牛仔帽

Skull-cap 无檐帽

中国读者对于"礼帽"可能还算熟悉,但是对其他的帽子就不熟悉了。再如:

have a green bonnet/wear a green bonnet

对于这个短语,很多人都翻译为"戴绿帽子",显然是错误的,其含义为"破产",这就要求在翻译时不能直接按照字面意思翻译,而应该弄清楚其负载的文化内涵。

(2)把握英美习语内涵

在英美习语中,有很多与服饰相关的习语,在翻译时应该追本溯源,将习语的内涵挖掘出来。例如:

a bad hat

这个短语的含义并不是"坏帽子",而是"坏蛋、流氓",美国人常用这个习语代表"蹩脚的演员",指代的是那些无用的人。

at the drop of a hat

这个短语的意思并不是"帽子掉地上",而是用来指代一触即发的人、火爆脾气的人。这个习语源自以前的战斗,裁判员突然将举着的帽子扔到地上作为可以开枪的信号。

hat in hand

同样,这个短语的意思并不是"手里拿着帽子",而是不得已求人帮忙,其指的是一些老百姓在面对权贵的时候,往往会脱帽致敬,这一点与中国传统礼仪相似。

(3)明确服饰特殊指向

在日常生活中,人们往往对那些与普通人着装不同的特殊人群予以注意,即人们会将注意力集中于那些特色鲜明的服饰上,长此以往,人们就使用一些具有代表性的服装来形容穿这类衣服的人。例如:

a bass hat 位高权重的人

boiled shirt 拘泥刻板的人

silk gown 赋有英国皇家律师高贵身份的人

stuffed shirt 爱摆架子的人

white collar 白领阶层

blue collar 蓝领工人

gray collar 灰领阶层

gold collar 金领阶层

第四章 英语翻译的常用技巧

2. 中国服饰文化翻译

（1）传达服饰功能

服饰作为人类穿戴的物品，首先是为人们的生活服务的，因此必然带有自身的用途与功能。这就要求在翻译时应该将服饰的功能传达出来，即要告诉译入语读者某一服饰产品的用途。在中国，很多传统服饰品都是中华民族特有的，这对于外国人而言是很新鲜的，甚至没有听说过的。对于这类翻译，最好在音译的基础上进行阐释，以便于译入语读者理解与把握。例如：

云肩 Yun-jian

如果这样翻译，译入语读者显然是不能理解的，因此有必要在其后加上这样一句：

a kind of shawl, a women's distinctive and decorative accessory wrapped around the shoulders, which is made of colored silk brocade and embroidered with four symmetrical and connected moiré pattern.

这是对 Yun-jian 的补充解释，以便译入语读者一目了然，也只有让译入语读者对该服饰品的功能有清晰的把握，才能展开对该服饰品后续的文化解读。

（2）传达服饰文化属性

从不同角度对中国的服饰品进行审视，会发现明显的不同，其中会涉及强烈的情感因素。以"绣荷包"来说，如果从儒家人伦观的角度来说，这体现了中国传统观念"三从四德"；如果从风俗的角度来说，这可能代表一种定情之物；如果从审美的角度来考量，这可以说是中国古代的一种工艺品。那么，如何让译入语读者了解不同角度的文化含义呢，这就要求译者在翻译时应该考虑上下文语境，以及译入语国家所处的民族、风俗、审美习惯等，将隐含的民族文化语义揭示出来。对于"绣荷包"三个角度的理解，可以翻译如下。

代表"三从四德"：wifely submission and virtue in Confucianism—the three obedience (in ancient China a woman was required to obey her father before marriage, and her husband during married life and her sons in widow hood) and the four virtues (fidelity, physical charm , propriety in speech and efficiency in needle work

代表"定情之物"：a token of love for male and female

代表"手工艺术"：the magnificent hand-made folk art

（3）传达服饰的原味性

译者在翻译时必须要符合译入语国家的语言习惯,通过深层次地挖掘原文,用译入语的语言形式表达出来,做到"意译"。这样的翻译形式往往见于诗词中关于服饰的表达,目的是彰显传统文化的意境悠远的文化色彩。例如:

青袱蒙头作野妆

Working in the paddy field with blue clothing and cowl

上例中以现在分词引导,展现出江南水乡俊俏的女子在田间劳作的情景,给人以超乎自然的魅力,使女子的美丽与自然场景浑然天成,无须人工雕琢,实现了人与自然的和谐统一。

（八）建筑词汇翻译

1. 西方居住文化翻译

（1）把握专业词汇

如前所述,西方的居住文化非常广泛,不可避免地会运用到很多专业术语,对这些术语进行翻译时要特别注意,保证译文能够将这些术语的特定含义传达出来。例如:

welding 焊接

steel bar 钢筋

bar arrangement 配筋

beam column wed 梁柱腹板

reinforced concrete 钢筋混凝土

同时,大量的专业术语使得还需要保证居住文化的艺术性。例如:

The study had a Spartan look.

这间书房有一种斯巴达式的简朴景象。

该例中采用了直译与意译结合的技巧,避免翻译时太过于机械,成功将这间书房的建筑美感传达出来。

（2）注意被动句式

在西方居住文化中,被动句式较为常见,汉语中则较少,因此在翻译时译者应该对其进行恰当处理。例如:

The old civil engineer is respected by everybody.

这位老土木工程师受大家尊敬。（被动翻译为被动）

The odolite is widely used in the construction survey.

经纬仪在建筑测量中广泛应用。（被动翻译为主动）

2. 中国居住文化翻译

（1）约定俗成法

众所周知，中国是一个世界闻名的古都，拥有的古典建筑有很多。很多学者对这些古典建筑进行过研究与翻译，随着时代的进步，这些翻译逐渐固定下来，成为约定俗成的表达。例如：

颐和园 the Summer Palace

四合院 quadruple courtyards/courtyard houses

水榭 waterside pavilion

故宫 the Imperial Palace

天安门 Tiananmen Square

园林 gardens and parks

紫禁城 the Forbidden City

胡同 hutong（bystreet）

亭 kiosk

碑铭 inscription

园艺 gardenin

（2）直译法

对于描述类的中国建筑，译者在翻译时往往采用直译技巧。直译的目的不仅是将原文的意义准确传达出来，还是为了对原文语言形式如句子结构、修辞手法等进行保留。对中国居住文化进行直译有助于让译入语读者了解中国传统居住文化的魅力。例如：

北京宫殿又称"紫禁城"，呈南北纵长的矩形，城墙内外包砖，四面各开一门，四角各有一曲尺平面的角楼，外绕称为"筒子河"的护城河。

Beijing Palace, also known as "the Forbidden City", showed a rectangle with a north-south longitudinal length. City walls covered by bricks, pierced by a gate on the four sides and decorated by a flat turret in the four comers are surrounded by a moat called "Tongzihe River".

上例是对紫禁城的描述，译文直接采用直译技巧，让译入语读者通过语言来描绘出头脑中紫禁城的形象，勾勒出一幅紫禁城图，进而了解中国的建筑与自身国家建筑的差异性。这样做不仅保留了原文的文化要素，也达到了与原作类似的语言效果，还使得中国建筑文化成功地走了出去。

（3）直译加注法

受历史习惯、社会风俗的影响，不同的文化难免存在区别，这给译者带来了巨大的困难。当然，这在中国传统居住文化的翻译中也是如此。

中国的很多建筑有着悠久的历史,并极具特色,很多术语对外国人而言是闻所未闻的,如果在翻译时不进行特殊处理,那么会让译入语读者不知所云,也就很难实现翻译的目的。因此,译者应该从源语文本考量,本着传播中国居住文化的目的,采用音译加注的方式来处理。例如:

高大的承天门城楼立在城台上,面阔九间……

The tall and noble Chengtianmen Rostrum stand on the platform with a nine Jian(the distance between two columns: often used in descriptions of ancient architecture)...

上例中,"间"是中国传统建筑术语,即四根木头圆柱围成的空间,但是这个字对于西方建筑并不适用,西方建筑往往采用的是"平方米"。对于二者的换算,当前还没有踪迹可寻。因此,最好的翻译方法就是直接翻译为"间",然后在后面添加解释,即中国古代建筑的一种丈量单位,这样译入语读者就能够理解了。

第二节　句子翻译技巧

根据认知语言学的观点可知,句子与语言中的其他符号单位一样,是建立在认知基础上的。要想揭示一个句子的意义,译者必须从认知、语义、语用等因素来综合建构。因而,要想使得原文句子的意义在译文中得到再现,必须要思考构建句子意义的认知因素,可以采用以下三种翻译策略。

一、调整结构

只有做好了思维和语言的转化,才能达到语言与概念的一致性。在句法结构上,英语的顺序是"主体→行为→行为客体→行为标志",而汉语则是"主体→行为标志→行为→行为客体",因此在进行英汉句子翻译时,有必要做出结构的调整。例如:

The book needs to be shorter to sell to such a young audience.

要卖给这样年轻的读众,这本书需要再短些。

在本例中,如果译者遵从原文顺序,将其译为"这本书需要更短一点,为了卖给这样年轻的读众",就不符合汉语的语言逻辑,因此译者进行结构调整,将状语成分提至句首,更符合汉语真实的语言习惯。

Dried fruits are especially high in fiber, as are pulses.
和干豆一样,干果纤维特别高。

在本例中,原句的重心是"Dried fruits are especially high in fiber",如果译者遵从原文顺序,将其译为"干果的纤维特别高,干豆就是如此。"就将原文的重心放在了前面,不符合汉语句子重心后置的习惯,因此译者调整定语成分 as are pulses 的位置,将其前置。

二、保留焦点信息突出位置

译者必须先明确源语中的焦点信息与背景信息及其关系,再在译语中选取适当的句子结构和表达式。在简单句中,主语为焦点信息,宾语为背景信息;而在复合句中,主句为焦点信息,从句为背景信息。例如:
The table was covered by a purple velvet cloth.
桌上铺着一块紫色天鹅绒布。

本例原文中的焦点信息是 the table,背景信息则是 cloth,因此在对原文进行汉译时,仍然要保留"桌子"这一焦点信息的位置,这样才不至于导致凸显信息的偏差。

第三节 语篇翻译技巧

在翻译英汉语篇时,译者需要特别关注英汉语篇的不同特征。译者要尽量实现译文语篇在内容上的忠实、在形式上的贴切以及在文化上的适应。

一、以评价理论为指导

(一)评价理论

将评价理论应用到翻译研究是比较新的视角。评价理论主要是研究语篇中作者表达主观态度的方式,是通过分析语篇中的评价资源揭示隐性的作者态度。评价理论主要包含态度、介入和级差三个系统。

1. 态度

态度系统分为情感、判断和鉴赏三个子系统。

情感通常表明的是与某种相关文化语境的肯定或否定的态度。情感可以变化为个人的情绪,分为积极的或消极的两大类。

判断系统是依照各种范畴和规范性准则来对人们的行为进行判断的资源。它可以分为社会尊严和社会制约。前者是正面的,令人羡慕;后者是负面的,会受到批评。

鉴赏系统是人们用来对事物的评价。鉴赏系统可分为反应、构成和价值。

2. 介入

介入系统调节语言使用者对说出的话或写出的文章的内容做出的责任和义务上的承担。它分为话语收缩和话语扩展两个子集。它是通过对主体间定位的研究来关注作者如何在语篇中通过话语收缩和话语扩展两个子集里的语言资源构建自己的价值立场。表达主体间立场的语言资源包括否认、宣称、引发和摘引。

3. 级差

级差系统是用来表达态度强弱的资源,有等级和强弱的区别。级差存在于语篇中所有态度资源和介入资源的中间。它分为语势和聚焦两个子集。

语势系统描述了态度系统和介入系统的性质和数量。

聚焦是用来调整不能有大小或强弱区分的语篇资源。

(二)评价理论在语篇翻译中的具体应用

将评价理论应用到翻译研究是比较新的视角,可以根据语篇中的评价资源来揭示源语作者表层和深层的意义潜势,以及源语作者在以何种态度与其潜在作品中其他声音之间交流的主体间性。通过应用分析评价资源,译者可以清晰掌握源语作者的写作目的,这对于有效把握和准确翻译是必不可少的。例如:

I thought: something's wrong with these people; they lack thought and dignity. But most of all they seem to lack respect, a sense of awe. Not the awe that can cripple you with a false sense of your smallness, but the awe that makes you bigger, that makes you reach higher as if in tribute to some unseen greatness around you.

我认为:这些人有点儿不正常;他们缺乏思想和尊严。但说到底,他们缺乏的似乎是尊重,即一种敬畏感。

第四章 英语翻译的常用技巧

本例节选于对美国总统克林顿的某些做法进行分析的议论文,其中,I thought 是评价系统的介入资源,表达作者态度,同时摒弃了其他反对的观点,译者承认了话语的责任,将其译为"我认为"。另外,most of all 是介入系统在语势中的量,如果直译为"尤其",就无法传达作者极其愤慨的态度,因此译为"说到底"。

二、再现语用功能

翻译的过程其实就是译者辨别源语文本的功能后,再综合考虑译语的各种因素,并在此基础上再现原文语篇的功能。翻译是遵从译文的语篇属性或特征来反映上述翻译过程的翻译文本。译者在理解原文和产出译文时,都要进行语篇分析,也就是分析语篇语境和语篇形成方式。例如:

Thinking, as we will define it in this book, is a purposeful mental activity. You control it, not vice versa.

思考,正如本书将要对其定义的,是一项有目的的大脑活动,你控制它,而不是它控制你。

在本例中,源语文本是在给"思考"进行界定或者下定义,因此行文非常概括、简洁和抽象,这和汉语语篇下定义的特点有所不同。在翻译时,译语就要遵循汉语语篇下定义的特点,补充原文中缺失的信息并且完善原文中高度抽象的信息。

It is a waste of time for archeologists to dig for proof of lost civilizations, for medical researchers to search for the causes and cures of diseases, for historians to pore over dusty manuscripts for clues to the past, and for students to read textbooks like this one.

对于考古学家,为证明某一消失文明的存在而进行考古挖掘,是一种时间浪费;对于医学研究人员,为探寻病因和疗法而进行的研究,是一种时间浪费;对于历史学家,为追寻历史线索而钻研沾满尘土的手稿,同样也是一种时间浪费;对于学生,学习像这样的教科书,还是一种时间浪费。

在上述例子中,源语语篇通过排比结构的运用,达到了一种增强语气的目的,使得读者对某一事物的认识更为深刻。在进行汉译时,译者也应该将这种整齐的排比结构再现出来,从而不破坏源语语篇的整体性。

第四节　修辞翻译技巧

　　语言是表达思想的一个重要工具,而修辞是语言的艺术。在语言应用中,修辞格起着非常重要的作用,其不仅可以使句子更加匀称、铿锵有力,还使得语言表达更加鲜明、生动。由于英汉两种语言有着悠久的历史,它们各自的修辞方式也是非常丰富的,但由于思维方式、风俗习惯等差异的存在,导致修辞方式在运用上有相同也有相异的地方。本节来具体分析这些相同或相异修辞格翻译的技巧。

　　一、直译法

　　在英汉两种语言中,明喻(simile)、隐喻(metaphor)、拟人(personification)、夸张(hyperbole)等修辞格是常见的修辞格,对于这些修辞格的翻译,我们可以采用直译的方法,这样才能做到神形的相似。例如:

In his dream he saw the tiny figure fall as a fly.

在他的梦中,他看见那小小的人影像苍蝇一般地落了下来。(明喻修辞)

The red flower smiles to the sun.

鲜红的花冲着太阳微笑。(拟人修辞)

　　显然,从上面的例子可以看出,英汉语在这些修辞格的运用上存在着相似性。

　　二、意译法

　　由于英汉语在思维方式、行为习惯等层面存在着差异性,在修辞格的运用上也会存在一些不同的地方,对于这些修辞格的翻译,我们可以采用意译法进行表达。具体来说,可以采用如下几点技巧。

　　(一)转换修辞格

　　所谓转换修辞格,就是译者在进行翻译的时候,需要将一些修辞格转换成另外一种修辞格,这样便于读者理解和把握,同时有助于增强语言表达的感染力。这一类的修辞格主要有矛盾修辞(oxymoron)、头韵(alliteration)等。另外,还有一些修辞格在汉语中是不存在的,这时候就

第四章 英语翻译的常用技巧

不能机械地采用直译的手法,而是采用其他合适的修辞格展开翻译。

矛盾修辞是将意义相反或者看似矛盾的词语进行搭配,从而构成修饰关系,以对事物的复杂性与矛盾性加以强调。虽然读者乍一看可能觉得不合逻辑,但是仔细分析又觉得很有道理。例如:

bad good news 既坏又好的消息

bitter-sweet memories 苦甜参半的回忆

这种修辞格在汉语中不常出现,因此在翻译时要采用灵活的方式进行处理,从而保证行文的流畅性。

头韵是指一组词、一句话中的开头音重复出现的词,是英语中常见的修辞形式,用来对语言的节奏感加以增强,对语言的旋律进行美化。现代英语中头韵常常出现在谚语、散文之中。在翻译的过程中,需要根据不同的情况加以选择。例如:

Money makes the mare go.

有钱能使鬼推磨。

(二)更换比喻形象

不同的民族其比喻形象有着不同的内涵,并且少数事物有着自身特有的典故,因此在对英语修辞格进行翻译时,译者可以更换比喻形象,避免发生偏离。例如:

as timid as rabbit 胆小如鼠

在中国,兔子是敏捷的动物,但是西方人认为兔子比较胆小,因此在翻译时我们需要了解这一形象,明确英汉文化对兔子的不同认识,从汉语的习惯出发,翻译成"胆小如鼠"更为妥当。

(三)增加用词

在翻译的过程中,我们往往需要从原文的意义与语法考虑,增添一些词或者短语,从而保证与原文的思想相符合。

Success is often an idea away.

这句话如果直译的话可以翻译为"成功往往只是一个念头的距离,这样的表达与汉语的习惯不如,因此我们可以增加"与否",翻译为"成功与否往往只是一念之差",这样的行文才更为流畅,才能让读者理解。

第五章　文化维度下的英语翻译问题研究

众所周知,语言与文化有着密切的关系,二者相互影响、相互制约,从而共同发展。因此,从文化维度对语言的翻译进行研究是正确的,也是非常有意义的。文化对人们生活的各个层面有着重要的作用,如果将文化看成一个巨大的系统,那么语言就是这一系统中的子系统,是文化系统的一个重要组成成分。本章研究文化维度下的英语翻译问题。

第一节　文化概述

无论是历史上还是现代社会,人们所说的社会都是全球社会,每一种文化都是将宇宙万物囊括在内的体系,并且将宇宙万物纳入各自的文化版图之中。总体上说,文化涉及人与社会的关系、人的存在方式等层面。但是,其也包含一些具体的内容。下面就来具体论述什么是文化。

一、文化的定义

对于普通人来说,文化是一种平时都可以使用到、却不知道的客观存在。对于研究者来说,文化是一种容易被感知到、却不容易把握的概念。对于文化的定义,最早可以追溯到学者爱德华·泰勒(Edward Burnett Tyler,1871),他这样说道:"文化或者文明,是从广泛的民族学意义来说的,可以归结为一个复合整体,其中包含艺术、知识、法律、习俗等,还包括一个社会成员所习得的一切习惯或能力。"之后,西方学者对文化的界定都是基于这一定义而来的。1963年,人类学家艾尔弗雷德·克洛伊伯(Alfred Kroeber)对一些学者关于文化的定义进行总结与整理,提出了一个较为全面的观点。

(1)文化是由内隐与外显行为模式组成的。
(2)文化的核心是传统的概念与这些概念所带的价值。

第五章 文化维度下的英语翻译问题研究

（3）文化表现了人类群体的显著成就。

（4）文化体系不仅是行为的产物，还决定了进一步的行为。

这一定义确定了文化符号的传播手段，并着重强调文化不仅是人类行为的产物，还对人类行为的因素起着决定性作用。同时，其还明确了文化作为价值观的巨大意义，是对泰勒定义的延伸与拓展。

在文化领域下，本书作者认为文化的定义可以等同于 2001 年联合国教科文组织发表的《世界文化多样性宣言》中的定义：文化是某个社会、社会群体特有的，集物质、精神、情感等为一体的综合，其不仅涉及文学、艺术，还涉及生活准则、生活方式、传统、价值观等。

进入 20 世纪 90 年代之后，很多学者也对文化进行了界定，这里归结为两种：一种是社会结构层面上的文化，指一个社会中起着普遍、长期意义的行为模式与准则；一种是个体行为层面上的文化，指的是对个人习得产生影响的规则。

这些定义都表明了：文化不仅反映的是社会存在，其本身就是一种行为、价值观、社会方式等的解释与整合，是人与自然、社会、自身关系的呈现。

二、文化的发展

（一）中国文化的发展

中国是历史悠久、文明开化最早的国家。中国文化与西方文化共同为人类文明进步做出了突出贡献。

1. 秦汉到明代的文化

中华民族有着发达的农业和手工业，直到 16~17 世纪，中国文化依然走在世界前列。秦汉到明代中叶，文化发展的标志性事件主要包括张骞出使西域、《马可·波罗游记》的诞生、郑和下西洋等。

张骞出使西域。张骞出使西域，标志着中国大规模地向外派遣政治使节的开始。公元前 139 年，为了对付日益强大的匈奴部落的侵犯，汉武帝采取了正面进攻以及联合其他受匈奴压迫的部落共同行动的战略。张骞出使西域就是这种战略之下的一个布局。在出使的 13 年里，张骞经历了战乱流离、扣留软禁、奴役劳作、情感诱惑等各种情况，了解了西域的政治、经济、地理、风俗等。这次出使虽然没有达到联合其他民族的目的，但是为中西文化交流打开了一个通道。自此，西域与汉朝的贸易、文化往来日趋活跃，汉朝的丝绸通过西域运往更远的地方，因此形成了著名的"丝绸之路"。

《马可·波罗游记》的诞生。中国元朝不断进行海外扩张,出于政治或宗教的目的,西方也不断派遣使节来华,并且一些欧洲商人也频繁来到中国经商。1275年,马可·波罗一家受罗马教廷委托,送信函给元朝皇帝忽必烈。这一送,倒是把他留在了中国,他在中国度过了17个年头。他到处游历,包括中国和其他国家,并撰写了震撼欧洲的《马可·波罗游记》一书。该书肯定了中国元朝发达的物质文明和精神文明,激起了欧洲探索中华文化的欲望。

郑和下西洋。明初,明成祖朱棣实行对外开放的政策,海上丝绸之路十分繁荣。郑和连续七次统率百艘巨舰以及众多官兵,渡过南洋、印度洋,达到红海,历经东南亚、南亚、西亚、东非的多个国家和地区,与所到国家和地区进行经济文化交流,主要是输出中国先进的物质文化、制度文化和精神文化。

2. 明代中叶到晚清的文化

明朝万历年间,以利玛窦为代表的传教士对西方文化在中国的传播做出了很大贡献,以徐光启为代表的中国知识分子对中国文化在西方的传播也做出了很大贡献,他们对中西文化的融汇都做出了有益的尝试。从明代中叶到晚清,传教士是中西文化交流的重要媒介之一,但是传教士所传来的"西学"也有自己的局限性,它只是中世纪封建教会的神学和经院哲学。

明朝国力下降,又实行长达百年的封闭政策,政治混乱,土地赋税沉重,平民百姓生活艰苦,由此引发了严重的社会危机。在这种形势之下,一些知识分子就开始反思,开始倡导"经世致用"的求实精神,这也为西方新观念进入中国打开了一扇门。此时的西方世界在吸收了东方的先进文化之后,在资本主义生产关系和生产力方面表现出了强大的生命力,并开始迫切寻求海外市场。

但是,尚未进行工业革命的西方,生产力还不够发达,对文明程度较高的中国贸然采取行动也无法轻易取胜,于是就派遣传教士深入中国,了解中国,试探中国,而不是一开始就武力相加。所以,传教士可谓是中西方文化和平交流的主要使者。

意大利人利玛窦是西方传教士中的成功典范。他从1597年开始常驻北京,他非常熟悉中国传统文化,制定了天主教儒学化和科学传教的方针。他为了融入中国社会,主动中国化,用知识和文化打动中国的士大夫,进而在这样一个古老而专制的社会里传播自己的信仰和文化。不同的文

第五章 文化维度下的英语翻译问题研究

化在接触的过程中必然产生冲突,区别在于冲突的严重程度如何。在传教之初,由于范围的限制和理智的政策,冲突并没显现出来。但是随着天主教势力的增强,天主教的礼仪和中国传统礼仪的矛盾便显露了出来,文化冲突由此显现,主要表现为教案的连续发生。两种不同的历史文化在交流的过程中不可狂妄自大,而是要不断思考怎样才能融会贯通、消化吸收。在这次文化交流中,文化融合是主流,文化冲突是支流。

3. 近代中国文化

在鸦片战争时期,中国文化已经变得腐朽,而西方的现代因素已经发展得很成熟了。西方对中国的态度由爱慕变为侵略,清王朝的闭关锁国也无法真正阻止西方文化的入侵。当中国与外界隔绝的状态被暴力打破的时候,解体是之后必然会发生的事情。

中国经历了前所未有的历史大变局,这一祸根归因于中国人的心态与实际角色脱节一千多年而不自知,中国人不能意识到外来文化的挑战。鸦片战争后,经历了丧权辱国之痛的中国先进知识分子,积极学习西方先进的科技和文化,以洋务运动、辛亥革命、五四新文化运动为代表,并不断探索。

(1)洋务运动。以林则徐为代表的先进人士首先提出向西方学习,发起了旨在自强自救的洋务运动。洋务运动的指导思想是用西方的科学来巩固封建制度。洋务运动经历了三十个年头,在军事工业、工矿业及交通运输等领域积极向西方学习,创立了中国近代海军。但是,洋务运动的局限性也是很明显的,即引进的基本只是物质文明。

(2)辛亥革命。中日甲午战争的失败说明,洋务运动只引进物质文明,无法从根本上挽救民族危机,于是有了以康有为和梁启超为代表的维新变法运动,有了辛亥革命。虽然两者最终以失败告终,但是标志着中国有识之士对于西方文明的认识已经达到中间的制度层面。

(3)五四新文化运动。第一次世界大战后,面对西方国家对中国的不平等待遇,中国知识分子掀起了五四反帝爱国运动。中国开始了由旧文化向新文化的转型。新文化运动倡导民主和科学,标志着中国人对西方现代文明的理解已经达到了思想文化的深层结构。与此同时,马克思主义开始在中国广泛传播,它在本质上是中西文化交流的产物。在马克思主义与中国工人运动相结合的基础上,中国共产党诞生了,预示了中国文化必定独辟蹊径,走出一条不同凡响的道路。

通过以上简要回顾中国文化的发展变迁可以看出,文化作为上层建筑,自始至终受到经济基础的制约。近代之前,由于地理距离的遥远和科技、生产力的落后,世界各地之间的文化交流非常有限。张骞出使西域、甘英使大秦、四大发明西传、郑和下西洋等,都是在国家强大的经济实力保障下进行的。到了近代,科技、通信、经济的发展,促使了文化大规模的发展。

根据虚实平衡法则,先进的文化总是向后进的文化输出;根据互通有无法则,后进的文化总是向先进的文化模仿。文化的交流是双向的,但时而平衡,时而不平衡。发展层次高的文化总是居于优势与主流,处于相对主动的地位,另一方则处于相对被动的地位。在两种文化的交锋中,弱势文化必然向强势文化靠拢,但这种靠拢要经历一个由浅入深、由表及里的过程。

任何文化交流在初始阶段,大抵都是非常浮面的接触,尔后进一步的发展却正是建立在这些初步尝试的基础上的。文化的相遇和交流没有快捷的方式,需要耐心、虚心与灵活度。文化的闭关自守是行不通的。文化隔离虽然在一定历史时期中巩固了文化的特质,但文化隔离在总体上毕竟是与整个人类文化发展相背离的,也无法使民族文化永葆生机与活力。

任何民族的精神思想都需要外来的刺激和启发,单靠在固有文化圈内进行自我改进,是不能持久的。吸收外来文化先进的、适合自己的东西,文化就会蓬勃兴起;而不与外界进行交流,只在自己领地内近亲繁殖,文化就会逐渐衰弱。文化交流的主动性越强,文化复兴的可能性越大;如不主动进行文化交流,则会趋于边缘化或消亡。

(二)西方的文化发展

1. 古希腊时期的文化

(1)思想文化。古希腊是西方哲学的故土,哲学在当时与其他学科交织在一起,被称为统摄群学的学问,苏格拉底、柏拉图、亚里士多德被称为哲学"三圣"。柏拉图把哲学分为辩证学、法学、物理学、伦理学等门类,亚里士多德则将哲学扩大到几乎包括讨论宇宙和人生的所有学问,因此,当时的哲学家同时也是自然科学家或其他学问专家。

(2)科学、艺术、历史学、技术。古希腊科学技术的成就是多方面的,数学家欧几里得在《几何原本》一书中,将各种定理、命题按照逻辑关系清晰地表达出来,成为近代几何学的奠基人。著名数学家阿基米德发现宇宙定理,论证并发展了机械学的基本原理,特别是杠杆原理,成为力学与流体力学的创始人。天文学家埃拉托斯特尼,根据大地是球形的原理,

第五章 文化维度下的英语翻译问题研究

计算得出地球周长为39600公里,与实际长度40008公里的数值相差不大。毕达哥拉斯在数学上提出著名的勾股定理。值得指出的是,古希腊科学家在探讨自然现象时注意深入事物的内部探究本质上的东西,尤其重视理论上的探讨,使哲学与科学相映成趣。

古希腊在文学艺术、历史学诸方面都取得了空前的成就,出现了希腊神话和三大悲剧作家:埃斯库罗斯、索福克勒斯、欧里庇得斯,创作出了人类历史上早期的悲剧作品,奠定了西方悲剧文化的基础。历史学方面则出现了希罗多德、修昔底德、色诺芬三大历史学家。

2. 古罗马时期的文化

古罗马文化是古希腊文化的继承和发展,罗马文化继承了希腊文化的特质,在哲学、文学、戏剧、文字、雕塑诸方面都保留了希腊文化的遗风。

罗马人使用的拉丁字母是世界上广为流行的字母体系,这已是不争的事实。拉丁字母是在继承希腊字母简单、美观、匀称、便于书写和阅读的优点上发展起来的。15世纪的意大利,在书写上出现了"人文主义体",即大写体,另外还有一种草写体,后来分别衍生出用于印刷的楷体与手写的斜体这两种文体。

在哲学上,古罗马的流派众多,影响较大的有"新斯多噶学派"——斯多噶学派是由希腊人芝诺创立,这一学派认为,人生追求的是美德而不是快乐,人需要始终和自然保持一种和谐,要抑制一切欲望,舍弃人生的乐趣,听从命运的安排,方能达到美德的境界。

在文学艺术创作方面,罗马人在向希腊人学习的基础上,在诗歌、散文、戏剧、人物传记诸方面都取得了辉煌的成就。散文方面,西塞罗的演说词和书信类散文,辞藻华美,词义生动,妙语连珠,结构严谨,逻辑性强,具有很强的论辩性和说服力,被称为"西塞罗文体"。著名诗人维吉尔的《牧歌》歌颂了意大利的田园风光,表达了对生活的向往。另外,诗人贺拉斯、奥维德都创作许多杰出的作品,戏剧方面出现普劳图斯、泰伦斯两位戏剧艺术大师。在建筑上,罗马人继承了希腊人的美学传统,修建了大型的公共浴场,还建造了造型雄伟的凯旋门、记功柱等。

罗马文化扬弃了希腊文化中消极的成分,在文化观念上,希腊王公贵族的挥霍无度、醉生梦死、骄奢淫逸、浮华奢靡等风气,在一定时期、一定程度上被罗马文化所否定。

3. 文艺复兴时期的文化

文艺复兴的核心是人文主义运动,就其实质来看,人文主义是以个体本位为基础的资产阶级个人主义思潮,这一思潮的核心是人本观,显示以个人为中心的鲜明特征。正是借助这种新的价值观,人文主义思潮逐渐向整个思想文化领域渗透,形成文艺复兴这一新的文化运动。

欧洲社会经济的演变,是决定文艺复兴的形成和发展的重要因素。14世纪初,由于生产技术的进步和生产力的提高,资本主义因素开始发育;15世纪末随着地理大发现,世界市场的形成、资本主义的发展受到进一步刺激。但是,当时占统治地位的封建的生产关系却严重阻碍了资本主义前进的步伐,在这种情况下,资产阶级发起了这场反封建的思想文化运动就成为必然。

意大利有着深厚的文化底蕴,传统文化在推动意大利文艺复兴中也发挥了重要作用。丰富的文化典籍,图书院大量的藏书,使人文主义者在搜集研究古典文献中找到了自由、平等、民主等思想理论依据,并以此来抵制封建等级制度和教会的蒙昧及禁欲主义,用古罗马的统一所营造的辉煌来针砭意大利的四分五裂。

人文主义的思想文化成就是多方面的,文艺复兴最初是从文学上开始的。意大利出现了三位人文主义的主要代表:但丁、彼得拉克、薄伽丘,三人被称为文艺复兴三杰,他们是西方近代文化的先驱者。

"文艺复兴"的文学,但丁开其端,莎士比亚总其大成。莎士比亚是欧洲文艺复兴时期最有成就的戏剧家和诗人,他一生共创作悲剧、喜剧、历史剧37部,还有两首长诗和154首14行诗。他在作品中热情讴歌了人,称人是"宇宙的精华,万物的灵长",他的戏剧创作多取材古希腊、古罗马、意大利、英国古代的故事和传说,反映的都是英国的现实,他创造的哈姆雷特、奥赛罗、李尔王、夏洛克、罗密欧与朱丽叶等艺术形象,成为千古不朽的艺术典型,恩格斯称赞"莎士比亚创作的情节的生动性和丰富性的完美融合"。

4. 近代时期的文化

美国科学家迈克尔逊和莫雷在1887年进行了一次高灵敏度的光学试验,来检验牛顿的"以太"论。牛顿所描写的宇宙是物质的,物质由原子构成,由于"以太"的存在,物质的运动才成为万能,而"以太"是一种独特的透明载体,物质悬在其中,物质受到宇宙力量的推动,就在"以太"中运动。但试验结果,"以太"根本就不存在。这一论断,导致了爱因斯坦"相对论"的提出,"相对论"彻底否定了牛顿的理论。

奥地利精神分析学家弗洛伊德创立了精神分析法,这又是一次伟大的革命,他的学说对传统道德造成了极大的冲击,鼓励人们向传统的世俗思想进行挑战,对公众的影响,远远超过爱因斯坦的相对论。

弗洛伊德学说集中在他的《释梦》《日常生活心理病学》等著作中。19世纪以前的思想家和社会学家都把人看成具有理性的、有意识的,人们的思想和行为都受着外界力量的支配。弗洛伊德在看到人的理性一面的同时,也看到了人也是非理性的和具有潜意识的,潜意识是受到内部力量的驱使,人时刻面临着不断的挑战,社会需要人把本能的冲动转化为思想,变为社会能接受的"超我",当转变失败时,就会导致精神病,潜意识中最有动力的则是性冲动。这样弗洛伊德就揭示了人类心中潜意识的奥秘,这一发现对建立在理性基础上的资产阶级的政治、经济、社会伦理等观念,无疑是一个沉重打击,引发了20世纪人类思想的大解放。

三、文化的分类

(一)常规分类方法

1. 二分法

文化和交际总是被放到一起来讨论,文化在交际中有着无可替代的地位,并对交际的影响最大,因此有学者将文化分为交际文化和知识文化。

那些对跨文化交际直接起作用的文化信息就是交际文化,而那些对跨文化交际没有直接作用的文化就是知识文化,包括文化实物、艺术品、文物古迹等物质形式的文化。

学者们常常将关注点放在交际文化上,而对知识文化进行的研究较少。交际文化又分为外显交际文化和内隐交际文化。外显交际文化主要是关于衣、食、住、行的文化,是表现出来的;内隐交际文化是关于思维和价值观的文化,不易察觉。

2. 三分法

三分法是将文化分为物质文化、制度文化和精神文化的分类方法。

人从出生开始就离不开物质的支撑,物质是满足人类基本生存需要的必需品。物质文化就是人类在社会实践中创造的有关文化的物质产品。物质文化是用来满足人类的生存需要的,只是为了让人类更好地在当前的环境中生存下去,是文化的基础部分。

人是高级动物,会在生存的环境中通过合作和竞争来建立一个社会组织,这也是人与动物有区别的一个地方。人类创建制度,归根到底还是为自己服务的,但同时也对自己有所约束。一个社会必然有着与社会性质相适应的制度,制度包含着各种规则、法律等,制度文化就是与此相关的文化。

人与动物的另一个本质区别就是人的思想性。人有大脑,会思考,有意识。精神文化就是有关意识的文化,是一种无形的东西,构成了文化的精神内核。精神文化是人类在认识世界和改造世界的过程中挖掘出的一套思想理论,包括价值观、文学、哲学、道德、伦理、习俗、艺术、宗教信仰等,因此也称为观念文化。

(二)按照人类学来划分

人类文化相当于一个金字塔,金字塔底部的是大众文化,金字塔中间的是深层文化,金字塔顶部的是高层文化。

大众文化是普通大众在共同的生活环境下共同创造出来的一种生活方式、交际风格等。

深层文化是不外现的,是内隐的,对大众文化有着指导作用,包括思维和价值观等。

高层文化又称"精英文化",它是指相对来说较为高雅的文化内涵,如哲学、历史、文学、艺术等。

(三)按照支配地位来划分

文化一旦产生,就对生活在其中的人有着一定的规范作用和约束力,这是一种约定俗成的力量。一个社会中通常有多种文化,人们最终会按照哪一种文化规范来生活,就要看文化的支配地位了。因此,有人从文化的支配地位的视角,将文化分为主文化与亚文化。

所谓主文化,是在社会上占主导地位的,并被认为应该为人们所普遍接受的文化。主文化在共同体内被认为具有最充分的合理性和合法性。主文化具有三个属性:一是在权力支配关系中占主导地位,得到了权力的捍卫;二是在文化整体中是主要元素,这是在社会的更迭中形成的;三是对某个时期产生主要影响、代表时代主要趋势,这是时代的思想潮流决定的。

相对应的,亚文化是在社会中占附属地位的文化,它仅为社会上一部分成员所接受,或为某一社会群体所特有。亚文化也有两个属性:一是在文化权力关系中处于从属地位;二是在文化整体中占据次要的部分。虽然亚文化是与主文化相对应的一种文化,但是二者不是竞争和对抗的关系。值得注意的是,当一种亚文化在性质上发展到与主文化对立的时候,它就成了一种反文化。在一定条件下,文化与反文化还可以相互转化。

第五章 文化维度下的英语翻译问题研究

文化不一定是积极的,反文化也不一定是消极的。

(四)按照语用学角度来划分

语用学研究的是语言在一定语境中的具体意义。语境是理解语言的重要元素。因为文化和语言分不开,因此文化和语境也是相互联系的。语言依赖于语境,同样的,文化也对语境有一定程度上的依赖。但是,不同的文化对语境的依赖程度是不尽相同的。在不同的文化中,人们通过语境进行交际的方式及程度就存在着差异,而这种差异制约着交际的顺利进行。

按照文化对语境依赖程度的不同,可以将文化分为低语境文化和高语境文化。低语境文化是指对语境的依赖程度较低、主要借助语言符号进行交际的文化。高语境文化是指对语境的依赖程度较高、主要借助非语言符号进行交际的文化。西方国家通常是低语境文化,一些亚洲国家通常是高语境文化。

在低语境文化中进行交际时,人们大都是通过符号来传递交际信息的。而在高语境的文化中,交际环境和交际者的思维携带着大部分的交际信息。由此可见,语言信息在低语境文化内显得更为重要。他们在进行交际时,要求或期待对方的语言表达要尽可能清晰、明确,否则他们就会因信息模棱两可而产生困惑。而在高语境文化中,人们往往认为事实胜于雄辩,沉默也是一种语言。因此,低语境文化与高语境文化的成员在交际时易发生冲突。

虽然按照不同的视角,文化的分类不同。但是,有一点需要明确,那就是文化无优劣、高下之分。世界相当于一个村落,其中的任何民族和国家都享有平等的权利,其中的成员在人格上都是平等的,不应该因为文化的不同而被区别对待。例如,中国人习惯用筷子,西方人习惯用刀叉,有人说使用筷子有利于人脑发展,也有人说使用刀叉简单。因此,文化不是用来比较和评价的,只是用来促进交际的。

四、文化的特征

(一)主体性

文化是客体的主体化,是主体发挥创造性的外化表现。文化具有主体性的特征主要源于人的主体性。所谓人的主体性,即人作为活动主体、实践主体等的质的规定性。 人通过与客体进行交互,才能将其主体性展现出来,从而产生一种自觉性。一般来说,文化的主体性特征主要表现为如下两点。

首先,文化主体不仅具有目的性,还具有工具性。如前所述,由于文化是主体发挥创造性的外化表现,因此其必然会体现文化主体的目的性,只有这样才能促进人的全面发展。另外,文化也是人能够全面发展的工具,如果不存在文化,那么就无法谈及人的全面发展,因此这体现了文化的工具性。

其次,文化主体不仅具有生产性,还具有消费性。人们之所以进行生产,主要是为消费服务的,而人类对文化进行生产与创造,也是为了更好地进行消费。在这一过程中,对文化进行创造属于手段,对文化进行消费属于目的。

(二)实践性

实践是人类对文化进行创造的自觉性、能动性的活动,而文化是人类进行实践的内在图式。简单来说,文化具有实践性特征,具体可以表现为两点。

首先,实践对文化起决定性作用。人类展开实践的手段与方式决定着文化的性质。在这些实践手段与方式中,物质生产方式居于基础地位。

其次,文化对实践有促进作用。这是因为实践往往是在某些特定文化中展开的,如果没有文化背景的融入,那么实践就会非常困难。另外,文化对实践的展开有着巨大的指导意义,也正是由于文化的指导,实践才能取得成功。

(三)历史性

文化具有历史性的特征,这是因为其将人类社会生活与价值观的变化过程动态地反映出来。也就是说,文化随着社会进步不断演进,也在不断地扬弃,即对既有文化进行批判、继承与改造。对于某一历史时期来说,这些文化是积极的、先进的,但是随着时代的发展,这些文化又可能失去其积极性、先进性,被先进的文化取代。

例如,汉语中的"拱手"指男子相见时的一种尊重的礼节,该词产生于传统汉民族文化中。然而随着历史的发展,这一礼节已经不复存在,现代社会常见的礼节是鞠躬、握手等。因此,在当今社会,"拱手"一词已经丧失了之前的意义,而仅作为文学作品中传达某些情感的符号。

(四)社会性

文化具有社会性特征,这主要表现在如下两点。

首先,从自然上来说,文化是人们创造性活动的结果,如贝壳、冰块等自然物品经过雕琢会变成饰品、冰雕等。

其次,从人类行为来说,文化起着重要的规范作用。一个人生长于什么样的环境,其言谈举止就会有什么样的表现。另外,人们可以在文化的轨道中对各种处世规则进行把握,因此可以说人不仅是社会中的人,也是文化中的人。

(五)民族性

文化具有民族性特征。人类学家克利福德·格尔茨(Clifford Greets)这样说道:"人们的思想、价值、行动,甚至情感,如同他们的神经系统一样,都是文化的产物,即它们确实都是由人们与生俱来的能力、欲望等创造出来的。"这就是说,文化是特定群体和社会的所有成员共同接受和共享的,一般会以民族形式出现,具体通过一个民族使用共同的语言、遵守共同的风俗习惯,其所有成员具有共同的心理素质和性格体现出来。

第二节 中西文化翻译观

一、中国文化翻译观

中国传统的翻译思想发展主要以如下十大学说作为标志。
(1)支谦等人的古代文质说。
(2)严复的信达雅说。
(3)鲁迅的信顺说。
(4)郭沫若的翻译创作论。
(5)林语堂的翻译美学思想。
(6)朱光潜的翻译艺术论。
(7)矛盾的艺术创造性翻译思想。
(8)傅雷的神似说。
(9)钱钟书的化境说。

(10)焦菊隐的整体论。

这十大学说有着相互关联性,也有着独立的特征。限于篇幅,也从文化翻译的角度来说,下面选取其中有代表性的观点做论述。

(一)严复的文化翻译观

严复的"信达雅"理论在翻译界非常著名,并有着深远的影响。虽然其理论独占鳌头,但是对其理论也争论不休。这是因为"信达雅"三个字非常简约,也并没有给予严格的界定与论证,因此给人们留下了广阔的阐释空间。

赞成者认为,"信达雅"理论可以对翻译实践起着很好的指导意义;一些部分赞成者认为,"信"或者"信达"可以作为翻译标准,但是"雅"不能作为翻译标准;不赞成者认为,"信达雅"非常空洞,对翻译实践起不到指导性作用。当然,如果将严复的"信达雅"视作一个抽象的逻辑命题,从脱离时空的角度对其进行评论,那么得出的结论必然是偏颇的。在本书中,笔者将"信达雅"回归历史本位,从语言文化环境出发,对其进行考察,或许就会发现不一样的天地,也就是说这里主要从文化翻译的角度对"信达雅"理论进行阐释。

要想弄清其文化含义,需要分析"信达雅"的本质含义。对于这一理论,严复非常明确地给出三者的关系,即"信"位于首位,认为翻译首先应该做到"信",即对原作的思想内容进行忠实的传达。其次是"达",即如果不"达",那么就不能谈及翻译了。最后是"雅",对于这一个字,评论非常多。有人认为严复的"雅"指的是汉朝之前的字法、句法,因此是过时的,不能用于现代的翻译标准。笔者认为,这样理解有失偏颇,并没有从历史的角度对严复的"雅"进行准确的把握。学者陈福康认为,严复的"雅"从上下文来说,显然指的是译作要注意修辞,要有文采,这样才能流传。这样对严复"雅"的理解是全面的、准确的,与严复的本义是相契合的。

在严复当时的语言文化环境中,汉朝之前的字法、句法被认为是"雅洁"文字,而要想将外国思想著作的精妙表达出来,就必须用到"雅洁"文字,这样才会显得非常高雅、严肃,才能被读者看重。如果采用的是"利俗"的文字,那么会被读者鄙视。严复的这一"雅洁"的表达方式是经过深入考察而做出的翻译抉择,他的翻译目的是引介西方思想,吸引当时士大夫的注意,从而实现改革。

严复的"信达雅"中涉及了丰富的文化翻译思想,对于翻译实践意义巨大。严复的文化翻译思想概括起来可以总结为如下几个层面。

第五章 文化维度下的英语翻译问题研究

1. 提出"信达雅"翻译原则

"信"是对原作思想内容的忠实,这是本义,"达雅"是严复考虑英汉语言文化的特点与社会语境而提出的,是具体的翻译策略。换句话说,"达雅"是严复为了实现翻译目的对译作展开的语言文化调节。

2. 翻译目的明确

严复认识到西方国家的强盛,不仅是技术层面的强大,更是思想观念层面的强大,因此他对西方文化的认知超越了技术层面。因此,要想富强,就必须引进西方先进的科学思想,将这些思想作为对中国人世界观加以改造的基础,作为人们思想启蒙的工具。

另外,严复翻译的服务对象为封建士大夫阶层,他想通过自己的译作对这一阶层的思想加以改变。

(二)林语堂的文化翻译观

林语堂的系统性翻译思想在近一万字的长篇论文《论翻译》中得到充分体现,对众多翻译研究者产生了巨大影响。下面从翻译标准与审美问题层面加以论述。

1. 忠实标准

在翻译标准上,林语堂提出了三个原则:忠实、通顺、美。这三个标准与严复的"信达雅"可以相媲美。同时,他从三个问题与三重责任的角度对这三个原则加以论述。

三个问题:
(1)译者对中文层面的问题。
(2)译者对待原作的问题。
(3)翻译与艺术层面的问题。

三重责任:
(1)译者对中国读者的责任。
(2)译者对原作者的责任。
(3)译者对艺术的责任。

林语堂的这三大原则虽然是从英汉翻译角度考虑的,但实际上也适用于汉英翻译。在这三大原则中,林语堂用大量的笔墨来描述忠实原则,这是因为当时翻译界有一场关于翻译的论战:直译与意译。五四运动以来,关于直译与意译的问题就没有停止过。

面对这场论战,林语堂提出自己的主张,他在《论翻译》一文中,认为对原作的忠实程度可以划分为四个等级:一是直译,二是死译,三是意译,四是胡译。他认为,死译是直译的极端形式,可以称为直译的"过激党";而胡译是意译的极端形式,是意译的"过激党",因此在对这一问题进行论述时,林语堂先生将死译与胡译刨除,而单单探讨直译与意译。

对于直译与意译,林语堂先生首先指出的是这两个名称本身是不恰当的,认为虽然便于使用,但是实在不中肯,其不仅不能表达出译法的程序,也容易让人误会。在这里,林语堂先生所说的容易让人误会指的是直译与死译、意译与胡译之间的界限并不明确,使得翻译时往往两重标准是同时使用的。当然,这一问题在今天的翻译界仍旧是困扰的。但是林语堂先生对名称的否定也是有些偏颇的,因为直译与意译作为两种不同的翻译策略,至今仍旧被翻译界广泛使用。

由于林语堂先生对直译与意译概念的质疑,他提出了句译与字译的说法,他认为根据译者对文字的解法与译法,往往存在两种形式:以字为主或者以句为主,前者就是字译,后者就是句译。换句话说,字译就是字字对应,句译就是将句子视作一个整体,把单字的意思进行结合构成"总意义"。对于两者,林语堂先生明确表达句译是对的,字译不对。因为字的意义是活的,随时随地会发生改变,是与上下文融会贯通的,如果仅仅是用字来解释字,这样不免会出现断章取义、咬文嚼字的现象。因此,他主张用句译来展开翻译。

对于忠实问题,林语堂先生指出字典是不可靠的,依据的应该是句译,字的意义是根据用法来确定的,因此译者需要具备深厚的语文基础,而不是抱着字典来翻译。另外,对于忠实的翻译,林语堂先生还指出要传神,认为译者不仅要达到意思的准确,还应该做到传神。语言的用处并不是在对意象的表现,而是互通情感的,如果仅求得意思的明确传达,则很难使读者获得相同的情感。

林语堂先生在强调忠实原则之后,还客观地指出:绝对的忠实是不存在的,因为译者在翻译时要同时兼顾音、形、神、意等各个层面是不可能的,也是不现实的。林语堂所提出的句译和字译概念是基于直译与意译建立起来的,是对其进行的全面总结与思考。因此,对于翻译研究与实践来说意义巨大。

2. 审美问题

在对翻译问题的研究中,审美问题也是林语堂关心的一个重要问题。翻译除了要忠实与通顺外,还需要注重审美。对于翻译审美问题,他认为主要包含三个层面。

（1）翻译是一门艺术。译者在对小说、散文等文学作品进行翻译时，除了要关注忠实顺达外，还需要关注原作的美以及译作美的展现。

（2）艺术文翻译应该注意的问题。其主要包含三个层面。

第一，将原作的风格看得同内容一样，都是非常重要的。林语堂认为，一部作品之所以说是优秀的，主要是原作的风格更吸引读者的注意，因此对于译者而言，必须明确原作的风格，然后进行模仿。在将原文风格进行体现的层面上，林语堂还通过间接的方式表达出要对原作的风格进行忠实的传达，作为审美主体，译者必须具有与原作者同等的知识背景、气质性格与鉴赏能力。

第二，考虑文字体裁的问题，并分别对内外体裁进行了描述。文字体裁一般分为外的体裁与内的体裁。外的体裁问题包含句子的长短问题、诗作的体格问题等；内的体裁问题包含作者的风度文体、作者的个性等，一般来说，外的体裁是文本的语言外在形式，对于译者是较为容易把握和了解的。相比之下，内的体裁则是语言之外的神韵与风格等抽象化的东西，因此对于译者有着较高的要求。林语堂首先强调了译者要体现原文的内在体裁应具备的条件，同时也客观地预见了其难度，所以他大胆而又有创造性地提出了"不译亦是一法"，这在今天仍然具有其现实的实践意义与理论意义，同时，这个观点也必然对他自己的翻译活动产生一定的影响。

第三，翻译即创作。他引用了克罗齐（Croce）"翻译即创作"的说法，表达了自己对这个问题的态度与主张。

（3）艺术文是不可译的。林语堂在强调艺术文的不可译时，特别指出诗文的不可译。林语堂在其论文《论译诗》中表达了他对诗歌翻译的审美见解。他认为译诗应当做到意境第一，而"意境的译法，专在用字传神"。因为不同语言、不同作者创作的诗歌蕴含了不同的韵味、意境、韵律，其用字的精妙、整体的风格等往往是很难移植的。林语堂的艺术文不可译的观点同时也与他的"绝对忠实是不可能的"理论相呼应。

二、西方文化翻译观

自20世纪70年代开始，翻译学界出现了"翻译文化转向"的热潮，包含埃文·佐哈尔（Itamar Even-Zohar）、图里（Toury）、苏珊·巴斯奈特、安德烈·勒弗维尔等在内的学者提出了自己的"文化翻译观"口号。这一理论的提出对于翻译学界而言是一个大的进步，下面就对这些学者的文化翻译观展开分析和探讨。

(一)佐哈尔的文化翻译观

20世纪70年代,佐哈尔提出了"多元系统理论",他通过借鉴俄国形式主义学者的观点,认为文学作品应该被视作整个文学系统来进行研究,而不是独立地展开研究。佐哈尔将文学系统界定为一个与其他程序产生影响的文学秩序功能系统,因此这就将文学作品视作文学、社会、历史框架的重要组成成分。其关键的概念在于"系统",这个系统是动态的,是不断变化的。

虽然佐哈尔的理论是基于形式主义学者的理论建构的,但是他对"传统美学研究中的谬论"是反对的,即反对将研究的重点置于高雅的文学作品上,而将悬念小说、儿童文学以及整个翻译文学系统排除在外。佐哈尔强调,翻译文学需要作为一个系统来进行运作,具体表现为如下两点。

(1)目的语如何对要翻译的作品加以选择。

(2)翻译行为与翻译规范如何受其他系统的制约与影响。

佐哈尔以多元系统这一涵盖性的概念对所有系统之间的关系加以强调。多元系统被认为是一个多层次、多种类的系统集合体,其中层次即多元系统在某一特定历史阶段产生的不同层次上的作用。如果最高层面的被一个新的文学类型替代,那么较低层面就可能被保守文学类型替代。如果保守文学类型占据最高层次时,那么创新文学类型就有可能来自最低层,否则就会出现一个停滞状态,这就是一个动态演变的过程。也正是由于这种动态性,使得翻译文学在多元系统中的地位并不是固定不变的,其地位可能是主要的,也可能是次要的。

如果翻译文学占据主要地位,那么它就能够对多元系统进行积极的塑造,即翻译文学可能极具革新精神。如果翻译文学处于次要地位,其就是多元系统中边缘系统的代表,无法直接影响着中心系统,甚至会作为一个保守因素对传统的形式加以保留,当然其处于次要地位也是非常常见的,是正常的状态。

(二)图里的文化翻译观

图里与佐哈尔一起从事研究工作。对于图里而言,翻译首要的目的在于目标文化在社会与文学系统中的地位,而这一地位对翻译策略起着决定性作用。基于这一点,图里不断对佐哈尔的多元系统理论进行深层次研究,并提出了"描述性翻译"理论,这一理论引申出三段式方法论。

第一,将文本置于目标文化系统内来分析其意义与读者的可接受程度。

第二,对原作与译作的转换问题加以比较,尝试对深层次翻译概念加

第五章 文化维度下的英语翻译问题研究

以总结与概括。

第三,对翻译策略提供某些重要启示。

当然,还需要一个补充的步骤,即对第一阶段与第二阶段进行重复,对其他类似的文本展开研究,目的是扩充语料库,从而从文学时期、文学类型等内容出发,对翻译展开概括与描述。这样来看,人们就能够确认与每一种类型相关的规范,最终建构相应的翻译法则。

对于规范,图里这样界定:将某一社区所共享的观念与价值转换成恰当的行为指南。这些规范是针对某一社会、文化而逐渐形成的社会文化约束。同时,他认为翻译也是受规范制约的,这些规范对实际翻译中产生的等值问题起着决定性作用。图里认为,翻译的阶段不同,规范也会不同。

1. 初始规范

基本的初始规范指译者的总体选择,如图 5-1 所示。

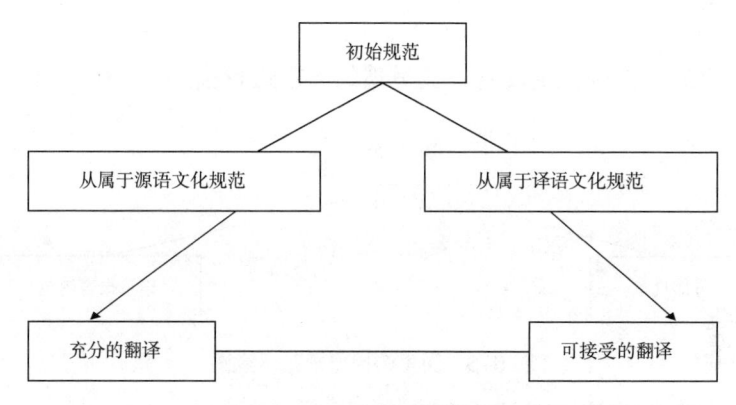

图 5-1 图里的初始规范示意图

(资料来源:芒迪、李德凤,2007)

译者可以选择是偏向源语文化规范还是偏向译语文化规范。如果译者选择偏向源语文化规范,那么译作就是充分的翻译;如果译者选择偏向译语文化规范,那么译作就是可接受的翻译。无论是充分的翻译,还是可接受的翻译,都是一个连续的统一体,因为翻译不可能是完全充分的或是完全可接受的。

2. 预备规范

图里将其他层次上的规范称为预备规范与操作规范。预备规范如图 5-2 所示。

```
            预备规范
          /        \
    翻译政策      翻译的直接性
```

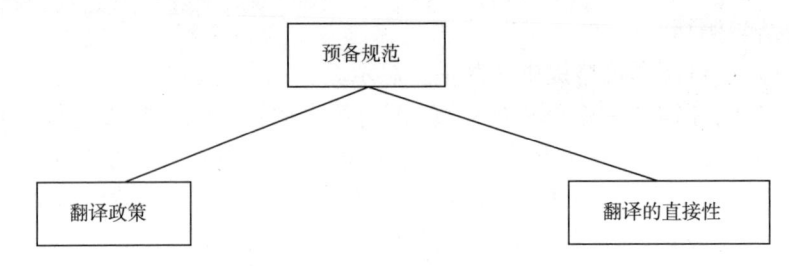

图 5-2　图里的预备规范示意图

（资料来源：芒迪、李德凤，2007）

预备规范包含两种：一种是翻译政策，一种是翻译的直接性。前者指的是某一特定的文化与语言，对翻译文本的选择起着决定性的因素；后者与翻译是否存在中介语有着密切的关系，一般研究的是翻译中包含哪些语言，翻译中是否使用中介语，译语文化对通过中介语进行翻译的宽容程度等。

3. 操作规范

图里的操作规范主要对译文呈现的内容进行描述，如图 5-3 所示。

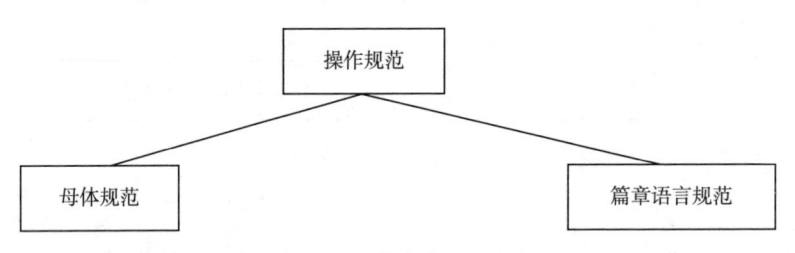

```
            操作规范
          /        \
     母体规范     篇章语言规范
```

图 5-3　图里的操作规范示意图

（资料来源：芒迪、李德凤，2007）

其中母体规范与译文是否完整有着密切的关系，如段落是否删减、原作是否分割、是否添加脚注等。篇章语言规范对译作的语言素材的选择起着制约的作用，如短语、文体特征等都属于语言素材的部分。

总之，通过对原作与译作的考察，图里提出了"翻译等值"的概念，但是他的这一概念与传统等值概念并不相同，其是一个功能性的概念。

（三）巴斯奈特的文化翻译观

20 世纪 90 年代，以巴斯奈特为代表的"文化学派"开始对翻译中除了语言结构之外的其他因素进行研究与审视，研究从单一文本转向文化大视野。具体体现在如下几个层面。

第五章 文化维度下的英语翻译问题研究

1. 翻译基本单位——文化

在翻译语言学派的研究中,翻译活动的重点始终应该放在语言转换层面,而翻译的基本单位从音素、词汇到句子、语篇等。但是,在解决文学翻译问题时,这样的翻译方法却遇到了很大的困难。基于这些问题,巴斯奈特指出,文学翻译有着自身的特殊性,因此研究方法应该对翻译单位进行改革,即从句子、语篇等转换为文化。

在巴斯奈特看来,如果将文化以人的身体作比,那么语言就是心脏,只有身体与心脏结合起来,人类才会有动力,才能保持生机。当说明语言与文化的关系后,巴斯奈特对文化翻译的含义以及相关问题进行了进一步阐述,他认为翻译应该将文化作为基本单位,目的是通过翻译实现文化交流。因此,从巴斯奈特的观点中可以看出,翻译不仅是语言层面的交际行为,还是一种文化上的交流手段,而之所以进行翻译,目的就在于交流。

2. 翻译文本功能对等

除了将文化作为翻译的基本单位,文化翻译观的另外一层含义在于翻译不应该仅限于对源语文本展开描述,还应该实现源语文本在译语文化中的功能等值。在巴斯奈特看来,文本不同,其承载的文化所赋予翻译的功能也就必然不同。翻译的功能受两个层面的制约。

第一,翻译所服务的对象。如果读者是面向儿童,那么翻译就要考虑儿童是否能够接受,因此在语言上应该尽量保证生动、简洁。

第二,源语文本在源语文化中所承载的功能。

受这两点的影响和制约,译者在进行翻译时,应该将不同的文化背景考虑进去,通过对源语文本进行解码,再进行重组,探求译语文化实现与源语文化的功能等值。

在操作上,巴斯奈特指出文化对翻译有着不同的需求,这些需求与源语的性质有着密切的关系。如果源语文本为描述性的文本,那么译者应该尽量考虑源语文化,进行直译,科技文献就属于描述性文本。如果源语为文学作品,那么译者在进行翻译时有着一定的自由。

巴斯奈特的文化功能与奈达的功能对等理论有着某些共通性,但是也存在明显的区别。对于奈达来说,翻译指的是从语义到文体,译者用最贴近自然、对等的语言对源语加以再现的过程。相比之下,巴斯奈特认为翻译研究应该面向文化这一单位,将文化转换作为翻译的目的,译者应采用不同的文化功能对等来展开翻译。

可见,巴斯奈特跳出了传统翻译方法以语义、信息作为目标的模式,是从更为宏观的手段对翻译展开的研究和探讨。

3. 译者的地位

受女权主义的影响,巴斯奈特认为传统的二元翻译理论将原作与译作划分成两级,如同社会中的男性与女性,原作就是男性,占据着主导性地位,译作就是女性,占据着从属的地位。因此,从这一点来看,巴斯奈特主张翻译是双性的,不能否认译者的从属地位。

对于译者来说,他们不仅要在译语文化中探求与源语文化对等的层面,还要针对不同层次的读者采用等效的技巧对源语进行转换。因此,就文化等值上来说,译者具有较大的主动权,可以对其进行灵活的改写,甚至有些时候,他们可以将原作的文学形式进行改变。

(四)勒弗维尔的文化翻译观

勒弗维尔与巴斯奈特一样,注重文化与翻译的关系及对翻译产生的影响。下面主要从两个层面探讨。

1. 作为重写的翻译

勒弗维尔的翻译源于他对多元系统理论的兴趣。有些人认为他更像一个系统理论家,但是他对翻译的工作更多是倾向于"文化转向"层面。勒弗维尔对"十分具体的因素"的研究是非常关注的,因为这些因素对文学文本的接受与拒绝起着系统的支配作用。这些具体的因素有权力、意识形态、操纵问题等。在权力位置上的人等同于勒弗维尔口中的操纵大众消费的那一类人,也可以说成是"重写的人",对于这类人,他们的动机可能是意识形态的,也可能是诗学的。

勒弗维尔认为,相同重写的基本过程在历史研究、翻译、编辑工作中都会加以呈现。翻译是一种显著的重写,也可能是最有影响力的重写,因为翻译能够将作者的形象反映出来,也可能将那些超越源语文化界限的形象反映出来。从勒弗维尔的观点中可以看出,在文学系统中,翻译的功能主要受到三个要素的影响。

(1)专业人员。这些专业人员有评论家、批评家等,也可能是教师或者译者自己。之所以包含译者自己,是因为译者对所译文本的诗学起着决定作用,甚至对所译文本的意识形态也起着决定性作用。

(2)赞助者。这些人主要是那些对文学阅读、文学写作、文学重写等产生促进或者阻碍影响的人。一般来说,赞助者包含三类。

第一,某一时期势力强大或者具有影响力的人。

第五章 文化维度下的英语翻译问题研究

第二,某些媒体、出版商等人物团体。

第三,学术期刊、国家院校等负责传播文学的机构。

同时,勒弗维尔还认为赞助者受如下三个要素的影响。

第一,意识形态因素,即对主题的选择与表现形式起着决定性作用。一般来说,意识形态因素是比较笼统的概念,是一种具有规范和形式的构架,对人们的行为与信仰起着决定性作用的构架。因此,在勒弗维尔看来,赞助是一种意识形态化的东西。

第二,经济因素,即主要涉及作者与重写者的报酬。过去,经济因素主要是捐助人所给予的津贴。如今,经济因素大多表现为翻译费、稿费。当然,教师、批评家等也是由赞助者提供报酬的。

第三,地位因素,其包含很多种形式。作为对赞助者的汇报,受益人往往需要满足赞助者的某些需求或者愿望。同样,团体内某一成员也需要对团体进行表示。在这之中,赞助者的努力在于对制度进行稳定性的维护。

如果三个因素并不相互依赖,那么赞助者就被认为是分散的。也就是说,如果是一个畅销书的作者,其可以获得高额的报酬,但是在等级分明的文学界人士眼中,他也并不具备什么地位。

(3)主流诗学。在勒弗维尔眼中,主流诗学主要包含两个成分。

第一,文学方法,即包含符号、体裁等内容。

第二,文学作用的概念,即文学与其社会制度间所存在的关系。

2.诗学、意识形态与翻译

关于三者的互动,勒弗维尔提出了一个关键性的主张,即无论处于翻译的哪一个阶段,人们都可以看到,如果语言学方面的考虑与意识形态或诗学发生本质冲突的话,那么意识形态或诗学会占据上风。也就是说,在勒弗维尔看来意识形态或诗学是非常重要的考虑,其中的意识形态即译者的意识形态,或者是赞助者强加于译者的意识形态;其中,诗学即目的语文化主流诗学,这些都对翻译策略起着决定作用。

第三节 文化维度下英语翻译的具体策略

如何处理翻译中的跨文化障碍是文化翻译的一个重要问题,适合的翻译策略会使文化翻译变得简单。文化翻译策略中比较有影响力的是"归化"和"异化"。但是,在具体的翻译活动中,我们要灵活使用两种策略,当然也可以综合使用。

一、归化策略

归化翻译具有自身的优越性,适度地使用归化策略利于译文的通畅和读者的理解。由于译者不可能完全熟识另一种截然不同的异域文化,所以译文会在一定程度上被灵活处理,加以变通。并且,归化翻译策略有效避免了文化冲突,可以使读者轻松顺利地理解译文。归化翻译策略主要以译入语为基石,力求使译文在遣词造句、表达方式和文风等方面均与译文读者的阅读习惯及文化思维相符,使读者可以不用花费太多精力就能得到很好的理解,获得最佳的语境效果。例如:

The stepmother of Snow white's is very hard on her like a real Dragon.

白雪公主的继母对她非常苛刻,像个恶魔一样。

对于此例,译者应译好 a real Dragon,因为 dragon 在英汉文化中所代表和象征的意义不同。在中国的神话和传说中,dragon(龙)是中华民族的象征、古代帝室的标志。但在西方文化中,dragon 是长着鹰爪和鹰翅、狮子的前脚和头、鱼鳞、羚羊角以及蛇尾、口中吐火的大怪物,其被基督教看成是恶魔的化身。可见,dragon 在中西文化中有着截然不同的意义。再如:

An hour in the morning is worth two in the evening.

一日之计在于晨。

Love me, love my dog.

爱屋及乌。

Diamond cuts diamond.

棋逢对手。

To grow like mushrooms.

雨后春笋。

Seeing is believing.

眼见为实。

归化翻译能使读者产生一种亲切感,读起来舒畅自然。例如,"鸳鸯"如果译为 lovebird 就能给英语读者带来情侣相亲相爱的联想,而译作 Mandarin Duck 则没有这样的效果。再如,将"初生牛犊不怕虎"译为"Fools rush in where angel fear to bead.",就采用了英语语族者的语言风

第五章 文化维度下的英语翻译问题研究

格,显示出向英语读者靠拢的迹象,这样就能够更好地被英语读者所理解。类似的例子还有很多。例如:

五光十色 colourful

画蛇添足 to draw a snake and add feed to it

贪官污吏 corrupt official

狼吞虎咽 wolf down

卫老婆子叫她祥林嫂,说是自己母家的邻舍,死了当家人,所以出来做工了。

Old Mrs. Wei introduced her as Xianglin's Wife, a neighbour of her mother's family, who wanted to go out to work now that her husband had died.

译者将"当家人"译为 husband,失去了原文浓郁的地方称谓色彩,但保持了小说中两个重要人物的正确关系。

尽管采用归化翻译策略能让译者准确地表达原作者的意图,但在运用这种策略的同时使原文的文化属性、魅力没能得到较好的呈现。假如仅注重将 dragon 归化为 tiger,那么外国读者永远不会知道"龙"在汉语文化中的形象地位,从而阻碍读者对事物的学习理解。从跨文化交流的层面说,归化翻译策略强调翻译价值的实用性,较为轻视对源语文化价值和魅力的展现效果,对语言文化交流价值的相互借鉴作用发挥得不够,为建立不同文化之间的理解、融合渠道带来了一定障碍。

二、异化策略

早在 19 世纪,德意志哲学家施莱尔马赫(Schleiermacher)就指出,译者应尽可能不惊动原作者,让读者向其靠拢。美国翻译学家维努蒂(Venuti)作为异化翻译的代表人物,提出了"反翻译"的概念,指出异化是一种对当时社会状况进行文化干预的策略。异化可以理解成基于源语文化,译者将读者引入原作中,并且运用一定修辞手法和语言特色加深理解,有意打破目的语的常规,保留原文异国情调以及色彩的翻译策略。从一定程度上说,翻译不仅是语言形式的转换,而且更深刻地体现在文化交流上。在翻译实践中,运用异化的策略,将源语的文化特色嵌入目的语中,能更好地丰富其内涵,并且扩充目的语的文化形式。与归化策略不同的是,异化打破了目的语语言及语篇规范,为了保持源语的特色,在必要的情况下恰当选择不通顺、晦涩的文体。运用异化策略,可以为读者提供前所未有的阅读经验。此外,维努蒂强调,译文是由本土文化材料组成的,像归化翻译那样,异化翻译仅是一种翻译策略。

在跨文化交流中,异化翻译策略发挥的作用是不容忽视的,其可以增强读者对异国文化的了解,丰富和发展译语的积极效应。贝尔曼(Bellman)等学者主张,在翻译中要保留原作的文化异质与异域痕迹,通过借词或者造词进行创造性的移植。从一定程度上说,异化翻译策略也是一种文化创新行为,其充满了挑战,有利于推进人类社会文明的丰富多样。例如:

crocodile tears 鳄鱼的眼泪

Valentine Day 情人节

all roads lead to Rome 条条大路通罗马

an olive branch 橄榄枝

internet 因特网

gene 基因

jacket 夹克

blue print 蓝图

talk show 脱口秀

vitamin 维生素

fastfood 快餐

Falstaff: What, is the Old King dead ?

Pistol: **As nail in door**.

福斯塔夫:什么!老王死了吗?

比斯托尔:死得直挺挺的,**就像门上的钉子一般**。

气功 qigong

太极拳 tai ji quan

台风 typhoon

豆腐 toufu

阴阳 yinyang

中国武术 Kungfu

风水 Fengshui

蹦极 bungee

时间就是金钱 time is money

象牙塔 ivory tower

洗手间 wash hands

君子协定 gentleman's agreement

第五章 文化维度下的英语翻译问题研究

这低沉的声调在有些委员的心里不啻是爆炸了一颗**手榴弹**。

（蒋子龙《乔厂长上任记》）

His words dropped like a **bombshell**.

当然，异化翻译策略也存在一定的缺陷。因为中西方不同的主客观条件的差异，形成了不同的历史文化、价值观念、自然地理、思维方式及风俗习惯等，同一个事物在不同文化背景中有着不同的文化内涵和情感价值。例如，中国文化中的"松""鹤""梅""竹"，向我国读者输出的直观和深度信息与外国读者的直观、深度信息以及引起的情感互动效果之间就存在显著差异。当要对这些文化的差异性进行异化翻译时，需要加一些注解，这就增加了读者的阅读负担，给读者的阅读带来了一定障碍，甚至对所读内容产生误解。长期下去，读者很容易降低对译文的阅读兴趣。

三、文化调停策略

当运用归化翻译策略和异化翻译策略均无法解决翻译中的文化问题时，译者可以运用文化调停的策略，即省去部分或者全部文化因素不译，直接翻译原文的深层意思。文化调停策略的优势是保证译文通俗易懂，更具有可读性。但是，这种翻译策略也存在一个明显的缺陷，即无法保留文化意象，不利于文化的沟通与交流。例如：

...What a comfort you are to your blessed mother, ain't you, my dear boy, over one of my shoulders, and I don't say which !

（Charles Dickens：*David Copperfield*）

译文1：你是你那幸福的母亲多么大的安慰，是不是，我亲爱的孩子，越过我的肩头之一，我且不说是哪一个肩头了！

（董秋斯 译）

你那位有福气的妈妈，养了你这样一个好儿子，是多大的开心丸儿。不过，你可要听明白了，我这个话里有偏袒的意思，至于是往左偏还是往右偏，你自己琢磨去吧。

（张谷若 译）

在翻译该例时，董秋斯先生有意追求对原文的异化，尽管保持了与原文的对应，但会令汉语读者感到一头雾水。而张谷若先生运用了归化策略，将原文的内在含义表达得十分清楚，为汉语读者扫清了理解的障碍。

刘备章武三年病死于白帝城永安宫，五月运回成都，八月葬于惠陵。

Liu Bei died of illness in 233 at present-day Fengjie Country, Sichuan Province, and was buried in Chengdu in the same year.

尽管原文的句子较短,但其蕴含的文化因素较为丰富,出现了古年代、古地名。显然这些词的翻译是不可以运用归化法的,因为在英语中无法找到替代词。如果用异化法全用拼音译出或者加注释,会使译文看起来十分烦琐,读者也会难以理解。因此,译者牺牲了部分文化因素,选择文化调停策略,增强了译文的可读性。[①]

[①] 兰萍.英汉文化互译教程[M].北京:中国人民大学出版社,2010:70-72.

第六章 思维维度下的英语翻译问题研究

人类的思维是客观世界的反映,是人们对客观事物加以认识、比较、分析等的过程。人类总是运用大脑来展开思维与创造,但人们很少对自身的"思维"进行思考。就生理学角度来说,人类的思维与动物的思维具有共通性,只是人类的思维这一生理活动更为高级,是大脑中的一种生化反应过程。翻译作为一种实践活动,离不开人类的思维,因此思维与翻译关系非常密切。本章就针对思维维度下的英语翻译问题进行探讨。

第一节 思维概述

一、思维的界定

思维是人类的大脑中所独有的一种机能。有的科学家认为动物大脑中也有思维,他们对一些动物进行了实验,发现黑猩猩懂得利用工具来获取食物,小狗会算算术题,小猫可以学会像人类一样冲马桶,猴子可以利用石头把核桃砸开,小鸟有自己的语言,鱼类可以发出特殊的信号进行交流,还有一些海洋动物则可以发出人类的耳朵都听不到的超声波,这些都是动物大脑中思维的典型表现。

人类的大脑可以说在时刻利用思维进行着创造,然而人们很少对思维进行深入研究与思考。在学校,思维也不能作为一门单独的学科进行教授。虽然很早就成立了语言科学、脑科学、逻辑科学等,这些学科也对思维的物质基础、外在表现形式等进行研究,然而对人类"思维"的整体研究却无法单独成为一门学科,这确实是一种遗憾。至于原因,可能就在于人们很难为思维下一个确切的定义。

那么,究竟应该如何给思维进行定义呢?人们从很多角度进行了研究,如哲学角度、语言学角度、心理学角度等,也都提出了各自的观点与看法。例如,按照"思维科学首批名词术语征求意见稿"中的定义:"人类个体反映、认识、改造世界的一种心理活动",立刻会有人提出质疑,认为这样定义把思维纳入了心理学的范畴。思维科学的创始人钱学森教授高度重视思维科学的重要性,把思维科学提升为与自然科学等并驾齐驱的一类科学。

二、思维与翻译的关系

(一)翻译与抽象思维

语言是思维存在的物质形式,而逻辑是"思维的规律",可见,翻译依赖于逻辑,逻辑思维是译者手中的有用工具。例如:

Young men who have reason to fear that they will be killed in battle may justifiably feel bitter in the thought that they have been cheated of the best things that life has to offer.

上述句子中包含了四个从句,对句子进行结构分析发现其主干部分就是"Young men may justifiably feel bitter in the thought."翻译成汉语时,可以拆分成若干小句:

年轻人有这种想法情有可原。他们有理由害怕自己战死沙场。想到自己被剥夺了生活所能给予的最美好的东西时感到痛苦也是可以理解的。

再如,《围城》第二章中:"那几个一路同船的学生看小方才去了鲍小姐,早换上苏小姐,对他打趣个不亦乐乎。"这句话,除了"……才……早"表示时间概念,其余结构均靠意义连接,在译者的头脑里,完成了源语的意义理解之后,便需要根据译入语的逻辑结构生出译文。译文如下:

When the other students on board saw that Miss Bao had no sooner gone than Little Fang up with Miss Su, they teased him unmercifully.

译文通过英语的时间状语从句将原文的三个小句连接成合乎英语逻辑规范的句型,并且使用了 no sooner...than 来对应"……才……早",逻辑关系更加清晰。原文"对他打趣个不亦乐乎"中的"不亦乐乎"如果译为 without stopping,则太过生硬,译者跳出了字面意思,将其简化为 unmercifully,可见,逻辑思维在翻译中占主导地位,有了理性的分析,才能够从具体到抽象,化繁为简,得到好的译文。

(二)翻译与形象思维

语言既是逻辑思维的工具,又是形象思维的工具。逻辑思维是一维

第六章 思维维度下的英语翻译问题研究

的,即线型的;而形象思维是二维的,其特点表现为形象性、概括性。例如,杨宓翻译的《名利场》是公认的名篇,其中就充满了译者形象思维的痕迹。

原文:

Sir Pitt Crawley was a philosopher with a taste for what is called low life. His first marriage with the daughter of the noble Binkie had been made under the auspices of his parents; and as he often told Lady Crawley in her lifetime she was such a confounded quarrel—some highbred jade that when she died he was hanged if he would ever take another of her sort, and at her ladyship's demise he kept his promise, and selected for a second wife Miss Rose Dawson, daughter of Mr. John Thomas Dawson, iron monger, of Mudbury. What a happy woman was Rose to be my Lady Crawley!

译文:

毕脱·克劳莱爵士为人豁达,喜欢所谓下层阶级的生活。他第一次结婚的时候,奉父母之命娶了一位贵族小姐,是平葛家的女儿。克劳莱夫人活着的时候,他就常常当面说她是个讨人嫌的婆子,礼数又足,嘴巴子又碎;并且说等她死了之后,死也不愿意再娶这么一个老婆子了。他说到做到:妻子去世以后,他就挑了莫特白莱铁器商人约翰·汤姆士·道生的女儿露丝·道生做填房。露丝真是好福气,居然做了克劳莱爵士夫人。

这一段里,"奉父母之命""讨人嫌的婆子""礼数又足,嘴巴子又碎""填房"等,让中国的读者听起来十分耳熟,这些形象立刻在读者的头脑中产生了相应的联想,使原作调侃的语气跃然纸上。试想,如果改成"由父母安排""令人讨厌的爱争吵的贵妇加泼妇""第二位夫人",其效果将大打折扣。尤其是最后一句,如果直译为"露丝做了克劳莱爵士夫人,她真幸福呀!"则完全没有译出原文的嘲讽口气,可见,形象思维对于翻译尤其是文学翻译是多么重要。

第二节　翻译思维的要素与运行模式

一、翻译思维的要素

（一）语言

语言的功能有很多，但是交际功能是所有功能中最基本的，具体可以从如下两个层面来理解。

1. 语言是最重要的交际工具

人类社会中的每个人都生活在一定的客观社会条件之中，人与人的交际是社会生活中的重要组成成分。人们往往用语言来交际，但是除了语言，还可以有很多种，如文字、灯光语、旗语、身势语等。文字的工具主要在于对语言加以记录，是基于语言的一种辅助交际工具，因此其与语言在历时和共时上都不能相比。灯光语、旗语是基于语言与文字而产生的辅助交际工具，因此也不能和语言相比。身势语是流传很广的交际语言，但是受各种条件的限制，往往会产生某些误会，因此也不能和语言相比。

通过上述分析可知，语言是所有交际工具中最重要的交际工具。

2. 语言是人类独有的交际工具

对于语言是交际工具，这在前面已经论述，但是这里所强调的是"人类独有"，其可以从两个层面来理解。

（1）动物所谓的"语言"与人类的语言有根本区别

"人有人言，兽有兽语。"动物与动物也存在交际，他们采用的交际方式也有很多，可以是有声的，也可以是无声的。但是，动物与动物之间这些所谓的"语言"与人类的语言是无法比拟的。

首先，人类语言具有社会性、心理性与物理性。社会性是人类语言的根本属性，因为人类的语言是源于人类集体劳动的交际需要。运用语言，人们才能够适应自然、改造自然。相比之下，动物的"语言"只是为了适应自然。

其次，人类的语言具有单位明晰性。人类语言是一种音义结合的词汇系统与语法系统，音、形、义各个要素都可以再分解成明确的单位。相比之下，动物的"语言"是无法分析出来的。

第六章　思维维度下的英语翻译问题研究

再次,人类语言具有任意性。语言是一种规则系统,人们使用语言对自己的言语加以规范。但是,语言系统本身的语素和词、用什么音对意义加以表达等从本质上说是任意的。相比之下,动物的"语言"在表达情绪和欲望时并无多大区别。

最后,人类语言具有能产性。人类的语言虽然是一套相对固定的系统,各个结构成分是有限的,但是人们能够运用这一有限的成分产生无限的句子,传递出无限的信息。相比之下,动物的"语言"是无法达到这一效果的。

（2）动物学不会人类语言

动物能否学会人类的语言?对于这一问题,显然是不能。如果能学会,那就不能说语言是"人类独有"的交际工具了。很多人说,鹦鹉等能够模仿人的声音,但是这也不能说他们掌握了人类的语言,因为他们只是模仿,只能学会只言片语。也就是说,这些动物不能像人类一样运用语言产生无限多的句子,也不能写出无限多的文章。因此,语言是动物不可逾越的鸿沟,能否掌握语言,也是人与动物的根本区别之一。

3.一种符号系统

在人们生活的世界上到处都包含符号的痕迹。例如,马路上的交通信号灯,绿色代表通行,红色代表禁止通行,黄色代表等待。医院里面会张贴禁止吸烟的标志,告诉人们不可以在医院吸烟。在过节时,中国人习惯贴福字,这是为了表达对来年的祝福。天气阴沉代表着要下雨。某处浓烟滚滚可能预示着之前发生过火灾。再如,路上爬行的蚂蚁当碰到其他蚂蚁时会相互触碰触角,以传达哪里有食物;猎人根据动物留下的足迹可以找到哪里出现过猎物等。显然,符号以及符号活动时时刻刻存在。

（二）记忆

人类对于信息的认知和加工有赖于大脑的机能。认知加工是认知心理学的一个重要研究范畴。众所周知,信息输入和输出之间发生的内部心理过程以及大脑发生的反应犹如一个"黑箱",我们无法直接观察。大脑的信息处理过程不仅要从生理基础来看,而且还要从心理机制来看。思维过程首先是一种记忆的过程,因为思维要对外界符号信息进行加工处理,头脑中就必须已经存在用于被加工的信息储备,这样才能被思维活动提取出来加以处理。从信息加工理论来看,人类信息加工系统包括输入装置、输出装置、中间的记忆装置和围绕着它的控制装置。在人类的理解过程中,外部的信息都必须使用一系列的心理结构来编码、存储和提取,其核心部分是记忆。

　　心理学认为,"记忆是一个复杂的心理过程。它包括识记、保持、再认或回忆三个基本环节。"也就是信息加工理论所说的信息编码、存储和提取的过程。首先来看记忆的编码和存储。大脑信息系统中的信息就是信息记忆,就是储存在各神经元的连通关系中的信息。如何把记忆的信息放在合适的形式里,以备日后使用,这就涉及对信息的编码。从信息的角度出发,人们假设了三种不同类型的记忆:感觉记忆、短期记忆和长期记忆。感觉记忆以感觉器官如视觉、听觉和触觉等为基础,把我们日常碰到的各种颜色、声音、图像、文字、气味等原始的、未经分析的形式储存起来。刚听完一首歌曲,耳朵里似乎还留有一些音乐,这就是感觉记忆。感觉记忆的容量很大,但衰退的速度也很快,如果不进入短期记忆,很快会被后来的信号取代。短期记忆一般被认为是个缓冲器,暂时寄存从感觉记忆输送来的信息以及从长期记忆提取出来的信息。而长期记忆,就是头脑中原有储备的数据和信息,它们可以长期保存。

　　综上所述,大脑的记忆存储起源于感觉记忆,而后,由短期记忆来处理其中有用的信息,再通过长期记忆系统的相应调整将新信息和原来的信息联系起来。比如,我们的记忆里首先存在"兰州是中国西北的一座城市"这样的记忆,随着我们对兰州的熟悉,新的记忆不断加入到原有的记忆中,如全国知名的兰州牛肉拉面、兰州的气候冬暖夏凉等,于是,当我们再回忆起"兰州"时,记忆存储中就有了许多新的内容可供提取。记忆的另一方面便是对记忆的提取。前面提到,短期记忆作为感觉记忆和长期记忆之间的缓冲器,它暂时储存从长期记忆中提取出的信息,当遇到感觉记忆时,便可对其进行加工。"通过把经验中的内容和记忆中相似的内容相匹配,然后提取有关的信息,是我们记忆的首要的,也许是唯一的方法。"例如,大学英语四六级考试里有一道题叫复合式听写,它就是着重考察学生们这三种记忆的存储和提取的。它要求学生在听见录音播放到要听写的内容时,迅速将听到的词语和句子写出来。

　　在这个过程中,英语掌握熟练的学生能够把听到的语音语调等原始素材存入感觉记忆,并立即和自己长期记忆中的单词、句型等"相似块"进行匹配,分析出听写内容,这样原始素材便被加工成语言符号的形式,被存储进学生的短期记忆中,学生再利用录音播放的空余时间将短期记忆中的语言符号输出并写下来,这样就完美地达到这项考试的要求。然而,不同学生由于英语水平不同,并不能够达到最理想的要求。比如,录音播放时有些同学只能捕捉到一些语音的模糊概念,由于大脑中并没有储存这些语音所代表的词汇的长期记忆,因此他们捕捉到的模糊声音素

第六章　思维维度下的英语翻译问题研究

材停留在感觉记忆阶段,无法进入短期记忆进行加工,瞬间就被大脑遗忘。还有些同学通过进入感觉记忆的语音等原始素材与自己的长期记忆匹配之后分析出了所要求填写的词汇,但是在把词汇存入逻期记忆的这个阶段出现问题,短期记忆没有记住这个词,最终也被大脑遗忘,无法达到输出。可见,短期记忆水平是可以通过训练提高的。

现代记忆学研究从生物学角度认为:"记忆最终是以生物学为基础的加工,'药物、激素、神经递质和点刺激都会影响记忆的操作或者改变与记忆形成、储存和提取有关的生理结构。'"记忆存储在大脑中什么位置至今仍然是一个未解的谜,但是科学家们经过实验发现,不同种类的记忆储存在大脑中的不同部分,如颞叶、顶叶都有保存记忆的证据。而且,一个记忆信息应当是被大脑分散存储在多个脑细胞中,这样如果有哪个细胞死亡了,也不会使整个信息丢失。

短期记忆和长期记忆的信息容量不同。短期记忆的容量有限,而长期记忆的容量是无限的。心理学家米勒对短期记忆和长期记忆的储存容量做过研究,他用"组块"(chunk)作为测量短期记忆的最小单位。组块是指"将若干小单位联合成大量块的信息加工,一个'块'是一条有联系的信息,其中的一部分有助于另一部分的记忆"。例如,英文单词就是很常见的组块,几个字母组合在一起形成了一个具有意义的单词,monkey这六个字母组成一个单词后,大脑便将其视为一个信息。米勒在实验的基础上证明了人的短时记忆的容量是 7 ± 2 个组块(即在 5—9 之间),因此我们可以通过利用组块来促进记忆。例如,人们设置的密码,常常就是通过将一串数字组合成组块来加深记忆的。

总的来说,大脑对记忆的使用主要包括两个方面,即记忆的编码保存和记忆的提取。大脑通过感觉器官接收到外界信息时,需要对其进行一定的编码以便形成短期记忆或者长期记忆储存在大脑中,这就是记忆的编码过程。同时,大脑也会通过调取自身储备的记忆信息来达到对新信息的理解和记忆,这就是记忆的提取过程。关于记忆的信息编码,有科学家把它分为视觉、听觉和语义编码三种形式。根据信息加工理论,信息在大脑中的加工模式可以用这三种记忆体来表示,如图 6-1 所示。

认知心理学把大脑比作计算机的信息加工系统,认为无论是人还是计算机的信息加工系统本质上都是符号操作系统。相关学者认为,信息加工系统主要由四部分组成:感受器(即人的感觉系统)、效应器(即信息的输出设备或器官)、中央处理器(总控制器)和记忆装置(即长时记忆或人的知识储备),具体如图 6-2 所示。

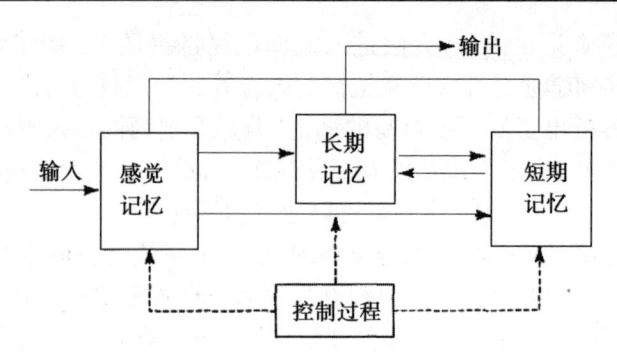

图 6-1　信息在大脑中的加工模式

（资料来源：陈浩东等，2013）

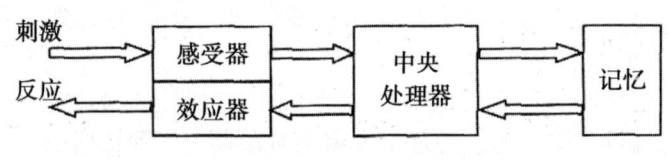

图 6-2　信息加工系统的构成部分

（资料来源：陈浩东等，2013）

具体到翻译的过程来看，它是一种特殊的语言认知和加工模式。翻译是源语到译语的语言符号转换，其认知加工过程从源语符号对译者的感官刺激开始，经过输入、加工、转换、重组等过程，最后形成反应（即译语）输出。

二、翻译思维的运行模式

语言是反映思想的符号系统，符号的意义则深深根植于千百年来历史创造的文化之中。具体到英汉和汉英语言符号转换的问题，要分析翻译的符号转换，应当从词、句、篇等语言信息系统的若干方面来看。然而，翻译操作基本上发生在词、词组、小句和句上，下面从翻译的操作级层，即词、词组、小句和句子入手，用符号学的观点分析说明双语语言符号的转换过程。

（一）词的转化

英语词和汉语词相比，形态特征要强得多。形态在英语的词类划分上起着相当重要的作用。汉语则基本上是根据词在上下文中的功能来确定其词性的，这是因为汉语词的形态特征的普遍性远不如英语。例如，"光荣"一词，在"集体的光荣"中是名词，在"光荣事迹"中是形容词，在"光

第六章　思维维度下的英语翻译问题研究

荣负伤"中是副词；英语词只凭自身的屈折变化便可表现词性：glory, glorious, gloriously。

又如：

The clergyman is reading the marriage service for the couple.

句中 read 一词极简单常用，但是在词典里却找不到一条适合此语境的现成词义。译者只能通过语用意义，对上下文进行分析。西方人结婚仪式在教堂由牧师主持，而牧师惯常照本宣读(read)《圣经》。因此，这句话可以译为：

牧师正为一对新人主持结婚仪式。

有科学家运用"心理词库"来描述词汇的理解过程。所谓心理词库，就是储存在人脑长期记忆中的词汇知识。有些科学家认为心理词库就好像一张网，词与词之间有着千丝万缕的联系，而这些联系方式可以从语义、语音、词汇、并列、搭配、同义等关系分类。读者的心理词库越大就可以激活越多的词汇，之后再根据具体语境选择合适的一个。

再如，双关语就是利用了词汇的不同含义，或者利用同音异义的词语，使某些词语具有双重含义，构成了含而不露、生动幽默的修辞效果。翻译双关语时尤其需要注意词汇层面的不同意义。美国独立战争中著名的"If we don't all hang together, then surely, we will all hang separately."这句话利用了 hang 的不同意义达到双关的修辞效果。

在译者的大脑中 hang 一词会产生出多个意义：a1=悬挂；a2=（动作的）暂停、中止；a3=装饰；a4=绞死；a5=踌躇；a6=悬而未决；a7=垂下；a8=（hang together）团结一致……根据上下文语境，译者找到两个 hang 的合适意义，即，a8=团结一致和 a4=绞死。并形成译文：

如果我们不能紧密团结，那么必然要被一个个绞死。

在双关修辞中，词汇符号三重意义中的句法意义大多数情况下无法顺利传递，这是由英语和汉语语言结构上的差异使然。但是，也有既传义又传神的翻译出现，这对译者头脑中相似块的要求很高。也就是说，译者对两种语言非常精通，能够寻觅到译语中保留双关这一语法意义的对等翻译。例如，英语里有一个谜语："Why is the river rich?—Because it has two banks."

bank 可用作"银行"和"河岸"来说，如果按照字面翻译，它的双关意义只能取其一，然后再使用注释解释清楚它的双关意义：

为什么河流如此富有？——因为它有两个银行（在英语中 bank 也有河岸的意思）。

很显然，这样的注释令这个双关语的修辞效果大打折扣，虽然其语义关系得到了传递,但是句法关系和语用关系的传递量为零,从符号学三种关系的翻译观来看,这样的翻译属于低级水平。有人把这个谜语译为:

为什么河流总是富有的?——因为它总是向前(钱)流。

这个译法非常巧妙地使用了中文里"前"和"钱"的同音异义关系,很好地保留了这个谜语里 bank 的句法关系,同时使得语用关系也可以顺利传递给译文的阅读者。再如:

What is the smallest bridge in the world?— A nose bridge.

世界上最小的桥梁是什么?——鼻梁。

因为汉语里有相同的说法,所以这个谜语里 bridge 的双关意义得到了有效传达。

(二)词组的转化

词组的转换比词语复杂。我们将词组的转换过程描述为:译者通过一个词组的语音、类型等句法关系对它进行识别;进入大脑后产生出这一词组的语义关系所对应的多个概念意义;然后,词组的语用关系发生作用,译者根据其语境判断选择出一个最适合的意义,将其运用到表达中去。例如:

When did you take up basketball?

译者大脑根据其相似块的多少,对词组 take up 会产生出一系列的概念:拿起,开始(从事于),继续,接纳(乘客),装载(货物),采纳(观点),接收(挑战),占据(时间、地位、注意力)等。但是根据上下文,这里是"开始打篮球"的意思,所以选择"开始(从事于)"之意。

词组的转换形式多种多样,以英汉两种语言中最为普遍的动宾短语(V+O)为例,有以下几种常见的转换类型:

(1)V+O_1+O_2(英) → V_1+O_1/O_2+V_2+O_2/O_1(汉)

英语的有些动词可以带双宾语,可是汉语没有这样的搭配,在转换时通常针对两个宾语分别使用两个动词,即汉语的连动式。例如:

He brought me the good news.

他给我带来了好消息。(或:他给我带来了好消息。)

汉语连动式的特点是两个或者两个以上的动词与主语发生主谓关系,英语语法中一个句子只能有一个谓语动词。

(2)V+O(英) → V_1+O+n.(汉)

英语中有些动词的概念在汉语中很难用动词表达,经常需要转换成名词才能表达原文的意思。例如:

He impressed me deeply.

他给我留下了很深的印象。

（3）V+O(汉) → *prep.*+O(英)

英语的介词很丰富，其运用也很广泛，在汉语中要用动宾词组的地方，转换成地道的英语，常常需要使用介宾词组。例如：

警察在捉拿他。

The police is after him.

又如：

老师不顾生病，仍去上课。

The teacher went to give lectures in spite of her illness.

（4）V+O(汉) → *adj./adv.*(英)

汉语中某些表示情感、知觉等心理状态的动词短语在英语里常转换成形容词或副词。例如：

我非常熟悉这里的情况。

I am very familiar with the situation here.

又如：

他回来的时候，收音机还开着。

When he went back, the radio was still on.

再用汉语的连动式词组来举例。汉语的 $V_1+O_1+V_2+O_2$ 的连动式词组形式在转换成英语的时候除了上面提到的使用双宾语，即 $V+O_1+O_2$ 外，还可有其他的处理方式。

（1）表示前后顺序关系时，可以转换成 and 连接的并列句，或者分词结构。例如：

她打开门走出去。

She opened the door and went out./Opening the door, she went out.

（2）表示目的时，可以用英语的不定式，或者介词词组来翻译。例如：

她去饭店吃饭。

She went to a restaurant to have dinner./She went to a restaurant for dinner.

（3）表示方式和状态时，可以用分词或介词词组来翻译。例如，《围城》第一章中的句子：

母亲忙使劲拉他，嚷着要打他嘴巴。

His mother yanked him away, threatening to slap him.

再如：

小孩子不回答，睁大了眼，向苏小姐"波！波！"吐唾沫，学餐室里养的金鱼吹气泡。

Without answering, the child opened his eyes wide and went, "Poo, poo," at Miss Su, spitting out saliva in imitation of the goldfish blowing bubbles in the tank in the dining room.

英语的介词数量多，介词词组运用甚广。汉语介词的数量相比之下少得多。英语介词的功能也特别强大，一些常用的介词，如 of, at, by, for 等，他们的意义常常有几十种。介词词组大量使用是英语语言的一大特色。汉语的动词优势和英语的名词及介词优势是进行英汉互译时必须考虑的转换基础。例如：

我们边吃饭边谈吧。

Let's talk over the meal.

汉语的动词转换为了英语的介词加名词。

she is onto us, and we are in for trouble.

翻译成汉语时，就得启用相应的动词词组才能够传达介词词组 onto us 和 in for trouble 的意义：她在监视我们，我们要遭殃了。

林肯总统脍炙人口的名篇《葛底斯堡演说》中的最后一句话："and that government of the people, by the people, for the people, shall not perish from the earth."

这里一连用了三个介词词组 of the people, by the people, for the people，表达非常精练，意义非常到位。翻译成汉语，必须要使用动词才能最恰如其分地将意思表达出来：民有、民治、民享——孙文的翻译堪称一绝。若译为：属于人民，治于人民，为了人民，虽然更口语化，但不够言简意赅。

从以上的分析可以看出，源语的词组符号进入译者大脑中，大脑以组块的方式进行编码和存储，并进行记忆提取进行理解，如上面几例，输入的是汉语动词词组，经过语义编码内化成内部语言，再经过与英语相关记忆的匹配，内部语言经过解码后输出，成为介词词组或者名词词组。

英语与汉语中名词中心词的修饰语的位置也有所不同。汉语的修饰语即定语，不管是什么词性，形容词、名词、词组等一般都是放在中心词之前，而英语的修饰语一部分放在中心词之前，一部分需放在后面，即语法上所说的定语后置。有些学者这样总结："汉语中心词之后是封闭的，朝前是开放的，要增加修饰语就向左扩展。英语中心词的两端都是开放的，但向前，即向左扩展是有限的，而中心词之后，即向右扩展是自由的。"

汉语词组"被几个孩子围住在中间的两位个子高高的年轻的小学老师"其对应的英语应为 two young and tall primary school teachers surrounded by several children。可见，汉语名词中心词的位置一个在后，修饰语统统放在中心词的前面；一个在中间,英语名词中心词真正处于"中心"的位置,修饰语可以放在前面,也有放在后面的。

(三)小句的转化

英语的小句有限定性和非限定性之分,也就是通常所说的简单句和从句。英语的小句都是由 NP（名词词组）+VP（动词词组）组成的,其突出的特点是主谓一致。汉语中的简单句和复句中的分句一般可分为主谓句和非主谓句。主谓句按其谓语类型又可分为动词性、形容词性、名词性和主谓谓语句。非谓语句则是由词或除主谓词组以外的词组组成的小句,根本没有主语。例如：

下雨了。

即使是主谓句也有很多无法用印欧语系分析的情况。例如：

王冕七岁上死了父亲。

若按照英语的结构来分析,就成了"王冕""死了"。显然,汉语的主谓无法完全用 NP+VP 的结构来描写。可见,英语的主谓具有明确的形式结构特征,而汉语主谓则主要是一种语义结构。正如赵元任所说,"主语和谓语的关系可以是动作者和动作的关系,但在汉语里这种句子(即使把被动的动作也算进去,把'是'也算进去)的比例是不大的,也许比 50% 大不了多少。因此,在汉语里把主语、谓语当作话题和说明来看待,比较合适"。这两个例句翻译成英语时,就应当将结构理清,找出真正的主语：

It rains.

Wang Mian was only seven when his father died.

汉语句子中动词占优势,一个句子可以出现多个动词,没有什么形态变化,使用起来很方便。小句与小句之间靠意义连接,可断可连,这就是所谓的"意合"。如《围城》第二章中有一个长句：

后面那张照的新闻字数要多一倍,说本埠商界闻人点金银行经理周厚卿快婿方鸿渐,由周君资送出洋深造,留学英国伦敦、法国巴黎、德国柏林各大学,精研政治、经济、历史、社会等科,莫不成绩优良,名列前茅,顷由德国克莱登大学授哲学博士,将赴各国游历考察,秋凉回国,闻各大机关正争相礼聘云。

这一个句子中包含了好几个小句,动词用了十几个,每一个动词的施事者不尽相同。这些小句能够组合在一个长句中,在英语句子里是不可想象的。在翻译时,必定要根据英语的句子结构,做相应的调整。

The caption under the second picture was twice as long: "Fang Hung chien, the gifted son-in-law of Chou Hou-ching, a prominent local businessman and general manager of the Golden Touch Bank, recently received his doctorate of philosophy from Carleton University in Germany after pursuing advanced study abroad under Mr.Chou's sponsorship at the Universities of London, Paris, and Berlin in political science, economics, history, and sociology, in which he made excellent grades and ranked at the top of his class. He will be touring several countries before returning home in the fall. It is said that many major organizations are vying for him with job offers."

英语中也有一些句子结构是汉语中少见的或者没有的,如定语从句以及后置定语等。一般将其译为前置定语。但是,有些定语从句确实很长,给人以叠床架屋之感,理解起来很费神,一般将其分译成句。例如,《名利场》第十二章中的一句话:

Has the beloved reader in his experience of society never heard similar remarks by good-natured female friends, who always wonder what you can see in Miss Smith that is so fascinating; or what could induce Major Jones to propose for that silly insignificant simpering Miss Thompson, who has nothing but her wax-doll face to recommend her?

在杨苾的译本中就是使用了定语前置和分译成句两种方法来处理其中的三个定语从句:

亲爱的读者,当你在交际场里应酬的时候,难道没有听见过好心的女朋友们说过同样的话吗?她们常常怀疑斯密士小姐究竟有什么吸引人的地方。她们认为汤姆生小姐又蠢又没意思,只会傻笑;脸蛋儿长得像蜡做的洋娃娃,其他一无好处;为什么琼斯少佐偏要向她求婚呢?

英语里的动词非谓语形式、形容词词组、介词词组构成的长句也比较多,这些长句翻译成汉语一般也分译成句。例如,《名利场》第十五章中:

Putting her handkerchief to her eyes, and nodding away honest Briggs, who would have followed her up-stairs, she went up to her apartment; while Briggs and Miss Crawley, in a high state of excitement, remained to discuss the strange event, and Firkin, not less moved, dived down into the kitchen regions, and talked of it with all the male and female company there.

她把手帕蒙了脸上楼。老实的布里格斯原想跟上去,利培对她点点头,请她自便,然后回房去了。克劳莱小姐和布里格斯激动得不得了,坐下来议论这桩奇事。浮金也是一样的兴奋,三脚两步跑下楼梯,把消息报告给厨房里的男女伙伴听去。

(四)句的转化

首先,从简单句来看。英汉语简单句的最大差别就是主谓关系了。英语句子重逻辑,主谓是句子的灵魂,一个句子必须要有主语和谓语才算完整;而汉语则注重意思的表达,对主谓形式并不看重。英语简单句呈以主谓为主轴、动词谓语为核心的中心辐射样态,汉语简单句呈无主谓主轴、无动词谓语核心的平铺直叙样态。一般来说,英语的简单句有以下七种基本句型。

SV 主+谓
He laughed.

SVC 主+谓+主补
Badminton first appeared in Britain.

SVO 主+谓+宾
We had a very good friend.

SVO_1O_2 主+谓+双宾(直接宾语+间接宾语)
He gave me a lot of help.

SVOC 主+谓+宾+宾补
We must make people aware of the dangerous situation.

SVS 主+谓+状
Great changes have taken place in my hometown.

SVOA 主+谓+宾+状
We put the ball behind the door.

对于汉语来说,要想归纳出简单句有多少种句型,无疑是一个艰巨的任务。其实,由于汉语的意合及形式散疏的特点所决定,汉语的句型无法通过结构进行简单归类,简单句中可以没有主语,甚至也可以没有谓语。汉语主要依靠意义来连接句子,这个意义当中包含了很多方面,如说时间先后顺序、因果关系、方式方法、并列转折、让步等。例如:

他吃了早饭上学去了。(时间顺序)

妈妈没钱不能买。(因果关系)

用这把钥匙开门。(方式)

题不会做也没关系。(让步)

天气晴朗,万里无云。(并列)

痛并快乐着。(转折、并列)

因此,我们在翻译的时候,汉语依靠意义连接的句子就要转换成英语的主谓为主轴的结构,而英语转换成汉语的时候,则要把英语的动词中心

转换为汉语的意义连接。这种句法层面上的不同导致在翻译简单句的过程中,语言符号的句法意义常常无法传达。例如:

我们在去年夏天就已经通过网络的帮助买到了这种稀缺的药物。

这个汉语句子通过时间顺序和方式关系等意义连接而成,如果用英语来说,就是:

With the help of the Internet, we bought the scarce medicine last summer.

从复合句来看,由两个或两个以上的小句构成的句子称为复合句,英语的复合句包括并列复合句(由连词 and, but, as well as 等,副词如 moreover,介词短语如 by the way 等)连接的复合句,以及主从复合句(各类从句)。汉语也有一些关联词,有很多句子用上了关联词,如表示原因的"因为……所以""既然……就",表示转折的"虽然……但是""不然""反而",表示让步的"宁愿……也不"等。如果我们把这些用上关联词的句子称为形合复合句的话,那么意合复合句,即通过意义连接的汉语句子则更具有汉语特色,是英语中所没有的。和简单句一样,通过各种意义或者内在逻辑关系组合而成的复合句则需要我们在翻译成英语时补充相应的连接词。例如:

我们要赶紧回家,天都黑了。(表示原因)
我们要赶紧回家,去看看他来了没有。(表示目的)
秋高气爽。(表示并列)
We have to hurry home, for it is dark now.
We have to hurry home to meet him.
It is an autumn day with clear sky and crisp air.

英语词语与汉语词语最明显的差别就是有无形态的变化。英语动词有时态、人称和数的变化,名词也有数的变化,而汉语词语完全没有这样的概念。比如,由于英语在时态上有严格的动词形式的变化,往往不加时间状语就可以表示出过去、现在或者将来的含义,而汉语没有动词形式的变化,完全靠时间状语或助词、语气词等来表达时间概念,这也是我们在句子翻译层面需要注意的问题。例如:

We had a very good time together.

had 一词在译者大脑中立刻产生了时间的概念,在翻译中必须依靠添加语气词"了"以表示过去的概念,译为:"我们在一起度过了一段美好时光。"

再看电影 The Bodyguard 中的对话:
——"She was my wife."

第六章 思维维度下的英语翻译问题研究

——"Was?"
——"She died."

英语中简单的几个词构成的句子,翻译成汉语就需要加一些时间状语才能表达清楚。

——"她曾经是我太太。"
——"曾经?"
——"她已经去世了。"

英汉两种语言的不同及原因有如下的总结:

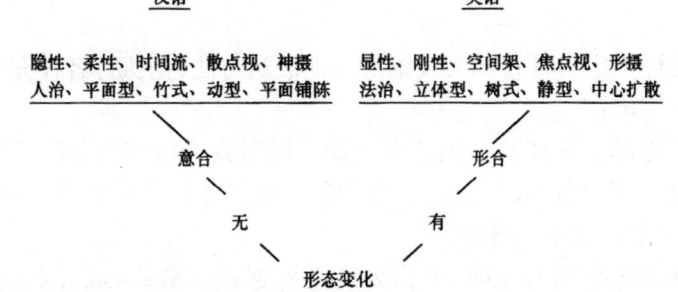

汉语　　　　　　　　　　　英语

隐性、柔性、时间流、散点视、神摄　　显性、刚性、空间架、焦点视、形摄
人治、平面型、竹式、动型、平面铺陈　　法治、立体型、树式、静型、中心扩散

意合　　　　　　　　　　　　形合

无　　　　　　　　　　　　　有

形态变化

此外,英汉句子的语序时有不同,英汉句子的重心也有所不同。在复合句中,英语的主句一般放在句首,重心在前,而汉语一般按照逻辑和时间顺序,主要部分放在句尾,即重心在后。例如:

I am amazed at how he did it without any complaint.
他毫无抱怨地完成此事让我非常吃惊。
天黑了,孩子们都回家吃饭了。
The children went home for dinner when it became dark.

另外,与汉语相比,英语语句中被动语态使用得更加广泛,凡是不必、不愿或无法说出动作的执行者的句子,都可以使用被动语态。汉语也有用一些词汇手段表达被动的概念,如"被""挨""受""让""叫""给"等。不过有很多的被动含义通过主动句中暗含被动来表达,或者在表达意思时往往要指出动作的执行者,在无法或不必不愿说出动作执行者的情况下也要用泛指人称作主语,如"人们""有人""他们""我们""大家"等。例如:

窗户已经关了。
The window has already been closed.
这里的小学教英语吗?
Is English being taught in primary schools here?
Smoking is not allowed here.

这里禁止吸烟。

She was seen to be here for a moment.

有人看见她在这里待了一会儿。

在《名利场》第一章里有一句话,里面使用了两处被动语态,没有提到动作的执行者。

In geography there is still much to be desired; and a careful and undeviating use of the backboard, for four hours daily during the next three years, is recommended as necessary to the acquirement of that dignified deportment and carriage, so requisite for every young lady of fashion.

杨宓译本中将其转换为汉语的习惯表达方法,把执行者补充完整,作为句子的主语:

可惜她对于地理的知识还多欠缺。同时我希望您在今后三年之中,督促她每天使用背板四小时,不可间断。这样才能使她的举止风度端雅稳重,合乎上流女子的身份。

在翻译这样的句子时,就需要译者根据译入语的习惯,重新组织句子结构,改变语言符号三种关系中的句法关系,使翻译更贴近译语的表达习惯。

我们将句子的转换过程描述为:句子进入大脑通过句法关系识别出语义,语言编译机制按照译语的句式习惯将识别出的语义编译并输出译入语的句子。需要注意的是,与词和词组不同,对于句子的转换来说,它的语用关系是上下文的语体,因此,在转换中语体色彩也要发生作用。例如,《名利场》第三章描写乔瑟夫的逍遥生活的一段话:

Luckily at this time he caught a liver complaint for the cure of which he returned to Europe; and which was the source of great comfort and amusement to him in his native country. He did not live with his family while in London, but had lodgings of his own like a gay young bachelor...

最后一句话的翻译就需要结合上下文的语体色彩,如果按照字面译成:

在伦敦,他没有和家人住在一起,而是自己单独过着快乐的单身汉的生活。

这样就没有译出上下文中那种戏谑的口气。

他在伦敦的时候不和父母住在一起,却拿出风流单身汉的款儿来,租了房子另过。

一个享乐青年的形象立刻跃然纸上,非常符合上下文对乔瑟夫的

第六章 思维维度下的英语翻译问题研究

描写。

以上,我们从符号学的句法关系、语义关系和语用关系等三个方面,分析了英汉双语符号转换中,词、词组、小句以及句的转换过程。作为翻译思维的外在运行模式,这个语际转换的过程在符号学中又被称为符号的换码。源语符号代码所包含的多种信息和多重意义需要我们弄清楚,一并传达到译语符号中。译者在换码过程中,需要对两种语言的句子进行句法、语义和语用等三个层次的理解,尽可能将源语多重意义表达出来,达到"神似"的翻译境界。

简单来说,语言符号的转换过程开始于大脑对一个语言符号的识别。大脑通过一个语言符号的句法关系(包括语音、语法和修辞等)进行识别,如果译者大脑中储存有这个语言符号的"相似块",那么就很容易在大脑中产生出这个语言符号的语义关系,即它的意义。然而一个语言符号的意义可能有许许多多,在不同的上下文语境中的意义是不一样的,而且在特定语境中,它还能传达一种或多种"言外之意",究竟应该选取哪一个?这时候,符号学最为强调的语用关系开始发挥作用,大脑最终选择出最为适合的意义,并分析出它的各种语用意义。当然,大脑选择出了语言符号对应的"概念"之后,还要通过语言编译机制将"意义"编译成译语的文字表达出来。我们可以用图表对这个双语语言符号的转换过程进行描述:

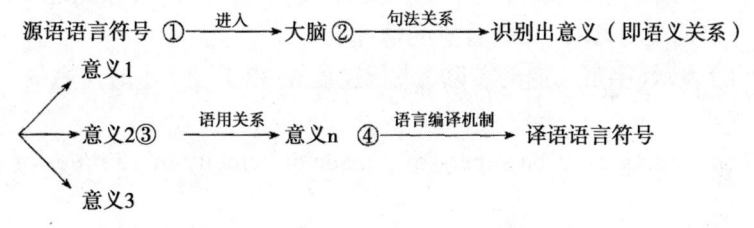

源语语言符号 ① —进入→ 大脑 ② —句法关系→ 识别出意义(即语义关系)

意义1
↗
→ 意义2 ③ —语用关系→ 意义n ④ —语言编译机制→ 译语语言符号
↘
意义3

在译者大脑中,这四个步骤的发生有时在瞬间内就完成了,有时则需要苦思冥想;句法、语义和语用关系的发生作用有时也不是按部就班地进行,常常是三者结合,尤其是在判断选择意义的时候,语义关系和语用关系往往同时发生作用。译者的元认知知识在这三种关系中进行着调节和控制,最终完成翻译过程。

第三节　思维维度下英语翻译的具体策略

一、思维维度下英语词汇的翻译策略

(一)根据搭配确定词义

英语和汉语都有各自固定的搭配习惯,因此在翻译时应当充分考虑习惯搭配,遵从这些习惯的表达方式,从而更准确地进行翻译。例如,动词 work 在以下不同的搭配中具有不同的词义。

My watch doesn't work.

我的表不走了。

The new regulation is working well.

新规定执行得很顺利。

The sea works high.

海浪汹涌起伏。

再如,soft 这个单词,其基本含义为"软的""柔的",除此之外,还有其他许多词义,具体词义则看搭配情况。

(1)表示(宇宙飞船的着陆)飞行速度在 32 公里/小时左右的;软着陆。例如:

The landing must be super-soft, made at velocity of 18 miles or so an hour.

这次着陆一定是超级的软着陆,即着陆时的飞行速度在每小时 18 英里(约 29 公里)左右。

(2)表示(导弹设施等)无坚固掩护工事的;可攻破的。例如:

a soft aboveground launching site

无坚固掩体的地面发射基地

The record of the running race of 100 metres has been considered soft ever since it was set last year.

自从去年创造了这个 100 米赛跑纪录以来,人们一直认为它是很容易被打破的。

(3)表示(情报等)非百分之百可靠的。例如:

At this stage there is only soft intelligence about the opponent intention. We should not shoot him from the hip.

目前,关于对手的意图还只有不太充分的情报,我们不能鲁莽行事。

(4)表示(麻醉毒品)毒性较轻的;软性的。例如:

Marijuana is usually regarded as a soft drug.

大麻通常被看作软性(毒性较轻的)麻醉毒品。

(二)根据词性确定词义

英语中有很多单词具有多个词性,当词性不同时,其意义也不同,因此我们应该学会以词性为依据进行词义判断。以 round 为例,请看下面几句:

They are dancing in a round.

他们围成一圈跳舞。(名词)

The girl's eyes rounded with excitement.

女孩兴奋得眼睛睁得圆圆的。(动词)

The Earth is not completely round.

地球并不是完全圆的。(形容词)

He worked round the day.

他工作了一整天。(介词)

可见,译者在翻译过程中要灵活转换思维,首先判断词的词性,然后根据搭配和上下文语境准确确定词义。

(三)根据上下文确定词义

有时候我们虽然弄清了一个单词的词性,但要想得到其确切含义,仍需要借助于上下文提供的各种线索进行合理分析,做出科学推理,最后得到确切词义。可见,根据上下文判断词义是译者需要掌握的一个重要方法。例如:

I hate to see a story about a bank swindler who has jiggered the books to his own advantage because I trust banks.

因为我信任银行,所以我讨厌看到银行诈骗犯篡改账目、损人利己的报道。

本例中的 story 和 books 都是很常见的英语词语,但根据上下文线索,story 应当表示"报道、新闻或新闻报道",books 则表示"账目"。

再以 move 一词为例,当该词处于不同语境时,其含义也常常发生变化。

Share prices moved ahead today.

股票价格今日上扬。

That car was really moving.

那辆车跑得可真快。

Work on the new building is moving quickly.

新大楼的工程进展得很快。

(四)灵活进行词义的引申

英汉语词汇各有其特征,存在很大差异,一些词汇有时候并没有使用本身的原始意义,而是使用了派生意义,这种现象就是词汇的引申。在英汉翻译中,为了达到忠实原文的目的,应该对在译语中所选择的词语进行仔细斟酌和揣摩。引申作为英汉翻译的重要方法,是指根据上下文的内在联系,通过词、词组甚至整句的字面意义由表及里,进行恰如其分的引申,选择适当的汉语表达法,将原文信息准确传递出来。

词义引申根据引申义与本义的差异大小,还可分为三个层次,即近似引申、深化引申、升华引申,如表6-1所示。

表6-1 词义引申的三层次

近似引申	指接近本义,但又不为本义所限的引申。
深化引申	赋予新义,但与本义在字面上仍有蛛丝马迹的联系
升华引申	指出自本义但在字面上远离本义

(资料来源:包慧南,1999)

下面举例介绍这三个层次的引申。

In order to get a large amount of water power we need a large pressure and a large current.

为了得到大量水能,我们需要高水压和强水流。

上述例子属于近似引申,large 的基本含义是"巨大的",但当用于修饰 pressure 时,由于搭配的原因,它的汉语词义发生了变化,汉语中只有"高压"这样的搭配,而没有"大压"这样的搭配。后面的 large current 被翻译成"强水流"也是一样的道理。可见,译文通过近似引申很好地传达了原文的意思,又符合汉语的表达习惯。

A scientist constantly tried to defeat his hypotheses, his theories, and his conclusion.

科学家经常设法否定自己的假设,推翻自己的理论,并放弃自己的结论。

上例属于深化引申。英语中一个动词可以同时享用几个宾语,这不同于汉语,汉语中的动词由于词义范围比较狭窄,各自所带的宾语非常有限。因此,在翻译过程中,必须考虑两种语言之间的差异,恰当地选择词语,使得汉语译文符合汉语表达习惯。

In older cranes that have already paired off, dancing reinforces the union—it's a sort of annual renewal of "vows".

对自己有配偶的成年鹤来说,舞蹈会加强相互之间的结合——这成了每年都要举行的一种重温"山盟海誓"的仪式。

上例属于升华引申,译者将 renewal 一词译为"重温……的仪式"是升华了 renewal 的基本词义。

(五)准确判断词义的褒贬

词有褒贬作用,可以表达任何有截然相反感情色彩的意思。因此,在翻译过程中,译者不要盲目进行翻译,要弄清楚词义的褒贬,再准确进行表达。具体来说,译者主要会碰到以下三种情况。

(1)有些词本身就有明确的褒义或贬义,汉译时做相应的表达。这类词汇有很多,例如:

renown(褒义)
praiseworthy(褒义)
honest(褒义)
polite(褒义)
honorable(褒义)
glory(褒义)
famous(褒义)
brave(褒义)
wise(褒义)
notorious(贬义)
boast(贬义)
coarse(贬义)
treacherous(贬义)
wicked(贬义)
evil(贬义)
immoral(贬义)
greedy(贬义)

请看下面几例,原文都表达出了明显的褒贬倾向。

He was a man of high renown.

他是个很有名望的人。

The magnificent TV tower is the glory of the city.
宏伟的电视塔是这座城市的荣耀。
She boasted that she was a relative to the president.
她吹嘘自己是总统的亲戚。
We were shocked by his coarse manners.
他的粗俗举止令我们震惊。

（2）某些英语词语汇集褒义和贬义于一身，汉译时要根据原句的上下文和语境来确定这些词汇的褒贬意义。例如：

Underneath his politeness, there was deceit and cunning.
在他的彬彬有礼的伪装下，隐藏着欺诈和狡猾。
With cunning hand the sculptor shaped the little statue.
雕刻家以灵巧的手艺刻成了这个小巧的雕像。
She has a cunning little kitten.
她有只可爱的小猫。

上述三句都有 cunning 一词，其褒贬含义要根据句意确定。再如：

Many people think that he is one of the most ambitious politicians of our times.
很多人认为他是现今最有野心的政客之一。
I advise you not to be politically ambitious.
我奉劝你不要有政治野心。
Although he is very young, he is very ambitious in his research work.
虽然他很年轻，但在研究工作中很有雄心壮志。

上述三句中都有 ambitious 一词，到底是贬义还是褒义也要根据语境和作者的态度确定。

（3）有些词义是中立的，本身不表示褒义或者贬义，但在一定的上下文中可能有褒贬的意味。例如：

The predicted the youth would have a bright future.
他们预言，这个年轻人会有个锦绣前程。
此句中的 future 含有褒义的意味。
It was mid-August and the subject for discussion was the future of Rommel and his Africa Corps.
当时是八月中旬，他们讨论的题目是隆美尔及其非洲军团的下场。
此句中的 future 含有贬义的意味。

第六章 思维维度下的英语翻译问题研究

二、思维维度下英语句法的翻译策略

(一)译为主动句

在英语中,被动句的使用非常频繁,尤其体现在一些实用文体,如科技文体、法律文体中。只要是不必要说出施行者或者对动作承受者的强调,又或者是处于礼貌或者便于上下文衔接等,一般使用被动语态较多。这在前面已经进行了列举。但是,根据汉语的表达习惯,动作的施行者是非常重要的,这与中国"天人合一"的思想有着密切的关系,因此多采用主动句。例如:

My first ten years were spent in a poverty-stricken mountain area.
我的前10年是在一个贫困山区度过的。

如果按照原句直译为"我的前10年是被花费在一个贫困的山区",这样的翻译很容易让人感到费解,并且也不通顺,因此将其译为"我的前10年是在一个贫困山区度过的"就更符合常理。

(二)译为被动句

汉语中也存在被动句式,但是汉语的被动语态主要是通过特殊词汇表达出来的。汉语中的被动手段有两种:一种是有形态标记的,即"叫""让""被""受""为……所"等;一种是无形态标记的,但是逻辑上属于被动。在翻译时,译者可以根据具体的情况进行调整。例如:

He had been fired for refusing to obey orders from the head office.
他因拒绝接受总公司的命令而被解雇了。

His opinion was accepted by the rest of his class.
他的观点为班上其他人所接受。

(三)化为无主句

英语的句法结构在句子成分方面具有严格的限制。相比较而言,汉语具有更加灵活的表达方式,有时甚至可以将主语省略。所以,英语的被动句还可译为汉语的无主句,使译文更符合汉语表达特点。例如:

Attention should be paid to your handwriting.
应该注意你的书写。

(四)转化为判断句

所谓判断句,就是汉语中常见的"是"的相关的结构。如果英语中被动句表达的是判断的意义,那么在翻译时可以将英语的被动句转化成汉语的判断句。但是,进行转换时,一般将英语原文的主语转化成译文的主语,当然也有特殊情况,即将英语原文的主语转换成其他主语。例如:

Iron is extracted from iron ore.

铁是从铁矿中提炼而来的。

The Paper-making technology is developed in ancient China.

造纸术是中国古代的一项发明。

上述两个例子,原句中是用 is 引导的判断句,因此在翻译时也用汉语判断句来表达,翻译为"是……"。

三、思维维度下英语语篇的翻译策略

(一)语篇衔接的翻译

在翻译语篇时,译者应正确理解原文语篇,注意通过衔接手段,将句子与句子、段落与段落按照逻辑组织起来,构成一个完整或相对完整的语义单位。在生成译文的过程中应对原文的衔接方式做必要的转换和变化。例如:

One the surface, many marriages seem to break up because of a "third party". This is, however, a psychological illusion. The other woman or the other man merely serves as a pretext for dissolving a marriage that had already lost its essential integrity.

从表面上看,许多婚姻好像毁在"第三者"手里。然而,这只是一种心理幻觉。第三者不过是一个表象,它瓦解了一个早就失却了其内在完整性的婚姻而已。

The human brain weighs three pounds, but in that three pounds are ten billion neurons and a hundred billion smaller cells. These many billions of cells are interconnected in a vastly complicated network that we can't begin to unravel yet...Computer switches and components number in the thousands rather than in the billions.

人脑只有三磅重,但就在这三磅物质中,却包含着一百亿个神经细胞,以及一千亿个更小的细胞。这上百亿、上千亿的细胞相互联系,形成一个无比复杂的网络,人类迄今还无法解开这其中的奥秘……电脑的转换器和冗件只是成千上万,而不是上百亿、上千亿。

(二)语篇连贯的翻译

连贯是指在信息发出者与信息接受者共同了解的基础上,通过逻辑推理的方式实现语义上的连贯。

在翻译语篇时,译者应充分地表达句内、句间或段间的关系,从而理解原语篇的意义和题旨,从中体会上下文的连贯意义,从而译出完美的片段。例如:

The chess board is the world, the pieces are the phenomena of the universe, the rules of the game are what we call the laws of nature. The player on the other side is hidden from us. We know that his play is always fair, just, and patient. But we also know, to our cost, that he never overlooks a mistake, or makes the smallest allowance for ignorance.

世界是盘棋,万物就是棋子。弈棋规则即所谓的自然规律,我们的对手隐蔽不见。我们知道他下棋总是合理、公正、有耐心。但输了棋后我们才知道,他从不放过任何误棋,也绝不原谅任何无知。

该语篇引用的赫胥黎的一段话。在赫胥黎看来,人生好比一场漫长的弈棋比赛。因此,在对原文中的一些特定词汇 the game, the player, his play, to our cost 等进行处理时,要将"棋"贯穿整个语篇,从整体上符合这一语义的连贯性,将这些词汇的隐含意义也表达出来。

第七章 美学维度下的英语翻译问题研究

翻译是人类文明发展与各民族之间文化交流的重要介质,由此产生的翻译学无疑是中西方文化发展史上一个重要学科。随着人文、社会科学的迅速发展,各个学科之间逐渐交叉融合。对于翻译学的发展史,中西方起初提倡从修辞和文论角度审视翻译活动,最早产生的翻译理论被归结为翻译学研究的文艺学派。随着现代语言学与文化学的兴起和发展,还出现了翻译学研究的语言学派和文化学派。就翻译实践活动的本质而言,文本的审美性始终都是翻译理论与实践探讨的重要话题。本章就对美学维度下的英语翻译问题进行研究。

第一节 美学概述

希腊语 aesthesis 是"美学"一词的来源。起初,"美学"的意思是"对感观的感受"。仅就"美"一词来说,其是主观意识、情感与客观对象的统一,是对象的客观自然性质,是人类实践的产物,是自然的造化,所以是客观的、社会的。但是,将"美"作为一门科学——美学来研究,最早其实是将其作为认识论展开探讨的。1753 年,德国启蒙思想家、哲学家及美学家鲍姆嘉登(Baumgarten)在《关于诗的哲学默想录》中第一次提出建立美学的建议,从此美学作为一门新的独立的学科产生了。对于美学,鲍姆嘉登提出了两个方面的观点:一是将美学规定为研究人感性认识的学科;二是指出:"美学对象就是感性认识的完善。"这是自古希腊时期开始思想家们对美的理论的科学、系统的探讨。虽然鲍姆嘉登在历史上首次明确了美学的研究对象,但其意见并未在学术界得到一致响应。继鲍姆嘉登之后,出现了更加系统的理论,主要代表人物有黑格尔(Hegel)、康德(Kant)等,他们对美学的发展和完善做出了巨大贡献。但他们对于美学的对象问题有着不同看法,黑格尔认为美学是艺术哲学;康德系统地探讨了人类审美意识的各种观点;意大利美学家克罗齐(Croce)指出,美学是一种表现理论。同样,中国学者也有着不同的看法。古代孔子提出"尽善尽美";孟子提出"充实之谓美";荀子提出"不全不粹之不足以为美";直到现代,朱光潜提出"美是主客观的统一"。总之,美研究的是什么,始终都是有争议的问题。直到今天,大致产生了以下三种观点。

第一种是将美视作美学的研究对象。一些学者认为,美学并不是对具体美的事物展开探讨,而是美的事物所具有的那个美的本身,即让其之所以具有美的原因。

第二种是将艺术视作美学的研究对象。一些学者认为,美学就是艺术的哲学。这一观点受到了很多学者的支持。

第三种观点是将审美经验与心理视作美学的研究对象。这一观点兴起于19世纪,持有这一观点的学者认为应该从心理学的视角对美学展开分析和研究。

总之,虽然上述有关美学研究对象的各种意见都有各自的道理,但也有一定缺陷,所以都难以得到学术界的公认。三种观点中,我们基本倾向于第一种意见,因为以美本身作为美学的研究对象,一方面比较符合美学学科的性质;另一方面,不管是艺术还是审美经验的解释,均依赖于美本身的解释。因此,我们能下这样一个定义,即美学是以对美的本质及意义的研究为主题的学科。

自19世纪以来,西方美学从哲学体系分离出来,经历了三个重要阶段:德国古典美学、马克思主义美学、西方近现代美学,朝着专门化、多元化、多学科化的方向发展。与此同时,美学与其他学科的交叉联系越来越密切,形成了如技术美学、劳动美学、文艺美学、心理学美学、生活美学、分析美学、现象美学、存在主义美学、接受美学等新的分支学科。直到今天,美学的理论体系仍在不断完善中。

第二节 翻译美学的心理结构与基础层级

一、翻译美学

(一)翻译美学的研究现状

中国传统译论与美学的亲缘关系,到了20世纪末21世纪初似乎更加牢固。一些新的美学研究成果被广泛应用于翻译研究中,与翻译理论成功融合,使得译学体系的中国特色更加鲜明。近二十年来,翻译美学研究成果大体具有以下三个特点。

1. 传统研究与现代研究相结合

较早探讨翻译中的美学问题的是张成柱撰写的《文学翻译中的美学问题》,他指出美学原理对文学翻译具有不可忽视的指导作用。张后尘的《试论文学翻译中的美学原则》从局部美和整体美的统一、形似和神似的统一、文字美和音韵美的统一等方面生发开去,指出美学原则与理论对翻译实践的重要意义。这两篇论文也算是中国译论界对翻译美学研究做出的一些新尝试。最具代表性的论文当数刘宓庆的《翻译美学理论构想》(1992),该文高屋建瓴,从宏观与微观两个角度铺开,论述了翻译美学的研究范畴和任务,翻译的审美主体和审美客体以及翻译中审美体验的一般规律和翻译审美标准等,将传统的一些精华和现代语言哲学理论结合在一起,为翻译美学研究打开了思路。

20世纪90年代的研究者利用传统美学术语创造性地发明了"三化""三美"翻译艺术,以及后来的"优势论""竞赛论""克隆论"等,这些虽然仍属于传统文艺美学观,却是对传统译论的丰富与突破。王东风撰写的《"雅"的美学思辨》(1997)从"雅"的缘起、"雅"与言语美、"雅"的相对独立性以及"雅"须因时而异等七个层面探讨了"雅"的丰富含义,从历时与现时的视角考察了"雅"的美学内涵,从而进一步丰富与发展了严复的三字标准,该文也是对传统翻译美学现代阐释的代表作,具有开阔研究视野、启迪思维的作用。

2. 从微观与宏观进行跨学科尝试

刘宓庆的《翻译美学导论》(1995)揭示了译学的美学渊源,探讨了美学对中国译学的特殊意义,初步构建了现代翻译美学的基本框架。该书既是对传统译论中文艺美学观的总结,也为我国现代翻译美学研究奠定了坚实的基础。

姜秋霞所著的《文学翻译中审美过程:格式塔意象再造》(2002)从美学视角阐释了完形心理学中的"格式塔"意象对文学翻译的影响、所产生的美学效果,并结合语言学、文学、认知心理学和阅读理论对文学翻译过程中译者的审美方式提出一些基本假设,该书是对文学翻译动态研究的发展与升华。

傅仲选的《实用翻译美学》(1992)从翻译中的审美主体和客体、翻译过程中的审美活动、审美标准以及审美再现手段等探讨了翻译中的实

第七章　美学维度下的英语翻译问题研究

用性问题,将翻译美学命题与结构主义相结合,从语言学、文体学、修辞学等方面并辅以丰富的实例探讨了翻译中的美学问题。

3.翻译美学研究的比较视野

该书的比较点在于微观,重在剖析英汉语的共性与异质性。

从现有研究来看,中国翻译美学的研究内容主要集中于接受美学、美学的解释力、美学与翻译学结合研究、翻译美学案例分析等方面。目前,翻译美学的诸多层面尚待研究与发展,相对于翻译学的其他领域,翻译美学的研究不足可归纳为以下两点。

(1)理论研究的广度和深度不够。翻译美学理论的研究应是全方位的,当前翻译美学理论研究视角偏窄,部分研究者利用传统文艺美学观做静态研究,重直感印象,形式论证与逻辑分析不足;重经验的倾向依然存在,不大强调对语言客观规范的研究。还有一种倾向,要么就事论事,思路闭塞,仅仅限于对一些命题做重复性研究;要么重术轻学,照搬西方最新的一些译学术语或文论术语来解释中国传统译论和翻译现象,没有达到发展译学的目的。

(2)翻译美学研究的范畴不明确,研究范式不新。对传统继承有余,创新不足,对翻译中的审美主客体、审美构成、文本的接受者等研究不够,尚未大胆借用现代美学来阐释传统译学在新的文化社会语境、新时代的新内涵。语际转换程度也未能纳入美学探讨的范围,翻译美学的标准等要么谈得过少,要么过于笼统模糊。比较点基本上着眼于微观部分,缺乏宏观上的比较,使研究显得全面性不够。

(二)翻译美学的发展趋势

一门学科的发展,离不开其他学科的支撑与给养,否则其发展之路必定越来越狭窄,甚至会因而消亡。古今中外,各个学科或各种理论莫不如此。作为翻译学科的一个分支,翻译美学如果没有对传统译学的合理继承,就会成为无源之水、无本之木。要不是林语堂、茅盾、朱光潜、刘宓庆等学者独辟蹊径,那么翻译学中就会缺少翻译美学这个成员,或者说没有它应有的地位。常言道,没有继承,就没有发展,没有突破与创新。翻译美学的发展自然也是基于对传统译论的继承,充分吸收其他学科的学理、研究视角和方法,才能有所突破。下面就从继承、融合与创新来讨论翻译美学的发展之路。

1. 对传统翻译美学理论的继承

理论发展的主要途径之一就是继承,继承是基础,发展是方向,是目的。翻译美学的发展离不开对传统译学的继承与扬弃,因为中国传统译论主体思想就是美学—哲学思想。翻译美学的发展与创新,其必由之路就是继承传统与开拓疆域。至于如何继承传统,译界前辈沈苏儒在《继承·融合·创立·发展——我国现代翻译理论建设刍议》一文中给人们提出了一个可资借鉴的途径。沈先生根据当时国内译学研究中的种种弊端与怪象,结合前人的学理,认为中国现代译学构建的关键是继承与融合。他还认为,如果翻译理论研究者"各行其道""兴之所至",其结果就是,理论既无基础和营养,又缺乏发展的动力,最终是越走面越窄。由此提出,继承是手段,而非目的。继承绝非意味着抱残与泥古,而是为了发展。继承绝非因袭,而是"批判地分析,取其精华,弃其糟粕",对传统译论中一些重要术语和思想,应该置放于两种语境:一是还原其历史文化语境,研究其产生的背景与缘由;二是当代社会文化语境,对一些术语给予新的阐释和延伸,对其合理的思想内核给予重新定位和评价。

至于翻译美学研究的前景问题,到底要如何继承传统呢?要回答这个问题并非三言两语或者三五个人就能完成,需要更多学界同仁的共同努力。目前,可以尝试着从宏观、中观和微观方面来讨论对传统译论的继承与发展。宏观方面,如董秋斯提出的建立现代译学必须从两个方面入手,即编写翻译史和翻译学,二者必须借鉴前人和他国的理论。借鉴就是继承与发展传统,但是董秋斯并没有给出如何借鉴的具体方案。如果从翻译史的编写来考虑,陈福康编著的《中国翻译理论史稿》是一部史论结合、具有相当理论水准的专著。王秉钦的《中国二十世纪翻译思想史》应是对中国传统译论中美学思想的总结,是对"文质说""信、达、雅""艺术论""神似说""化境说""意境论""整体论"等思想的高度概括、提炼与阐发。

另外,可以专门研究某一个代表性的理论如"信、达、雅",结合严复的翻译文本来展开,分析选择原文本的缘由,当时读者群的接受情况、审美认知能力等。如此可以将这些主要思想逐步展开,通过实证分析验证其存在的合理性,及其对后来译学的发展以及翻译实践的影响。以此为契机,可以对那些有重要影响的译学思想进行纵深研究,如鲁迅的"异化"翻译思想可以从美学视角切入,系统探讨其保持"异国情调"的美学含义,为了展开讨论可以与斯莱尔马赫的译学观和劳伦斯·韦努蒂的"异化"比较研究。另外,就是打通研究,对传统译论的融通性、互补性、共生互存

第七章 美学维度下的英语翻译问题研究

性予以探讨,即对理论的继承性给予综合性研究。研究思路可以按照王宏印教授提出的现代转型模式如论题、概念和形态等转换。

(1)术语、范畴的转换:对传统译论中的观点或思想完整而提法模糊笼统的术语或范畴给予现代性阐释或者取代之,使其理论价值得以凸显,以便融入现代译学体系。

(2)观点的提取:将散见于一些序言或后记中的有价值的翻译观点提炼出来,结合现代译学理论加以阐释,使其理论价值得以彰显,精神光泽得以重现。

(3)中西译论的互释:以现当代西方译学中的一些观点观照中国传统译学中相应的提法或思想,通过比较,以便挖掘传统译论中的思想宝藏,或者分析产生的原因。

这些设想对传统译学的现代转换具有相当的启发性,可以说也是现代翻译美学发展的必由之路。因中国传统译学的主体思想显现为哲学—美学形态,其现代转换是译学发展的必然。换言之,传统译论的现代转换也是对传统译学的一种继承,对翻译美学的研究提供了一种行之有效的研究路径。

2. 在继承的基础上进行融合与发展

继承是必要的,融合是必须的。单纯的继承而无新的元素、新的思想活水的注入,理论发展之路必将举步维艰。单纯地引进西方翻译理论、文论和哲学,而不加以消化,是无法与自己的理论融合共生的,无法产生上新的理论增长点。因此,译学大厦的建立,分为两步走,即继承与融合,二者是辩证统一的关系,没有继承,融合就失去发展的基础,没有融合,为继承而继承,任何理论注定为一潭死水。就融合而言,大体可从两方面来展开。

(1)中西译论中美学思想的共通性和互补性研究

通过考察,中西翻译理论均发端于美学(包括文艺美学),中国译论发展史上的"文"与"质",与西方译学中的"修辞论"和"竞赛论",均有着不少的相似之处,都注重译作的阅读效果,即原作的审美性的移植与再现。因此,中西文论的共通性研究,大致可以在两个层面上进行。其一是指关于文学艺术的常识和共识的归纳。这是一种看似容易而意义重大的工作,由于人类对文学艺术的认识在诸多方面有着相通之处,许多关于文学艺术的原理早已被中西文论家发现,对这些共识的归纳常常是对原理论的确认。中西译论早先的理论形态就是将文学创作原理或修辞原理指导翻译实践,进而再演绎为翻译理论,其中关于炼词炼句和篇章修辞、注重译作阅读效果等审美性问题也是比较研究的要点。其二,这些原理需要受到翻译实践的检验、不断的验证,才能逐渐系统化。中国古代书法画论被一些翻译家视为指导翻译实践或者衡量翻译质量的标准或原则,成为中国传统译论中的一个亮点。西方通常是将阅读和演讲技巧用作翻译实践的指南,也是一大特色。以此相互比照,相互印证,探求相同或相异之处,以便相互借鉴,共同发展。

在对中西译论中的翻译美学原理比较研究时,为了拓宽研究疆域,充实研究内容,可借助文学理论对翻译文本的审美性加以评判。此外,在进行比较研究时,既要将各种相关对象置于各自的语境中,从历时与共时的角度对其透彻分析,又要寻求各个相关部分之间的相同点与相异点,否则比较研究就失去了研究价值和研究依托。任何一种翻译理论的产生都有其存在的合理内核,都是译学体系中的一个有机组成部分,局部地认识了翻译审美活动的某些规律或操作规范。如果将各种类似的译学思想或观点有效地整合,那么翻译美学的内容会更加充实,其理论更具有开放性、稳定性和多元性,也才更具有科学性。

(2) 运用语言学和文化学的研究成果

现代语言学的兴起与发展,对现代译学的研究起了助推作用,在西方翻译发展史上出现了所谓的翻译学研究的语言学转向。语言学具有描述精确、界定清楚、发展具有体系的特征,因此在西方被称为"语言科学"。由于传统翻译学中的规定性研究占据主导地位,因此翻译学的发展举步维艰,往往被人为地边缘化。现代语言学的逐渐成熟,对翻译研究具有非常明显的影响与示范作用,甚至其理论成果直接运用于现代译学研究,加速了传统译学研究的现代化。

如果说在 20 世纪五六十年代,西方现代译学以语言学为研究路径被视为第一次转向的话,那么 20 世纪 90 年代又出现了一次转向,而这次转向则是文化或者文化学扮演了重要角色。宏观上,任何语言的翻译必然涉及文化,即没有无文化元素的翻译。因此,从理论层面来讲,翻译的文化学途径被称为现代译学研究的第二次转向。既然一般翻译学研究都将文化作为一个重要取向,那么翻译美学也应将文化纳入自己的研究范围,与文化学联姻,也会出现翻译美学的文化学途径,有利于拓展翻译美学的研究视域。

综上所述,翻译美学研究应借鉴普通翻译学的研究方法,在继承传统译论优秀思想的基础上,与其他学科的研究成果联系起来,这已经成为发展的必然趋势。

对以上几点,笔者做一点补充。

第七章　美学维度下的英语翻译问题研究

（1）翻译美学研究如果就传统译论的继承而言，可以采用纵向与横向相结合的方法，纵向研究侧重继承与拓展，横向研究侧重影响；可采取逐点式的方法，又可以采用融合方法，前者指对代表性译学思想采取专文和专论，对其深入挖掘，后者为打通比较的方式。

（2）研究既要高屋建瓴，又要给予实例分析，尽量避免抽象空洞地说教。

（3）翻译美学可以借鉴西方译论的做法，尝试着从翻译伦理角度加以研究，如纽马克的"五项中间真理"、切斯特曼强调翻译过程中遵循"清楚、真实"的美学原则。

总之，翻译美学的研究内容和研究方法，如欧美人所言的"剥掉虎皮，刮洗牛头，有好多种方法"。换言之，翻译美学的研究前途未可限量，尽管如此，仍有诸多地方尚待思考与探索。

（三）翻译美学中的语言美

在翻译美学看来，"语言美"应该是存在于语言中的一个审美信息结构。它既然是一个"结构"，就不仅仅是可以意会的，也是可以言传的。就是说，人们完全可以对之加以解剖、分析、描写、表现，努力提出翻译美学的语言审美理论，并逐步加以完善。

1. 宏观层面的语言美

语言结构中的美的初始形态，也就是所谓"基质"（或"基元"），产生于"选词择字"；或者说，基层的语言美产生于"优化的词语搭配"（optimized collocation of words）。中国诗话史中有一个著名的例子"春风又绿江南岸"。诗人王安石对"绿"字、"到"字、"过"字、"满"字等再三地替换推敲，就是一种对用词的美的基质考量。翻译是一种跨语言文化转换，远非一词一字之换的问题。对翻译美学而言，需要首先对语言美做一番概括的考察。在翻译美学看来，下面就是语言美的最基本特征。

（1）高度和悦的视听感性

高度和悦的视听感性（audio-visually perceptive）是语言美最基本的特色。所谓"视听感性"，指语言美都首先要诉诸人的视觉和听觉感性：看起来悦目，听起来悦耳。根据现代认知语言学和实验心理学研究，人的视听感应力处在人的语言感应能力的最前沿，语言的意义（meaning）有高达87%由人的视听感应力首先加以接受并加工传达到大脑，这就是为什么语言要讲求声象美的原因。

语言越是"看起来悦目、听起来悦耳"，也就越具有视听感性，就越有利于被接受。这一点恰恰说明语言功能与语言美之相得益彰,说明语言的社会交流审美功利性和意义传播功能性的结合。请注意下例中高度的视听感性。

你走你的阳关道,我过我的独木桥。

Of the people, by the people, for the people.

从上例看,声象美的两个基本成分是音韵美和结构美,并由音韵美和结构美产出一种语言的视听感性。

一般说来,高度的视听感性大抵为了加强意象性特征,绝不是单单为了悦目悦耳。

(2)深刻巧妙的意义蕴涵

诗人的用意很婉曲,同时又非常深刻。所谓语言美的超时空魅力,源于深刻巧妙的意义蕴含。例如:

The unexamined life is not worth living.

(*Apology*,柏拉图)

上述例子是柏拉图有名的一句警世名言。西方今天还常常有愤世者借柏拉图的话高呼:"看这放浪形骸的生活,难道你就这样无耻偷生?"

2. 微观层面的语言美

语言中的美是审美信息的一种特殊的存在形态:它不同于绘画中的美、不同于音乐中的美、不同于雕刻中的美,也不同于一般意义上的文学美。事实上,文学美通常可以被涵盖在语言美中,文学美有赖语言来呈现,它显然不能囊括或取代语言美。

从语言美学的视角来看,语言审美信息分布在语言结构下述的五个层级中。很清楚,对翻译美学来说,语言结构中每一个层级所承载的审美信息都是不容忽视的,正是它们构成了语言中的一个综合性审美信息结构。

(1)语音层级的美

语音美诉诸人的听觉,因此与文字美一样,以直观可感为基本特征。正由于富于审美直观性和可感性,因此语音结构层的审美信息不仅不能忽视,而且必须从整体观的角度加以研究,以期落实在表现中。

①汉语语音层级的美。语音系统汉英同中有异。语言的音美集中于高低、韵律、节奏和声调,汉语最富特色的是四声声调。所谓高低,指声音的轻重,以轻重分出轻音、重音,重音比轻音在高度、强度、长度上略胜一筹。当然,所谓"轻""重",只能相对而言,被称为"相对轻重原则"。按这一原则产生了语言中的音步(foot),音步的组合就成了韵律

第七章　美学维度下的英语翻译问题研究

(prosodic),音步是基本韵律单元,由韵律表现出节奏或节律(rhythm),汉语由此而产生"平仄",还有英汉都有的"押韵"(rhyme)。

②英语语音层级的美。英语使用拼音文字,因此它的音节结构方式比汉语复杂。

英语绝大部分词都以辅音结尾,以便生成形态屈折(inflexion)。汉语则不然,汉语没有形态屈折,不必考虑词尾必须是辅音,这也是汉语元音占优势的重要根源。音节是英语语音美的基本构件。

(2)词及语句层级的美

词语层级高于文字层级,开始具有语法、语义、审美的综合功能。这个层级中承载审美信息的基本语言单位如下。

①词及词语搭配。词及词语搭配是承载审美信息的最基本的语言结构单位。词是语言音韵美与结构美的最小的载体,词和词语又是意象美的基本构建材料。显然,有美感的用词和搭配不在华丽、艳丽、绮丽,或锦上添花,或哗众取宠,也不在奇曲、诡异、古拗,或自作风雅,或故好雕研。唐代李益的名句"开门风动竹,疑是故人来"中,"动"字(词)很平常,却使画面意象活脱而出。

这个道理也适用于英语。只是比较而言,汉语很重视主谓搭配和动宾搭配中的动词,英语很重视名词以及与名词有关的形容词和介词。历代批评家都认为莎士比亚就是善用名词的高手。他的一段名言 All the world's a stage ("大千世界就是一个舞台",语出《李尔王》)就是以妙用名词比喻闻名于世。莎士比亚用一个 stage 带出了50多个有关的名词,无一不用在妙处。

②语句。语句是搭配的句法延伸。一般说来,语句的审美信息承载力远远大于词及词语搭配,原因是越向高层级语言结构提升,它所蕴含的景物、意象、情感、思想就越充实、越复杂、越饱满。欧阳修的《蝶恋花》有两句说"泪眼问花花不语,乱红飞过秋千去",其中的景、意、情思层层深入,可谓具有超高的审美信息承载力。女子被深深庭院久锁,幽怨之中不禁向眼前的繁花倾诉,泪眼汪汪却不得花儿怜惜。花儿不但不言不语,而且自身也在风雨中飘零,还被阵阵狂风吹过秋千——她儿时的爱物和伙伴,这就更触动了她青春不再的悲凉感。

在英语中,语句也是比词语容载量大得多的极有效的审美信息载体。典范英语讲究音韵美,只不过在形态上完全不同于汉语音韵。美国作家欧·亨利有一句著名的话就可以说音、意皆美:"Life is made up of sobs, sniffles, and smiles, with sniffles predominating." 句中一连用了四个 s 作头韵。

（3）语段和篇章层级的美

语段由句子及句组（句群）组成，篇章则是多个语段的有意义的集结，因此也被称为语篇。语段在篇章中只是相对地独立。从语段到篇章，能承载的审美信息更多了，它的审美功能主要表现为能够构筑尽可能充实、丰满的"综合性语言审美信息结构"，简称为"审美信息结构体"（a complex of aesthetic information, CAI）。CAI 是一个多维复合体，它的组成要素包括承载语言审美信息的以下七个维度。

①语音美——语音要素的优化运用，集中于（可能）承载意义的语音审美。

②词语美——词语使用的审美优化，集中于承载意义的词语优选审美。

③句子美——语句组织的审美优化，集中于承载意义的语句组织审美。

④情感美——情感表达的审美优化，集中于容载情感的表现手段的优化。

⑤意象美——意象构建的审美优化，集中于构建意象的表现手段的优化。

⑥风格美——风格表现的审美优化，集中于行文的风格表现手段的优化。

⑦超语言（超文本）审美信息的优化呈现，集中于意在言外的运筹手段的优化。

显然，以上七个审美信息的存在形态是按语言层级依次推进，审美信息也据此依次递加，最终构建起一个审美信息结构体（CAI）。也就是说，一个典型的 CAI 具备以上七个维度的审美信息。实际上，所有七个维度的审美诉求都集中于一个目的：语言表达效果的最大化（maximization of the effect in language expression），而且归根结底是意义和情感的表达效果的最大化。

在语言的实际运用中，一个语段同时具有以上七种美是十分罕见的。语言美是一种自然表现，除非刻意为之，同时具有这样面面俱到的七种多维美也并无必要。

（四）翻译美学主体论与客体论

主体与客体一直都处于对立和统一的关系中，没有客体也就不可能有主体。在美学中，审美主体与审美客体也是互相依存、不可分离的两个范畴，没有审美客体的存在，审美主体也就不可能产生审美感应，并发之于外。下面将对翻译美学主体论与客体论进行论述。

第七章　美学维度下的英语翻译问题研究

1. 翻译美学主体论

审美主体的审美活动始于审美意识系统中的审美志度(包括情趣、意向、倾向、意志、观念等)所形成的心理态势,这时审美主体的审美活动具有双重任务,即对美的认知与鉴赏以及对美的再现与创造。

(1)翻译审美主体的本质

①受制于审美客体。译者不同于作家,也不同于鉴赏家,他一开始就肩负着翻译目的的双重任务进入实践过程,必须潜心投入审美客体的审美信息解码和译语的编码活动中。所以,译者自始至终都受制于翻译的审美客体,也就是原文。

第一,受制于源语形式美可译性限度。在美学研究中,形式美是一个重要的课题。具体而言,形式美是指语言的表现手段和表现方法上的形式主义。在翻译过程中,形式美受到很大的限制。以中国诗词为例,中国格律诗十分注重形式美,音声韵律和对仗是其重要构成要素。例如,在"春蚕到死丝方尽,蜡炬成灰泪始干"中,"春蚕"对"蜡炬"、"到"对"成"、"死"对"灰"等,将其译成音律和谐、数字相同、语义对等的英语语句是不可能的,在译成英文后,诗句的形式美会丧失殆尽,音调铿然的句子也会成为平淡无奇的句子:"A silkwom won't die until it exhausts its silk; A candle won't go out until it exhausts its wax; Amidst the falling flowers I stood, watching a couple of swallows in drizzling rain." 面对形式美的翻译,译者常会陷入一种困境:固已知之,无以言之。即使知道其意思,也找不到能够准确表达它的语言。因此,严复发出了"一名之立,旬月踟蹰"的慨叹,西方人更是认为诗句不可译。

第二,受制于源语非形式美可译性限度。如果说源语的形式美尚可以观看到,那么源语的非形式(超形式)美则是一个模糊集,无形可观、无量可依。艺术作品的美虽然与直观可感的语言外象有着直接的关系,但这种美的本质是模糊的,是不可观不可感的,它产生于作者的志、情、意以及作品的总体性艺术升华和熔炼,蕴含着作者的意旨、情思等。源语的非形式美有着重要的存在意义,它是翻译再现中的原创依据,就此而言,不同的译者所受到的可译性限度是不同的。

第三,受制于双语的文化差异。众所周知,翻译工作是十分辛苦的,而这种"苦"很大一部分源于对文化的不了解。源语中很多令人感到绝妙的诗文,译者却无从下笔。例如:

天上月圆,人间月半,月月月圆逢月半;

今夜年尾,明日年头,年年年尾接年头。

上述对联可谓十分精妙,其精妙之处不仅在于形式上,也在于内涵上。不了解中国历法和民俗的人是不可能体会其精妙的。任何译者都不可能翻译出在音、形、义上都与之相对应的"洋对联"。即便在语言符号上找到了对应体,也不能避免音、义上的美感的丧失。审美价值是具有民族性和历史传承性的,这是不可取代的,审美价值在源语读者中的感应是不可能转移到译语读者心中的。解决这一问题的明智对策是审美代偿,即用目的语将它"审美地"体现出来,让读者领略异域文化风情。

②具有主观能动性。受制于翻译审美客体,这只是翻译审美主体的基本属性之一,其另外一个本质属性是具有能动性和创造性,即中国美学中的"主体实践性"。译者的主观能动性之所以能够发挥,关键在于由审美潜质所构成的"审美前结构",即译者的情、知、才和志。

在美学研究中,"情"是一个十分重要的课题。审美情感具有两层含义,一是审美客体的情感蕴含,二是审美主体的情感感应,二者息息相关。审美客体容载审美信息,并由审美主体通过审美移情获得审美客体所容载的审美信息的审美体验的写照。"情"既有民族性又有鲜明的个性,了解这一点对翻译而言十分重要。

"知"就是认知,审美主体对审美客体价值的判断,在很大程度上取决于"知"。在这里,"知"既指"知识",也指见识、洞察力,还指译者的个人经历和视野。

翻译是一项艺术性和技术性活动,需要翻译审美主体具备较强的行文能力和艺术功力,即"才",这也是翻译审美主体发挥主观能动性的重要条件。

"志"在这里指为学的毅力,其不仅是一个美学命题,也是一个伦理学和心理学命题。将"志"作为翻译审美主体的条件,是因为毅力对译者十分重要,它是一种品德,是翻译审美主体达到所期望的艺术境界的精神力量。

(2)翻译审美主体的特征

通过上文内容可以发现,翻译审美主体具有以下几个特征。

①积极的审美态度。审美态度是审美主体的基本特征。一个具有审美意图和审美意志的人能调动起对审美至关重要的情感和感知来进入审美过程。态度始于理性、始于观念,所以许多美学者都强调审美态度。审美主体的态度受时间、地点、环境、对象等客观因素的影响,如同一个人对中国盛唐时期的诗歌与对晚唐时期的诗歌的审美态度就会因个人年事的增长有很大的区别。

②活跃的审美意识。审美意识是一个心理系统,具有一个活跃、动态

第七章 美学维度下的英语翻译问题研究

的审美意识系统也是翻译审美主体的重要特征。审美意识系统涵盖三个层次系统,即认知过程,表现为感知、知觉、记忆、联想、分析、想象;情感过程,表现为心态、心情、情绪、共鸣等;意志过程,表现为决心、毅力、使命感等。不可否认,翻译审美的成败取决于活跃的、动态的审美意识系统的功能发挥。

③灵活的审美表现对策。翻译审美主体要能够灵活地运用审美表现对策。世界上不存在两个完全相同的文本、绝对相同的风格,即使是同一个作者的同一部作品,其艺术手法也是千变万化的。在翻译的过程中,翻译审美主体要根据不同功能的文章、不同文体的文章,要恰如其分地表现文章的内容。

④敏感的审美判断。审美判断要求主体对客体的判断必须符合对它的审美特质的理性分析。对语言的审美特质的理性分析就是意义分析,因此准确的语感必须建立在对意义正确理解的基础上,要理解了语言的意义才谈得上赏析语言美。审美判断力不是与生俱来的,必须后天习得。尤其是关于语言的审美判断,不仅需要有很好的语言素养,而且必须具备关于语言审美的专业知识与训练。

2. 翻译美学客体论

审美客体(aesthetic object,简称 AO)是审美主体的审美活动的直接接受者和参与者。并不是所有的客观事物都是审美客体,审美客体必须与审美主体相对,没有主体,也就无所谓客体,二者处于对立统一的关系中。翻译的审美客体就是译者所要翻译加工的原文,其属于审美化的精神活动成果,包括语言文艺活动、艺术创作、人的高级精神表象等。

(1)审美客体的特征

审美客体是审美主体的审美对象,体现了审美主体的规定性,所有的审美客体都有这一基本而本质的属性。除此之外,审美客体还具有其他审美属性,具体包含以下几个方面。

①具有审美形象性。审美形象性是指审美客体美的外在表现、外在形式,这也是审美客体最普遍的属性。例如,"道德"是一种理性观念,尽管其有美的内涵,但其本身不能称之为美,只有当"道德"直接同它的外在现象处于统一体时,也就是看到其真实现象和真实表现时,才可以说"道德是美的"。

②具有审美价值承载能力。审美客体必须具有承载审美价值的功能,不承载、不体现任何审美价值的客体就不能称之为审美客体。如果语言文字作品的内容遭受破坏,作品也就没有审美价值可言了。

③具有审美召唤能力。具有审美召唤能力是指审美客体具有吸引力,这体现在两个方面。第一,审美客体具有某种吸引审美主体的审美素质,能够引起审美主体的期待,体现审美主体的审美理想。第二,审美期待具有"悬疑性",引发的效果可能是戏剧效果,也可能是悲剧效果,这两种效果都具有一定的戏剧性,能够引起审美主体的满足感。

(2)审美客体的功能

审美主体与审美客体存在于对立统一的关系中,各自有不可替代的功能。就翻译审美而言,就需要根据不同的语言体式、文体形式和题材内容等考察它们不同的功能。概括而言,翻译审美客体的功能包含以下几个方面。

①提供信息。提供知识、事件、数据等信息的文本都属于这一类,如新闻报道、历史资料、科技文献等。很多人怀疑这类文本是否有"美"可言,实际上,语言美是普遍存在的,审美主体对语言进行鉴赏,那么就是在进行审美活动,与语体和文体无关。科学家爱因斯坦、达尔文的学科论文不仅提供了信息,而且都写得非常美。例如:

As far as the laws of mathematics refer to reality, they are not certain, and as far as they are certain, they do not refer to reality.

(A. Einstein: *The Dao of Physics*)

在我们将现实问题诉诸数学法则的解析时,数学法则是不确定的,而当数学法则确定时,我们又不能用它们来说明现实问题了。

可以看出,上述科技文体句式规范、意义把握准确,修辞手段使用得当,具有审美特征,属于审美客体之列。

②外貌描写。在翻译活动中,译者都十分注重对景物描写语段的翻译,往往忽视对人物描写的翻译。实际上,人物描写应该是译者很重要的审美对象。例如:

Yet lonely she was, touchingly and without much disguise, despite her buoyant manner. Despite, too, the energy of her poems, which are, by any stands, subtly ambiguous performances. In them she faced her private horrors steadily and without looking aside, but the effort and risk involved in doing so acted on her like a stimulant...Even now I find it hard to believe. There was too much life in her long, flat strongly boned body, and her longish face with its fine brown eye, shrewd and full of feeling. She was practical and candid, passionate and compassionate; I believe she was a genius...

(A. Alvarez: *Death of the Poet*)

第七章 美学维度下的英语翻译问题研究

尽管神情上并不是郁郁寡欢,但她是孤寂的,神态凄然而又未加掩饰。同样,尽管她的诗作充满活力,但是不论怎么看,都是精心拿捏的晦黯之声。诗中,她直面个人令人望而生畏的境遇,从不左顾右盼;而她为此付出的努力和陷入的险境却不啻一副兴奋剂……直到今天,对她的死我仍然难以置信。在她那修长单薄、筋骨健壮的身躯里,在她那长长的面容,那褐色、漂亮又充满感触的双眼里,生命力是极其旺盛的。她讲求实际,为人坦荡,满腔激情而又富于同情。我认为她是个天才。

上述原文是美国作家艾尔伐列斯为悼念名噪一时的美国女诗人普拉斯西尔维亚所写的一篇回忆录。作者用词沉郁,句式多变,表明了他思绪复杂,心境难平。在翻译时,译者就要仔细揣摩作者的信息,细心运用自己的审美判断和审美感应。

(3)翻译审美客体的属性

翻译审美客体有着不同于一般审美客体的属性,具体包含以下几个方面。

①依附于源语的审美构成。翻译审美客体的这一属性说明,译者纵有极强的翻译能力,也不可能脱离源语固有的审美构成添枝加叶。例如,原作中没有夸张修辞,译者就不能添加夸张修辞,原作中没有韵脚,译者就不能添加韵脚。

②对应于源语的审美效果。译者不仅不能在翻译审美客体的审美构成之外添枝加叶,还必须与翻译审美客体的审美成相对应,进而产生与原文相对应的审美效果。例如,原文中有一个 be caught in meshes of the law 这样一个比喻,那么汉语中要用"陷入法网"这样的比喻与之相对应,而不能用"法网恢恢"。

③容许审美主体感应的灵活性。翻译审美客体的这一属性具有两层含义。第一层含义翻译审美客体的构成十分复杂,许多构成因素在译语中找不到相对应的表达。例如,汉语中的"看火候"原指烹调中观察时间是否恰到好处或恰如其"度",实际上指烹调中的"加热时间",其在英语中并没有相对应的表达,此时只能灵活处理,译出其本义:keep watchful for the best timing。第二层含义是审美主体对翻译审美客体的感应可以千差万别。也正因为如此,古往今来对同一作品的翻译才层出不穷,而且永远不会完结。

④审美价值具有层级性。源语所涵盖的美并不是等量齐观的,而是具有层级性。文艺作品固然包含审美信息,具有通常意义上的美,非文艺作品也包含审美价值,但二者的性质有所不同,后者具有更多的功能价值。

二、翻译美学的心理结构

所谓翻译美学的心理结构,即翻译审美心理结构,是指审美主体的审美意识系统——知、情、意的审美心理机制在人的审美活动中的运作。翻译审美心理机制就是从翻译的视角来探讨审美意识系统在审美活动中的运作。

审美意识系统包括人的审美心理基本形式:感觉(feeling)、知觉(perception)、表象(presentation)、联想(association)、想象(imagination)、情感(emotion)、理解(understanding)等,可以比喻为一条从初级到高级的"感知色谱",而这中间的"级"提升则是以理性的逐级介入为标准。除了这些基本形式以外,审美心理还包括一些非基本形式,如直觉(intuition)、感悟(comprehension)、幻想(illusion)等,它们表示具有某种特性的感知。人的心理结构(图 7-1)包括认知结构、意志结构和情感结构,这些结构相互联结、相互作用,构成了审美心理结构的一个极其复杂的网络系统,司掌千变万化的审美活动,包括翻译审美。

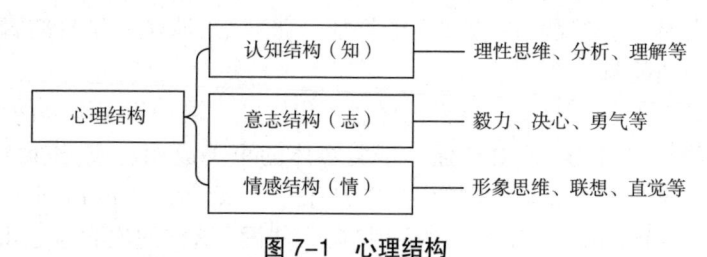

```
                ┌─ 认知结构(知) ── 理性思维、分析、理解等
  心理结构 ─────┼─ 意志结构(志) ── 毅力、决心、勇气等
                └─ 情感结构(情) ── 形象思维、联想、直觉等
```

图 7-1　心理结构

(资料来源:刘宓庆、章艳,2011)

从图 7-1 看,就很容易找到翻译审美的位置了。但这只是说"位置",要说翻译审美的运作,那就远不止涉及情感结构,它需要的是整个心理结构的协同运作,让一切处于最佳状态。

(一)审美心理活动的特征

审美活动不同于一般认识活动,一般认识活动指在探究对象的性质、结构、功能、存在状态、容载内容与形式、内在外在关系等方面的考察和理解,完全是理性的;而审美活动则是原发于主体本身的需求又指向对审美对象的美的考察和感受,是感性的、情感的。同时,审美活动高于一般活动,它是一种价值活动,审美主体与审美客体之间的关系是一种价值

第七章 美学维度下的英语翻译问题研究

关系,这时"价值"的意义是"哲学的"而不是什么"经济学的"[①],或者说"物质的"。这是审美活动与一般心理活动的基本区别。

概括说来,人类审美心理活动的本质性特征就是:情感体验和价值实践。

1. 情感体验

众所周知,美与人的感性、与人的情感的关系是非常密切的。可以这么说,美学如果排除了"美"与人的"感性"的关系的研究、排除了"美"与人的"情感"的关系的研究,那么美学也就不复存在了,人类正是通过情感体验而不是理性思考(理性思辨、理性思维)才发现了美、认识了美、并"体验了美"。

通过情感体验来体验美还可以从以下方面来论证。

(1)黑格尔说"美是理念的感性显现",有感性就不可能没有情感体验,因此情感参与了美的显现。例如,你在泰山看日出,当旭日以磅礴之势喷薄而出时,你完全情不自禁了,你感到极为振奋,这时你头脑中的许多理念如"宇宙威力""大自然不可战胜""客观规律性不以人的意志为转移"等,统统通过"日出之美"放射了出来,心胸得到涤荡,心灵感到从未有过的清亮、澄澈,同时情感得到了净化。黑格尔解释说:"艺术作品却不仅是作为感性的对象,只诉于感性领会,它一方面是感性的,另一方面却基本上是诉之于心灵的,心灵也受它感动,从它得到某种满足。"[②]

(2)体验美就是体验自己的情感,它既是美的传达者,又是美的体现者。例如,你看到泰山无比美丽的旭日,百感交集、思绪万千;你否定了过去的"非",立志追求未来的"是"……而那一切都在你的胸臆,绝对不可能是"他人的"、经他人感染的、受他人指使的、听命于他人的、由他人授予的等。你感到一种从来没有体验过的"自我的真美""本我的真美"!所以,审美体验是一个人最自主、最能动、最自由的情感体验。

(3)从自己的情感中体验到的美才有可能接近"艺术的真实",因为伟大的"艺术的真实"不仅仅要求你用心灵去理解,更呼唤你用情感去领悟。例如,你有幸得到一个饰演哈姆雷特的机会,你阅读了很多关于莎士比亚的文献、关于哈姆雷特的论文,却疏于在情感上去透察、体验"疑虑型精神分裂症"的"疑似患者"的内心痛苦。你虽然做了很大的努力,但人们看到的"哈姆雷特"却是一个木木无情的、莫名其妙的"王子"。你的

[①] 李鹏程.西方美学史(第三卷)[M].北京:中国社会科学出版社,2008:306-307.
[②] 黑格尔.美学[M].朱光潜译.北京:商务印书馆,1976:255.

教训就是没有用自己的情感去体验、去体认那个悲剧人物的美。

2. 价值实践

这里的"价值实践"是指"审美价值实践"。审美价值实践是审美心理活动的另一个重要的本质特征。人们的日常行为很多都不是受价值驱动的,而是由生活需要驱动的,因此一般的生活实践活动不是什么"价值实践"。例如,"上庐山"这一行为。家里住在庐山的人之"上庐山",与游人之"上庐山"完全是两回事。前者只是生活实践,而后者却是一种审美价值实践。实践什么价值呢?最重要的一条就是:欣赏庐山的美——这就叫作"审美价值实践"。审美价值实践给人带来的审美快感充分证明人的审美价值与他/她的审美情感密切相关。

审美价值实践有以下特征。

(1) 价值实践高于生活实践又源于生活实践

在人的实际生活中,除了生活实践以外,价值实践也许是最普遍的,也是最多种多样的。例如,我们要发展风能,就要进行关于风能的各种试验,这时风能试验就叫作"科学价值实践"。农业科学家发展了一种新的耕作法,并论证了有科学价值,但能不能用于实际的农田生产呢?为了证明它能否用于实际的农业生产,就要组织一些实际活动,这些实际活动就叫作"生产价值实践"。很显然,科学价值实践也好,生产价值实践也好,都源于人们的生活实践需要。审美价值实践与一般价值实践一样莫不源于生活实践。新的生活实践产生新的价值追求,新的价值追求推动新的价值实践,如此循环不已,人类社会才有提升,才有进步。审美也是如此。

(2) 审美价值实践由审美态度所推动

审美价值实践由审美价值追求所推动,审美价值追求源于生活实践需要,那么生活实践需要又是怎样作用于审美价值实践的呢?回答是由人的审美态度的发展、演进、成型所推动。我们先来举一个例子。

众所周知,中国美学从秦汉到魏晋南北朝出现了一个史无前例的飞跃。魏晋以前,美学和文论都被涵盖在哲学乃至文化之中,到了魏晋,文论、画论、乐论、书法论都有了专论性的理论文本。这些理论文本的出现,反映出美学思想特别是士人的审美态度的巨大变化,其一是古代宇宙本体论因社会动乱而虚灵化;其二是士人个性化追求愈趋自觉;其三是举国风雅情趣的时尚化,审美体系的扩大化。

(3) 审美理解源于审美价值实践经验的富集

审美价值实践经验的不断富集必然会在审美理解和美学思想上结出丰硕成果。以欧洲文艺复兴为例,它就是欧洲(主要在意大利)文化和艺

第七章 美学维度下的英语翻译问题研究

术近300到500年审美价值实践经验的一个伟大的富集,标志着欧洲人对美的理解的一个巨大的进步。文艺复兴的初始期,艺术家的审美价值实践集中于亚里士多德的诗学理念,至16世纪达到高潮,价值实践扩大到了神旨与真理的关系、文艺与现实的关系、对艺术技巧的追求、美的相对性与绝对性等。文艺大师薄伽丘、达·芬奇等人惊世骇俗的价值实践大大提高了欧洲文艺美学思想。

至此,可以归纳出审美心理活动的主要特征。

第一,超功利心理(非功利心态),这里的"功利"主要指物质性回报,审美的超功利性表现为无损与审美对象的完整性、自由和无限。因此,黑格尔说:"审美带有令人解放的性质,它让对象保持它的自由和无限,不把它作为有利于有限需要和意图的工具而起占有欲和加以利用。"

第二,主体性心理运作,即审美主体的所谓"内感外射","内感"也好,"外射"也好,主体具有完全的自主性和自许性,赏月、观花、听松、品味,一切取决于主体的审美意向和审美态度,这也说明审美是一种摆脱了功利心和欲念的情感价值活动。

第三,审美感性(情感)和审美理性(理念)的全程性综合运作,具体地说就是在审美中的感性和理性的"全程性结合"。所谓"全程",指从感觉的生理层次提升到精神的、意识的、理念的精神层次,正因为实现了这一境界提升,主体才享受到"物我两忘"的审美快感,而保证这种境界提升的关键就在于它的超功利性。庄子梦蝶就是这种主体沉浸于超功利审美快感境界的最佳写照。

第四,说到底,审美心理活动是人的生命的审美律动。众所周知,人的生命活动是在三个层次上展开的:生理活动、心理活动和社会活动,审美体验从人的生理层面中获得生命源动力,从心理层面获得生命创造力,从社会层面获得生命繁衍力,在这中间,心理层面是关键,因此可以说审美心理活动也就是人的生命体验活动,而且只有人才能达至并享有这种高级的生命律动。

(二)翻译审美心理活动的特征

翻译涉及两种(或多种)语言文化,涉及不同的地缘历史和地缘民族发展沿革,因此审美心理活动有一定的特殊性。英国语言学家克里斯托尔(David Crystal)在谈到语言文化差异在交流和翻译中的困难时说:"The fact that successful translations between languages can be made is a major argument against it, as is the fact that the conceptual uniqueness of a language such as Hopi can nonetheless be explained using English. That there are some conceptual differences between cultures due to language is undeniable, but this is not to say that the differences are so great that mutual comprehension is impossible. One language may take many words to say what another language says in a single word. But in the end the circumlocution can make the point."①

克里斯托尔提到的就是文化翻译中所谓的"解释法",以"解释"来"代偿"思维概念上的差异。翻译美学认为还要考虑审美心理上的种种问题。当然,审美心理也是文化问题,但应该说前者比后者更为深刻、更为复杂。

1. 灵活的心理调节策略

翻译审美心理必须时刻处在应变状态,以面对不同文本、不同的语言文化、不同的地缘历史和地缘民族发展沿革带来的心理特质,不能以简单的"非此即彼"或"以不变应万变"的僵化办法来对待审美心理问题。例如,对相同或相近的审美心理表现与相异甚至相反的审美心理表现,译者在处理对策上就应该有相应的审美对策考量。在后现代思维和运动的启发下,近半个世纪以来在西方语言文化中凸显了一个性别差异问题,人们要求取消有女性歧视观念的词语,将其中含有"-man"的词都配上含有"-woman"或"-person"的合成式,供大家使用,如 chairman—chairperson, helmsman—helmsperson 等。其实,女性歧视心理或观念在汉语中也不可能没有,如不少贬义词都有女字旁,如"奸、嫉、嫌"等。幸运的是,在翻译中这类文字结构衍生的消极含义,由于"无缘"也"无权"进入意义转换通道而被挡了驾,不懂中文的人并不知道汉语里还有这一桩"不可外扬"的"家丑"。

更重要的问题是,由于审美心理差异与审美价值观差异而必须考虑策略调节。一般来说,汉语表现法常常反映出中国人的主体中心论思维方式,比较偏爱以"主体身份"说话的句式,而英语常常恰恰相反。例如,《纽约时报》曾经刊载过一幅美国某小学中文课堂的标语,上面写着"请只讲中文",标语的翻译是 "If you have to speak English, Whisper!" 这句英语翻译就非常妙,如果翻译成 "Please speak Chinese only",就不太考虑孩子们的难处,当然也就会影响效果。这种审美心理调节是很必要的。

2. 高度的审美再创造目的性

翻译审美无疑是具有高度目的性的,那既是一种"主体的(主观的)

---

① 刘宓庆,章艳.翻译美学理论[M].北京:外语教学与研究出版社,2011:161.

第七章 美学维度下的英语翻译问题研究

再创造目的性",即力求译文的完美,又是一种"客观的再创造目的性",即本身结构形式的完美。[①]康德提出,"美"是"无目的的合目的的形式",是对感性派的主张(无目的,purposeless)和理性派的主张(合目的,purposive,英语都是康德译者的用语)的综合,融模仿与理念、灵感与联想、再加工与再创造于一体,既涉及审美心理与审美情感,又涉及审美理想与审美价值。翻译审美的高度目的性,符合康德的"无目的的合目的"论:译者的天职(这是主观的目的)是给原文文本第二次艺术生命(这是客观的目的,"合目的")(也可以称之为"再生",1953),除此以外,别无其它目的("无目的")——也就是没有"实在的"功利目的,即所谓"为他人作嫁衣裳""为伊消得人憔悴"。这也是翻译审美的基本价值论。

按照康德的说法,翻译的这种"高度目的性"源自翻译的一种"本体论规定性",意思是说翻译既然是以意义转换为目标,翻译的审美真实性("真美")就应当以译者是否保证这种"真美"的传达为审美活动目标(也叫作"合目的性")。这显然是一个很高的标准。另一种就是"无目的",康德的意思是指没有利欲目的、功利目的。可见,那种为迎合商业目的、宗教目的、政治目的而从事的翻译都是不符合翻译美学的基本原则的。

3. 想象力与"意义的完形"

这一点是对上一点的重要补充。意义转换固然具有"本体论规定性",但审美感性必然容许种种情感形式的介入。这就不同于一般人的误解,以为翻译认知不容许运用想象力参与意义构建。例如,按一般认知心理活动,一个人看天上的"行云"可能是想得知有雨没雨,风向、风力如何如何,总之是非审美的、也是功利的。但是,画家看"行云"则是想要捕捉云的最美构形和色彩,是审美的、超功利的。翻译家看"行云"则很可能是在琢磨应该将"行云"译成 floating clouds,还是译成 fleeting clouds 更为贴切。这种选词既是本乎"辞达论",又充分体现了审美观览中的想象机制。

4. 在诗意乐园中的畅游心态

翻译活动带有明显的"再创造性",因此翻译审美拒斥被动的、压抑的、非自觉的、懵懵懂懂的——总之是种种"反美学心态"。译者应该像陶醉在灵毓山川的自然审美中一样,在语言的诗意乐园中畅游,深谙语言美之道,深得语言美之乐,知乎所从,忘乎所以,从而使自己的审美意识系统处在最活跃的状态中,也就是陆机在《文赋》里说的"收视反听,耽思傍

---

① 康德著,朱光潜译.判断力批判[M].北京:商务印书馆,1979:185.

讯,精骛八极,心游万仞",这样才能感物而动,"思风发于胸臆,言泉流于唇齿",当然这里的所谓"感物",不仅仅指物态的源语文本,还指介平物态与非物态之间的"超语言境界"。

艺术再创造的 felicity 通常源自在"神与物游"中主体的"妙悟之出场"[①]。按照道家的美学,妙悟的"神得"就是从"以物为本"的对象性思维到"以无为本"的非对象性思维的过渡。就翻译而言,这时的"物"就是源语的文本,这时的"无"当然不是"空无",而是对物态文本的"超脱""超越",其结果就是主体妙悟的油然而生:把握了物态文本的非物态实质,即它的深层意蕴、意象、意境等。很显然,没有这个妙悟,翻译的再创造是根本不可能实现的。

三、翻译美学的基础层级

翻译行为的目标是双语间意义的对应转换。因此,把握住源语意义,就成为翻译运作全程的第一步也是至关紧要的一步。从翻译美学上说,把握住源语意义,是翻译审美活动最基本的环节,从这个基本环节出发,进入译语表达。

(一)准确性

"准确"就是《周易》中说的"修辞立其诚"。按照孔颖达的解释,"诚"就是"诚实",意思是言辞准确无讹地表达意义,首先是基本词义,即概念意义,兼及意义的三个层级的其他维度意义。由于基础层级的非艺术性文字材料(科学文献、史料、金融资讯、新闻报道、法律及公务文书等)非常注重纪实性,因此准确把握源语的意义尤为重要,译者必须恪守"立诚"的根本原则。为了准确表达原意,译者必须一字不误、一丝不苟地如实转换。

1. 财务报告类

The Trustee Group had a good year. Despite rising rents and other costs, the after-tax profit of Group companies rose by 48 percent, to HK $ 44.9 million from HK $ 30.3 million in 1991. The much improved result was due to greater marketing efforts and to the buoyant economies of South-East Asia. However, assets at year—end 1992 fell by 14.4 percent to HK $ 72.8 million from HK $ 85 million a year earlier, mainly as a

---

① 潘知常.中西比较美学论稿[M].南昌:百花洲文艺出版社,2000:308.

第七章　美学维度下的英语翻译问题研究

result of internal restructuring and a planned reduction in retained profits.

信托集团业绩良好。尽管租金及其他成本见涨，集团各公司税后盈利增长48%，达4490万港元，1991年的相应数字为3030万港元。业绩大见改善可归因于市场业务之加强以及东南亚经济的蓬勃发展。然而，该集团至1992年年底为止的资产却由前一年之8500万港元下降至7280万港元，降幅为14.4%。下降主要是由于内部重组以及有计划地减少了保留盈利。

2. 科技论述类

Astronomers are currently in hot pursuit of yet another phenomenon described by general relativity—the black hole. In the 1700s, the British astronomer John Michell and French astronomer Pierre Simon Laplace independently considered the possibility of an object so dense and massive that the escape velocity from its surface would equal or exceed the velocity of light. Light itself could leave from such an object, but gravity would eventually pull it back again.

Relativistic calculations show, however, that light could not even leave from such an object—hence the name "black hole". Although black holes can never be observed directly, their gravitation can betray their presence by the intense warp they create in space. Likely candidates for black holes include the collapsed companion of an X-ray binary, Cygnus X-1; the cores of several compact globular star clusters; and a massive condensed object within our own galaxy.

Just as objects bend the space in their vicinity, the cumulative effects of the many masses embedded in space can curve it on a large scale. In his early work on general relativity, Einstein realized that over cosmic distances space might not con- form to the principles of Euclidean geometry—that is, the sum of the angles of a very large triangle might not equal exactly 180°.

当前，天文学家们正热切地寻找广义相对论所描述过的另一个现象——黑洞。早在18世纪，英国天文学家米歇尔（John Michell）和法国天文学家拉普拉斯（Pierre Simon Laplace）就曾分别考虑过，是否有可能存在质量极大又极其致密的天体，以至于其表面上的逃逸速度等于光速或大于光速。这样的天体本身也可能发出光，但是它的重力最后还是会把光吸引回去。

但是,相对论的计算表明,光根本不可能离开这样的天体——"黑洞"这个名称就是由此而来的。尽管黑洞永远不能够直接观察到,但是它们的引力会对空间造成强烈的变形,从而暴露出它们的存在。目前被认为有可能是黑洞的天体有: X 射线双星天鹅座 X-1 的那颗已经坍缩了的伴星,某些密实的球状星团的核心,以及我们银河系内部的一个大质量的致密天体。

正像天体能使其周围的空间弯曲一样,分散在空间中的许多质量的总效应,也会使空间发生大规模的弯曲。爱因斯坦在早期研究广义相对论时就已认识到,在宇宙规模的距离上,空间是不可能符合欧几里得几何原理的,这就是说一个非常大的三角形的内角之和不可能正好等于180°。

上述两种不同题材的双语转换,其共同点是不求文藻之修琢,但求传意之准确无误。

(二)适应性

适应性指译语应与源语相适应。运用中的语言常常具有鲜明的"功能差异"。功能差异主要表现为各类文体的差异和正式的"等级"方面的差异。翻译基础层级审美原则要求 TL 与 SL 文体类别必须适应,如论述类正式文体源语必须译成译语的对应文体,科技类非正式文体源语必须译成译语的对应文体等。实际上,文体的适应性也是忠信原则的一部分。有经验的翻译家通常十分注意自己的行文风格特征和总体风貌与原文的适应问题,做到在语言的各个层级上与源语(特别是原作者的修辞立意)同声相应、同气相求。下面两段文字取自《红楼梦》第十回。曹雪芹用了两种不同的语体:第一段是古代医书体,第二段是口语、俗语体。

先生道:"看得尊夫人脉息:左寸沉数,左关沉伏;右寸细而无力,右关虚而无神。其左寸沉数者,乃心气虚而生火;左关沉伏者,乃肝家气滞血亏。右寸细而无力者,乃肺经气分太虚;右关虚而无神者,乃脾土被肝木克制。心气虚而生火者,应现今经期不调,夜间不寐;肝家血亏气滞者,应胁下痛胀,月信过期,心中发热;肺经气分太虚者,头目不时眩晕,寅卯间必然自汗,如坐舟中;脾土被肝木克制者,必定不思饮食,精神倦怠,四肢酸软。——据我看这脉,当有这些症候才对。或以这个脉为喜脉,则小弟不敢闻命矣。"

旁边一个贴身服侍的婆子道:"何尝不是这样呢!真正先生说得如神,倒不用我们说了!如今我们家里现有好几位太医老爷瞧着呢,都不能说得这样真切!有的说道是喜,有的说道是病;这位说不相干,这位又说

第七章 美学维度下的英语翻译问题研究

怕冬至前后,总没有个真着话儿。求老爷明白指示指示。"

"If the heart is generating fire, the symptoms should be irregularity of the menses and insomnia. A deficiency of blood and blockage of humor in the liver would result in pain and congestion under the ribs, delay of the menses beyond their term, and burning sensations in the heart. A deficiency of humor in the lungs would give rise to sudden attacks of giddiness, sweating at five or six in the morning, and a sinking feeling rather like the feeling you get in a pitching boat. And if the earth of the spleen is being subdued by the wood of the liver, she would undoubtedly experience loss of appetite, lassitude, and general enfeeblement of the whole body. If my reading of the lady's pulse is correct, she ought to be showing all these symptoms. Some people would tell you they indicated a pregnancy, but I am afraid I should have to disagree."

"You must have second sight, doctor!" said one of the old women, a body-servant of Qin-shi's who was standing by, "What you have said exactly describes how it is with her; there is no need for us to tell you anything more. Of all the doctors we've lately had around here to look at her none has ever spoken as much to the point as this. Some have said she's expecting; others have said it's illness; one says it's not serious; another only gives her till the winter solstice; not one of them tells you anything you can really rely on. Please doctor, you tell us: just how serious is this illness?"

上述是霍克斯的译作。两段话在翻译时也注意到了语体与原作两段的对应,即前段为医书体,后段采用口语或者俗语体。

第三节 美学维度下英语翻译的具体策略

一、美学视角下的管理学翻译

(一)管理学简述

1912年,泰勒(Taylor)发表了《科学管理原理》(*The Principles of Management*)这一著作,其标志着管理科学这一独立学科的诞生。该著作的出版是20世纪人类社会发展史中的一个重要事件。

美国著名管理学家德鲁克（Drucker）在《管理学》（Management）中对管理与文化之间的关系进行了详细阐述，还指出不应仅将管理视为一门学科，还要将其视作一种文化，因为其有着独特的价值观、信仰、工具和语言，而且受到文化的影响。德鲁克强调，管理与文化应该紧密联系起来。

1. 管理学的发展阶段

自从管理学产生以来，其大致经历了如下四个发展阶段。

（1）古典管理理论阶段

在古典管理理论阶段，管理一方面注重管理的科学性，从而大幅提升了管理水平；另一方面，因为管理忽视了感情和其他文化因素，使得其逐渐产生了一些欠缺。

（2）行为科学阶段

管理学发展的第二个阶段是行为科学阶段，这一阶段还包括两个阶段，其以20世纪20年代的"霍桑实验"为分水岭。根据"霍桑实验"的研究结果，工作效率的高低不仅仅取决于外部环境，还受社会、心理等因素的影响。于是，人们逐渐意识到管理工作中的心理、文化等因素的重要性。在行为科学阶段，管理理论强调以人为中心，但其更注重分析和探究人的心理特征和需求，却忽视了企业之外的社会因素。

（3）管理丛林阶段

管理学发展的第三个阶段是管理丛林阶段。这一阶段的管理科学基本成熟，并且出现多种管理学派并存的现象，但仍然过于关注物的因素和理性因素，忽视人的因素和感情等非理性因素。

（4）企业文化阶段

管理学发展的最后一个阶段是企业文化阶段。在这一阶段，人们意识到企业文化比一般的管理制度和方法更有利于企业的管理。

企业文化即以企业信念、价值观及行为方式为切入点对企业进行的管理。这种管理方式特别关注思想意识层面的软因素。企业文化建设是企业管理中的一个具有普遍性的重大问题。管理文化要承担导向、凝聚、激励和约束等功能。

2. 管理心理学

管理心理学属于管理学中的一个重要分支，这里就从这一层面研究管理学。

第七章 美学维度下的英语翻译问题研究

（1）西方管理心理学

20世纪50年代,美国学者黎维特(Rivette)出版了《管理心理学》一书,其是西方管理心理学诞生的重要标志。西方管理心理学在早期主要研究工业企业的组织管理。1959年,美国心理学家梅尔(Meyer)将工业心理学具体分为三个内容:工业心理学、人类工程学和工业社会心理学。这一分类在当时学术界受到了广泛认可。

管理心理学主要研究的是组织管理活动中人们的行为规律及其潜在心理机制,并且用科学的方法改进管理工作,以便提升工作效率与管理效能,从而实现组织目标与个人全面发展的一门学科。心理技术学、古典管理理论和人际关系理论,是管理心理学的重要理论来源。管理心理学的主要研究内容是个体心理、群体心理、领导心理和组织心理。

从20世纪60年代到今天,科学技术得到迅猛发展,社会劳动结构也发生巨大变化,随之而来的是,管理心理学在研究方向和研究方法上也发生了显著变化。

经过摸索、尝试和变化等阶段,西方管理心理学的理论已经将管理模式定位于人本管理上。其体现了西方管理学日益接近于东方管理思想的趋势,说明了在全球化的大背景下管理科学也发生了融合和交汇。

（2）中国管理心理学

中华人民共和国成立以前,我国学术界对于管理心理学的研究非常少。中华人民共和国成立后,我国的管理心理学研究经历了从兴旺到衰落的变化。随着我国改革开放程度的加深,西方的现代管理科学开始涌入我国,使得西方的管理心理学也逐渐走进国门,并且成了现代管理理论的重要组成部分。事实上,我国管理心理学的研究,始于译介国外特别是美国的工业与组织心理学的研究成果。1985年,我国出版了第一部管理心理学方面的教材——《管理心理学》。随后,我国陆续出版了很多管理心理学和组织行为学的著作。这些著作的出版,推动了我国管理人才的培养和企业管理的科学化。

中华五千年的文明历史,蕴含着深厚的文化底蕴,所以我国的管理心理学不应盲目追随西方的相关研究,而应以中国人自身的心理特性和管理实践为基础,对西方的研究进行适当的吸收。如今,在中国独特的文化土壤中,中国管理心理学通过辛勤的耕耘收获了独特而丰富的管理思想,这特别体现在探究管理活动中人的心理规律。因此,一些学者认为,管理心理学作为一门学科起源于美国,而管理心理学的思想则起源于中国。例如,管子提出的"以人为本"、孔子提倡的"以德为先"、老子强调的"治大国若烹小鲜"以及庄子指出的"顺物自然而无容私焉,则天下治矣"等观点,都体现了我国深刻的管理心理思想。人力管理、时间管理、环境管理、信息管理和目标管理等都是中国古代管理心理思想的基本内容。

在全球化发展的背景下,认真研究西方管理实践背后的文化心理因素,使得西方管理科学更适应本土的发展,并且向世界译介中国传统的管理学思想,探求中西方管理思想的最佳契合点,就显得非常必要。

(二)构建中国特色的管理学

我国的文化底蕴中包含着丰富的管理思想和管理经验。经过五千年的积淀,这些思想和经验仍然可以应用于并且影响着国家和企业的管理实践。因此,我们需要认真思考如何将华夏文化与现代管理融合起来,从而构建中国特色的管理科学体系。

从我国的古代开始,管理思想就很博大精深,如儒家管理思想和兵家管理思想。儒家管理思想在治国方面,强调"重在治国、以人为本、以和为贵、知人善任"。兵家管理思想在战略与战术方面,注重"深谋远虑、雄才大略、随机应变、速战速决"。可以说,这两种思想在发展过程中始终是相互影响、相互渗透的。

(三)管理文化及翻译

1. 管理学翻译的理论关照——领导学

实际上,领导理论是从管理理论中分化出来的一门独立学科。1978年,伯恩斯(Bums)出版了《领导学》(*Leadership*)一书,被公认为领导学的经典文本。具体来说,领导学是以科学理论为指导,研究和探索领导活动及其规律的应用性科学。当然,领导理论具体包括基础领导理论和应用理论两个方面。基础领导理论具体涉及领导哲学、领导思维学、领导心理学、领导发展史学;应用理论具体涵盖领导人才学、领导方法学、领导艺术学等。

西方国家的领导理论大致经历了特质理论、行为理论、权变理论和心理动力理论四个发展阶段。

中国传统社会的领导理论具体包含以下几个思想。

(1)修身正己思想。

(2)富民强国思想。

(3)重典治吏思想。

(4)教民化俗思想。

(5)运筹妙算思想。

第七章　美学维度下的英语翻译问题研究

（6）隆礼重法思想。

（7）变法革新思想。

（8）尚贤任能思想。

（9）民为邦本思想。

在当今时代，影响社会发展的两股巨大力量分别为政府行政体系与市场经济体系。理论研究和实践经验表明，政府公共行政与公共管理体系在创造和提升国际竞争优势方面具有不可替代的作用。中国正在经历一个变革的时代，这就需要变革型领导，特别是具备交易型领导的变革型领导。因此，要研究翻译管理学，就必须联系行政与管理方面的理论。

2. 管理文化的翻译解析

西方学者指出，人是管理活动中最为重要的一个因素。此观点在中国古代管理心理学上也有记载，如孙膑所言："间于天地之间，莫贵于人"。可见，中国古代管理的重要对象之一就是人，如对人进行甄选、任用、培训、激励等。

（1）在中国古代，"知人"指"人员甄选"，其是用人之前必须开展的一项工作。例如：

夫圣贤之所美，莫美乎聪明。聪明之所贵，莫贵乎知人。知人诚智，则众材得其序，而庶绩之业兴也。

What the sages commended and admired most is the perception of reasonableness; the value of which is that one can know how to judge all the men of ability. And by putting intelligence and wisdom to good use, various kinds of abilities can be put in the important positions properly. Thus, undertakings and causes will be prosperous.

（罗应换 译）

由该例可以看出，中国古代特别注重"知人"，并且熟知"知人"的困难。

（2）人才管理的基础是人员甄选，而人才管理的关键则是人员任用。对于人才任用的原则和方法，刘劭提出了独特的见解。他总结出了 12 种才能类型，并且分别给出了每种才能适合的职业。例如：

人才各有所宜，非独大小之谓也。

Each of the abilities has its suitable business or appointment, it can not be summarized only by "capacity of bigness or smallness".

由该例可以看出刘劭对任用人员的观点。另外，他还进一步指出：朝臣是"自任为能""能言为能""能行为能"，君主相对应的就是"用人为能""能听为能""能赏罚为能"。

二、美学视角下的楚辞翻译

因为楚辞的文化精神既涉及楚的文化精神,又涉及北方文化精神,所以对于楚辞的研究,应该特别关注其文化层面。对于楚辞的文化精神的解读应该从多角度、多学科出发,如诗学、政治、伦理、民俗和哲学,这样才能全面、详细地将我国的民族文化瑰宝传向世界。

(一)屈原的个人文化精神及翻译

如果说《诗经》为中国国学提供了感受内容和感受方式,即和谐优雅的氛围和对心境的体会,那么楚辞就是《诗经》所表现的群体生活审美完成个体化的标志。屈原的作品深受其本人的生存环境和社会背景的影响,体现了激烈悲怆的情感和清高的品格,这一文化现象可谓独具一格。屈原的心态为中国文学审美提供了恒常性心态模式。

1. 坚持真理的决心和精神

尽管屈原的一生都非常坎坷,受尽了各种痛苦和磨难,但是他仍然坚持追求真理。例如:

路漫漫其修远兮,
吾将上下而求索。
The way was long, and wrapped in gloom did seem,
As I urged on to seek my vanished dream.

(杨宪益、戴乃迭 译)

在该例原文中,"求索"体现了屈原不断探索真理的决心和精神,其中的"漫漫"表示的是其追求真理的道路漫长且曲折。屈原之所以会形成这种文化精神,是因为他坚持人格的修炼,这一点体现在"纷吾既有此内美兮,又重之以修能"中。译者增译了 vanished Dream,将"漫漫"译为 long, and wrapped in Gloom。

2. 发愤抒情

屈原以《诗经》为根基,明确提出"发愤抒情",并且落实到其创作中。这就是屈原最伟大的地方。"发愤抒情"不仅是对先秦时代发愤抒情传统的继承,也是北方文化精神在楚辞中的发展。例如:

哀民生之多艰。

第七章 美学维度下的英语翻译问题研究

To see my people bowed by griefs and fears.

（杨宪益、戴乃迭 译）

惜诵以致愍兮，
发愤以抒情。
I make my plaint and tell my grief, oh!
I vent my wrath to seek relief.

（许渊冲 译）

哀见君而不再得。（《哀郢》）
My prince is not, I deplore.
哀吾生之无乐兮。（《涉江》）
About my joyless life I groan, oh!

（许渊冲 译）

由上述例子可见，楚辞充满了愤然的激情和痛苦的心境，这种怨愤美是中国早期文学审美的特点。这种审美为中国文学提供了永恒的悲天悯人的传统主题。因此，屈原的诗歌价值不仅仅体现在文学层次上，还体现在审美层次上。

（二）群体的文化精神及翻译

1. 猖狂好斗

猖狂、竞争、家国情怀是楚人的民族性格中的亮点。例如：

国殇

诚既勇兮又以武，
终刚强兮不可凌。
身既死兮神以灵，
魂魄毅兮为鬼雄！

They are indeed courageous, oh! are ready to fight,
And steadfast to the end, oh! undaunted by armed might,
Their spirit is deathless, oh! although their blood was shed;
Captains among the ghosts, oh! heroes among the dead!

（许渊冲 译）

2. 虚幻

对于楚辞的艺术表现手法，人们普遍认同它的虚幻色彩。对此，译文要保留其这种特殊意境，就要准确解读原文的创意。例如：

离骚

朝饮木兰之坠露兮，
夕餐秋菊之落英。

From magnolia I drink the dew, oh!
And feed on aster petals frail.

（许渊冲 译）

第八章　文学维度下的英语翻译问题研究

文学是一种语言艺术的体现,也是人类的一项重要的精神活动,使人们的生活更加充实、有趣。文学翻译是实现文化交流的一项重要途径,通过文学翻译,人们可以阅读其他国家的文学作品,了解其他国家的文化,进而实现跨文化交流。对此,本章将对文学维度下的英语翻译问题展开具体分析。

第一节　文学概述

文学是人们构建自己精神家园的一种精神活动方式。当人们将自己的情绪投入意识中的表象与意象,并通过语言来进行传达时,满足精神需求的文学艺术作品就产生了。本节就对文学的相关内容进行简要论述。

一、文学的内涵

对于"文学"这一术语,学界对其认识多种多样,出现了不同版本的概念。文学属于语言的艺术,语言则属于文学的媒介。

《尚书·尧典》中的"诗言志"是最早对文学观念的表述,此"诗"的功用和特征均用"言"体现出来,而"诗"字本来就是一种"言"(诗人之言)。

就像中国语言中的"文"字的本义是"文字"一样,英语中的 literature(拉丁语为 litera),即最小的语言单位。

柏拉图在《斐德若篇》中指出,文学艺术家天生具有语言才华。

亚里士多德在《诗学》中也提出:文学(诗)在摹仿方式上,诗人与画家或其他形象的制作者一样,通过语言表达自己选取的摹仿对象,诗人在这方面拥有"特权"。

在我国古代的文学理论中,文学性通常是通过诗论集中表现出来并被概括为"诗意""韵味""兴趣""神韵""意境"等术语的,而西方则有"诗性"(Poetical)的说法。俄国形式主义文论以"文学性"作为文学理论的起点。文学理论发展的历程表明:文学创作不断进化,对于文学规律的认识及理论表述随之产生。"文学"这一概念也逐渐形成了一些较为稳定的内涵。这些内涵体现了人类对于文学活动需求的相对一致性,这大概就是有关"文学"实现基本共识与尝试性阐释理论存在的可能性的基点。有关文学的基本共识大致集中在两大方面:一个是创作与文体方面,另一个是文学观念方面。

二、文学的属性

(一)审美性

关于"美",范畴非常广泛,其与审美者的认知与心理有着十分密切的关系。所谓文学的审美性,即文学作品给予读者的一种心理感受与体验。正如学者童庆炳所言:"文学作品是从情感上对读者进行打动与感染,给读者带来美的享受,这就是文学的审美属性。"[1]

文学是语言的艺术,文学作品就是运用语言对艺术世界进行建构,艺术表现力表现的是文学文本的特点。文学文本的各个层次都将其审美性展现出来。具体来说,可以从如下两点进行分析。

1. 文学话语层面

对于文学作品而言,文学话语属于表层结构,是其呈现于读者面前,供读者品读的表层系统。由于文学话语是作者对一些语言材料加以选择,根据艺术世界的逻辑,对话语进行特殊创造,因此这一系统中的语言与一般的语言是存在某些区别的。[2] 与其他的日常用语、科学语言相比,文学语言具有审美特征,并以审美的形式对艺术世界加以呈现,并与人的知觉、感觉等形成同一性,其不仅代表的是艺术形象,而且形式上也具有诗学的功能。

2. 文学意象层面

意象是通过客观物象来寄托主观的情愫,也就是寓意之象,它是文学作品最深处的灵魂。作者常常将自己的思想和情感寄托于意象,用有限的语言来表达无穷的意思。读者要想深刻体会作品的妙处,就要充分理

---

[1] 童庆炳.文学原理教程[M].北京:高等教育出版社,2001:284.
[2] 转引自何远强.文学翻译本质论——兼评"和谐理论"的文学翻译本质观[D].上海:华东师范大学,2006:9.

解作品的意象。

（二）虚构性

文学也具有虚构性，虽然虚构性与真实性看似矛盾，实际上是相互融合、相互依存的。人们常说，"文学作品源于生活又高于生活"，这其中的"高于生活"就是虚构性。文学作品是作者对真实生活的体验和感悟，但作者在进行文学创作时，并不是对生活原模原样地描写，而是进行一定的加工和升华。可以看出，文学作品的虚构性是作者对原始材料所进行的选择、加工和提炼，是作者对原始材料的升华。

第二节 文学翻译的要素与基本问题

一、文学翻译

文学翻译的历史溯源中外有别。国内最早出现的诗歌翻译，可前溯至公元前1世纪，由西汉文学家刘向在其著述《说苑·善说》中记载的古老壮族民歌《越人歌》，是国内文学翻译的起点。国外最早出现的史诗翻译，可前溯至公元前约250年，由古罗马史诗与戏剧的创始人里维乌斯·安德罗尼柯（Livius Andronicus）用意大利粗俗的萨图尼尔斯诗体译出了荷马（Homer）的《奥德赛》（*Odyssey*），用于教学。

自文学翻译诞生之日起，人类对其的思考与探索就未曾止步。当代，对文学翻译的研究更多地开始以专著的形式获得呈现。不同的学者持有不同的研究目的，从多个角度出发，对文学翻译进行了深度研究，得到了环环相扣的各种结论。对于国内外众多学者给出的文学翻译的定义，下面择其要者分而述之。

（1）北京师范大学王向远教授认为，文学翻译主要是对文学作品中的文本信息进行语言转换，这种行为更多地带有介质载体的色彩，而不具备本体属性。

（2）苏联著名文学翻译家兼翻译理论家加切奇拉泽认为，文学翻译的过程也是译者进行文学再创作的过程，译著既要尊重原著的艺术真实，也要反映译者的价值观念和思维理念。

（3）我国知名作家兼文学评论家茅盾先生认为，文学翻译的过程是借助语言营造原著艺术意境的过程，译文需要使读者感受到原著的美与神韵。

(4)我国著名文学研究家、作家兼翻译家钱钟书先生认为,文学翻译不仅仅是对文字牵强生硬地再转变,而应该弥合两种语言之间的文化差异,在译著中保留原著的风味。这种文学翻译的过程,类似于灵魂的迁徙(the transmigration of souls)过程,虽然躯壳有变,然而精神永存。

(5)北京师范大学郑海凌教授认为,文学翻译是译者对原著的艺术化转换,是译者从审美的角度再现原著的艺术风格与思想内容,使读者通过译文就能获得与阅读原著相同的美感和启发。

(6)张今和张宁教授在其合著的《文学翻译概论》中指出,文学翻译是专注于文学领域社会语言的沟通与交际过程。文学翻译的首要任务应该致力于促进社会繁荣、政治清明、经济发展和文化进步,并通过语言间的转换实现对原著镜像的完美展示。

根据上述分析可知,文学翻译的初级阶段涉及文字符号的译介;高级阶段的文学翻译则重在展示原著的艺术风格与形象特质。此时的翻译语言已不再满足于传递信息,而是对原著的再创作,是不同文化观念的融合汇流,是艺术的展示与再现过程,既要客观真实地反映原著,又要追求艺术风格、社会影响和读者效果的有机统一。

文学翻译、翻译文学与很多概念一样,似乎是不言而喻的,很少有人对二者进行界定,更不用说加以区分了。即使是最早为翻译文学呐喊、为翻译文学正名的谢天振,早期也没有对二者进行定义并加以区分。直到1997年,葛中俊在《翻译文学:目的语文学的次范畴》中才对文学翻译和翻译文学之间的不同进行了辨析。翻译文学不同于文学翻译,二者的区别如下所述。

(1)文学翻译是翻译的一种,属于翻译的门类或方法论,与科技翻译并行;翻译文学尽管与翻译的关系极为密切,然而它属于文学范畴,与外国文学、国别文学并行。

(2)文学翻译指的是从一种语言经由翻译者中介向另一种语言过渡的种种努力,是一种方法或过程;翻译文学则是由文学翻译的产品(译作)组成的、处于不断建构之中的体系,即历史上或某一文学阶段翻译作品的总和,是一个集合或实体。

(3)文学翻译的任务在于规定和制作,而作为学科门类的翻译文学的主要职责在于描述和批评。

(4)文学翻译规定的是如何做,而翻译文学描述的是做了什么及做得怎样。

概言之,文学翻译是翻译,做翻译应该做的事,而翻译文学是文学,因

第八章　文学维度下的英语翻译问题研究

此做文学应该做的事。从表面上来看,文学翻译与翻译文学这两个概念之间的差别似乎一清二楚了。其实不然,葛中俊的辨析是基于一个假设,即"文学"和"翻译"两个概念都是不需要定义、不言而喻的。然而,这两个概念并不简单。"文学"与"非文学"的界限有时很难界定,将文学视为"文体、文类等方面的独特的创新模式",历史并不长,学界至今仍然难以说清文学与某一语言之间关系的深浅,更不用说和某一地域、某一民族或某一国家的关系了。

提及翻译,也没有一个公认的定义,有时候与改编、改写很难划清界限。谢天振指出:"文学翻译是一种在本土语境中的文化改写或文化协商行为。两种不同文化的遇合际会,必然经历碰撞、协商、消化、妥协、接受等过程。"不仅如此,由于译者的"隐身",翻译还真假难辨,翻译可能伪装成原创,原创有时也会伪装成翻译。所以,人们采取约定俗成的方式,凡是被"文化中人"公认为翻译作品的,就视其为翻译作品。翻译文学就是这类作品的总集,是译语文学系统的一个子系统,而产生这些产品的过程就是文学翻译(过程)。换言之,翻译文学是文学翻译之果。

葛中俊还给文学翻译和翻译文学指派了任务,认为前者的任务在于"规定和制作",后者的任务在于"描述和批评"。不难看出,葛中俊在此处不仅将文学翻译研究和文学翻译本身混为一谈,而且将文学翻译研究限定在规定性研究范畴,将当下的描述性翻译排除在外。文学翻译研究的任务同样可以是描述,但是描述的重点可能和翻译文学研究不同。以误译现象为例,文学翻译研究从翻译质量的角度考虑,可能关注其数量、造成误译的原因(包括译者有意无意地误译、后续质量控制不严)、如何减少错误等;翻译文学研究则不同,对它来说误译不再是影响质量的瑕疵,而是既成事实,它把误译称为"创造性叛逆",所关心的是误译是否会产生别样的效果等。

谢天振在《中国现代翻译文学史(1898—1949)》的"总论"中,对翻译文学进行界定时持类似的观点。不过,随着翻译研究和比较文学研究的进一步发展,各自研究领域的进一步扩大,文学翻译研究与翻译文学研究之间的差异将越来越小。

二、文学翻译的三要素

(一)诗学观

"诗学观"是针对某一社会而言形成的与文学相对应的主导观念。

在安德烈·勒弗维尔看来,一种诗学观主要由如下两点构成。

第一是论列性(inventory)的因素,涉及文学体裁、文学技法、文学中人物的场景等层面。

第二是功能性(functional)的因素,即指的是作为一个整体,文学系统所承担的具体的功能与责任。

从诗学观对文学系统的意义层面而言,第二个因素显然要比第一个因素更为直接,因为随着一个文学系统的形成,诗学观的第一个因素会与环境相脱离,而第二个因素不会这样。也就是说,功能性因素对于主题的选择是十分重要的,即在选择时一定要与社会系统相符合,以便让自己的作品受到他人的重视与品读。

在文学翻译过程中,译者主要是为目标文化系统中的读者服务的,目标语的文学规范、叙事形式等会直接影响译者,让译者不自觉地选择与目标语相接近的形式进行翻译,从而避免出现"暴力干涉"的局面。也就是说,译者的整个过程不可避免地会受到诗学的影响和制约,并且甚至会导致"扭曲"的出现。

译作想要出版,必然需要读者的接受,因此要构建与目标语文化相符的文学观是没错的,这就是诗学。也就是说,说到底,翻译作品是为了读者服务的。就历史发展的角度来说,时代不同,读者的接受心理也必然不同,并且随着政治、经济等的发展而不断发展。译作的语言也要与时代要求相符,译作之所以能够被接受,在一定程度上表现在语言层面。如果一部译作不能与读者的审美习惯相符,那么就会被否定甚至淘汰。

(二)意识形态

翻译研究一方面应涉及语言、认知以及审美,另一方面也要关注社会影响。因此,译作就是对社会生活的一种反映,而意识形态就是译作与社会生活反映的典型代表。

1. 有关意识形态的研究

18世纪后期,法国哲学家蒂斯特·德·特拉西(Destutt de Tracy)提出了"意识形态"一词,该词表示"观念科学"。由于所有观念均来自人类对世界的经验,所以观念科学一定是自然科学。

在《神圣家族》一书中,马克思提出了"意识形态批判"的概念,之后在《德意志意识形态》中对这一概念进行了分析。

在《历史与阶级意识》一书中,卢卡契(George Lukas)提出了阶级意识与革命运动的关系,并且对"虚假意识"的哲学概念进行了论证。

第八章 文学维度下的英语翻译问题研究

意大利哲学家葛兰西(Antonio Gramsci)全面阐述了意识形态及"霸权"的概念,批判了卢卡契提出的"虚假意识"这一说法,指出成功表述的意识属性图是有关世界的常识性构想,与社会实践是息息相关的,体现在艺术、法律、经济以及个人生活的所有表征上。他认为,统治阶级在一定程度上是通过意识形态对其他阶级进行"控制"和"霸权"的。

2. 翻译研究中的意识形态

研究翻译的意识形态的代表人物是佐哈(Even-Zohar)和图里(Toury),这一研究最初是由研究翻译中多元综合系统引发的。佐哈的"多元系统论"是翻译研究学派的重要理论背景之一,以文学多元系统为探索对象。佐哈将文学多元系统置于文化这个大多元系统内进行研究,因此其"多元系统论"自诞生之日起就有明显的文化指向。随着时间的推移,"多元系统论"也演变为一种普通文化理论。由于翻译文学是佐哈重要的考察对象之一,因此"多元系统论"的文化指向自然而然地渗透到翻译学研究中来。图里继承了佐哈的思想,他在早期探索了文学翻译规范,并在"多元系统论"的基础上建立了翻译规范的理论模式,因此就自然沿袭了佐哈关注文化的传统。受两位学者的影响,安德烈·勒弗维尔在《翻译的文学:一种综合理论》一文中提出了"折射文本"的概念。这里的"折射文本"即为某种读者而进行加工的文本,目的是适应某种诗学或者某种意识形态。以安德烈·勒弗维尔为主的翻译研究文化学派,将翻译视为改变社会的催化剂,认为翻译能建构或者操纵话语或者建构所需要的文化。显然,马克思主义意识形态理论衍生出了"操纵"这一概念。安德烈·勒弗维尔在其著作中对什么是意识形态以及它与翻译的关系进行了全面论述。

安德烈·勒弗维尔认为,由于某种社会团体的共享信仰与价值观,当源语与目的语的价值观或信仰发生冲突时,意识形态迫使译者或者文本操纵者对敏感文本进行干预,即用自己的知识信仰取代原文,因此翻译活动会牵涉对原文的某种形式的意识形态的操纵。

如果译作想得到目的语文化、意识形态的认同,其就不得不对译文进行改写或者删节,使译文遵从目的语的文学式样与风格。假如原文的风俗习惯、概念等对目的语读者而言是难以理解的,译者就要对其进行适当的调整。假如译作的意识形态与目的语意识形态相吻合,意识形态与诗学保持一致,那么译作在出版发行以及读者反应方面就不会遇到麻烦。假如译作的一些内容向目的语的意识形态或者价值观提出挑战,译者要么对译作内容进行改写、删节,要么之后再出版。

通常，主流意识形态之下存在着暗流，意识形态并非如同铁板一样，曾经被禁止的可能重新畅销，变成主流，边缘可能走向中心。不同历史时期的翻译作品的基调反映不同的意识形态。

（三）赞助人

一部作品的翻译出版不仅仅是译者的个人行为，从译著的选择、出版，甚至到接受，均有赞助人（patron）这一"看不见的手"在发挥作用。对于赞助人的定义，《兰登书屋词典》给出了如下解释。

（1）A person who is a customer, client, or paying guest, esp. a regular one, of a store, hotel, or the like.（商店、旅馆等场所付账的顾客、客户、客人等。）

（2）A person who supports with money, gifts, efforts, or endorsement an artist, writer, museum, cause, charity, institution, special event, or the like: a patron of the arts; patrons of the annual Democratic dance.（使用现金、馈赠、付出努力或承诺来支持艺术家、作家、博物馆、某项事业、慈善活动、机构或特别活动等，如意识形态赞助人。）

（3）A person whose support or protection is solicited or acknowledged by the dedication of a book or other work.（通过寻求支持或者保护，而将作品敬献给某人。）

（4）A saint regarded as the special guardian of a person, group, trade, country, etc.（个人、团体、行业、国家的特别保护者或圣人。）

（5）(Roman History) the protector of a dependent or client, often the former master of a freedman still retaining certain rights over him. [（在古罗马史上）指依附者或者客户的保护人，一般是自由人之前的主人，但对其拥有一定的权力。]

（6）(Ecclesiastical) a person who has the right of presenting a member of the clergy to a benefice. [（在基督教会中）指某个人有资格引荐有薪俸的牧师成员，或者指圣职授予权。]

由以上定义可知，因为西方是一个市场经济社会，并且基督教文化影响人文艺术的创作，所以赞助人不应该是发起人的含义，而是庇护人、保护人、恩主、主顾、保护神、旧奴隶主等，涉及商业、艺术、行业等领域。

安德烈·勒弗维尔在对影响文学系统及构成系统各个文本的诸多因素进行探讨时，提出了翻译赞助人这一概念。他指出，赞助人是"有权势的人或者机构，可以促进或者阻碍文学阅读、文学创作及改写"。英语中的"有权势"与福柯的权力话语有一定联系。权力贯穿于知识的产生与

第八章 文学维度下的英语翻译问题研究

传播。权势最具体的体现就是赞助人。赞助者是促进或阻碍文学的阅读、创作和改写的力量。

安德烈·勒弗维尔指出,操纵控制文学系统的主要有两种类型:系统之内的专业人士以及系统之外的赞助人。在文学翻译系统中,翻译的功能主要受三个因素的制约:文学系统专业人士、系统外的赞助人、主流诗学。安德烈·勒弗维尔提出的文学系统中的这三个因素,对翻译功能产生了巨大影响。改写和操纵是实现这一功能的重要手段。其中,系统外的赞助人的作用可以通过三个方面发挥作用,分别是意识形态、经济利益以及权势地位,即意识形态因素控制作品的观点,经济利益决定作者和改写者的收入,地位元素决定社会地位。勒非弗尔理解的作为赞助者因素之一的意识形态是涉及的一系列利益。从某种程度上来说,这些利益与在社会历史生活中居于核心地位的权力机构的保持与颠覆有关。译者要保证译作的出版就难免要按赞助人或出版机构的意愿对原作做或多或少的叛逆,不惜对译本增减删改以达到诸如篇幅适当、适宜大众口味或为某一读者群量身定作之类的目的。

在进行翻译研究的过程中,最容易被忽略的领域就是赞助人系统。实际上,估计中外的多数翻译实践活动都是由赞助人系统支持完成的。古今中外,大量的翻译文本,如果没有赞助人的帮助,是难以顺利完成的。作为权力机构的代理人,赞助人可能会推动或妨碍翻译事业。我国的佛经翻译从汉代到南北朝再到唐宋,始终未脱离官方的赞助。翻译改写活动与其说是反映了意识形态的控制,不如说是赞助人在施加影响。对于翻译的改写活动,除了属于译者的个人行为外,更重要的是赞助人在发挥作用。与其说赞助人对"诗学"感兴趣,不如说是对意识形态感兴趣。

从诗学层面说,翻译是从技术角度改写原文的。译者改写源语文本的同时是对源语文本的一种控制,可能会将现有的诗学与思想意识进行巩固,也可能对其进行破坏。改写有利于引进新的概念、方法与文学样式。所以,改写主要服务于权利。改写的积极作用在于推动文学的进步,进而推动社会的进步。然而,改写也能对改革进行压制,有时甚至是歪曲的。在安德烈·勒弗维尔看来,既然翻译是一种改写,那么翻译研究不需要将译文与原文进行对比。这一观念是对"原著中心论"的质疑,是对"译语为中心"观点的确定。纵观西方翻译史的发展历程,其中出现了不少翻译改写,如古罗马对古希腊经典作品的改写,文艺复兴对古希腊、古罗马作品的改写。随着现代掌握拉丁语和希腊语的人越来越少,被改写的译文逐渐替代了原文。

确切地说,"诗学"层面的"改写"与意识形态层面的"改写"是不同的,前者改写原文是为了便于译者理解和接受,确保翻译可读性;后者改写的目的更主要体现在内容上突出特定阶级的主导思想。总之,20 世纪之前的"改写"实践与赞助人有着密切联系,而意识形态的改写活动主要发生在 20 世纪后期。

三、文学翻译的基本问题

(一)语境问题

翻译属于言语活动,翻译的对象不是语言系统,而是言语产物即话语,这就使翻译行为脱离语言系统而进入言语范畴。在文学翻译过程中,文学文本中的语词、语句等的语义表征,在译者的言语行为中与具体的文化语境相结合,从而产生动态的意义。语词的意义随着语境的变化而变化,因语言使用者的赋义而生成意义,同一个语词在不同的语境中会产生不同的含义,不同的使用者也会赋予语词不同的用法,因而衍生不同的意义。

文学翻译行为包含复杂的对话语境。文学翻译行为的语境与现实语境有很大的差别,并且复杂得多。现实语境是日常的生活,人们在现实语境中的交往是直接的,是与人进行直接交往与对话的。现实语境要求一个人在交际行为中理解一个话语的同时,要满足有效性的要求,或履行一项义务,或做出一个回应。

交往中的人可以互相听见、看见,形成最直接的对话关系,文学翻译行为却涉及文学文本和文学译本的内部语境、文学文本和文学译本所依存的外部语境、跨语言跨文化的语境转换等。文学翻译行为涉及复杂的语境,既包括了上下文发生言语行为的情境、某个社团的社会文化(即文学文本创作的内外部语境),更包括了译者所面临的跨语境以及译语读者所处的文化语境。

国内有学者曾经对文学翻译过程中的语境构成及其相互作用进行分析,提出一系列适用于文学翻译研究的新概念,如情境语境、个人语境、语境差异、语境化等。文学翻译研究中的许多问题都与语境密切相关,如归化和异化、不可译性、再创造、译者的风格等基本问题,都是在语境转移过程中因语境差异和语境化而引发的。

的确,文学译者运用另一种语言对原文进行意义重构,"在交流中使意义再生"的过程,是实现跨语境的文学交流与对话的过程,译者须考虑语境化、语境差异和语境变化等复杂的语境因素。

第八章 文学维度下的英语翻译问题研究

现实语境是发生言语行为的实际情境。文学文本(原作)语境是虚拟的世界,除了上下文以外,还指文中描写的事件情境。在文学文本语境中,有作者模拟现实而描写出的"实际"交往情境、作品的基调和情绪气氛,包括主人公在其中进行活动的情境(场合、语域等),作品中的对话、环境以及作品主人公的年龄、身份、地位、职业、性格等特征。在文学译本语境中,同样具有按照实际生活规则而描写出的"实际"交往情境,这仍是虚拟的世界。文本语境与现实情境之间存在着重大区别,这是文学文本与实际生活之间的区别。

在日常交往实践中,言语行为的活动领域是行为的具体语境,其中参加者必须熟悉所处环境,并且要处理一些问题;在文学文本中,言语行为的目的是让人接受,接受又使读者从行为中解脱出来,他所遇到的语境以及他所面临的问题和他没有切身关系,文学并不要求读者采取日常交往所要求于行为者的那种立场。值得注意的是,这里提到的"读者",主要是普通读者,不是指以一个读者身份解读文学文本的"译者",至少二者之间存在着差别。

译者只是在阅读文学文本的移情体验、想象过程中,才像一个普通读者,即只负责接受的普通读者,但是在整个跨语境的文学审美交际过程中,译者绝不仅仅是一个普通读者,他还是一个再创作者,是文学译本的当之无愧的作者。所以,译者不可能从翻译行为中解脱出来,他所遇到的语境问题都与他具有密切关系,只有在审美对话过程中,把握好了语境转换和语境差异,像一个现实中的言语行为者那样,参与到实际的翻译行为当中,才能履行其应负之责任。

文学译者在跨语境的交流对话中,必然有着自己的立场,有着自己的情感倾向,有着自己的任务,他需要对作者的思想和精神意趣进行审美把握,并设法用另一种语言表达出来。这些都是单纯作为一个普通读者的移情感受无法相比的,从这个角度来讲,译者在文学翻译跨语境的交际对话中的再创作身份与普通读者有着明显的不同。

译者参与文学文本语境中的对话,在想象中倾听和接受文学文本虚拟世界所发生的存在事件,充分地把握原作中的"客观化"内容而发掘意义,并设法在跨语境中表达意义,在用另一种语言表达出来时,译者需要根据读者及其接受环境的需要来调整文学译本的表达。

译者参与的对话环境包括:在想象中参与文学文本虚拟世界中的作者与主人公的活动,暂时忘记自己,随作者一起经历主人公的生活事件和言语行为,深入体验,并且对文本中的人与人之间的关系进行审美把握。

译者在解读原文摄取意义的过程中,文学文本以外的语境(原文所依存的环境)也进入译者的视野,成为不可回避的因素。这就是说,译者必须在文学文本产生的环境中去理解作品,同时又要使文学译本适应新的环境,从而在跨语境中实现意义的交流与再生。走过这一个复杂的过程,是非常有意义的,因为这是获得生活意义和世界意义的过程,译者通过与作者以及作品中的人物的交流与对话,丰富了自身的阅历,给自身的进步注入了外来的力量。

总之,通过对文学翻译行为的复杂语境的粗略考察,我们的眼前展开了广阔的语境世界,从而使我们认识到文学翻译不是一个封闭的过程,文学翻译行为并不局限在文学文本内部,而是超出了文学文本运作的范围,变成了在美感经验和艺术交流的事件中,通过他人(作者、主人公)的观察和体验向我们揭示生活意义和世界意义的视野。文学翻译是一种跨语境接受与对话交流的审美交际行为,通过作者、作品、译者和读者之间的交互作用,实现艺术的现时经验和过去经验、此地经验和彼地经验的不断交流沟通。

(二)主体问题

为了深入揭示意义是如何产生的问题,有必要探讨文学翻译行为中的主体及主体性问题,在沙夫看来,意义即是互相交际的人们之间的一种关系,所以探明了文学翻译行为中的翻译主体及主体间性问题,就是对于意义问题的一种间接解释和说明。翻译主体研究近几年来成为国内翻译理论界的研究热点之一,但我们也不得不看到,诚如许多学者认为的,国内的翻译主体研究还处在起步阶段,许多方面,如翻译主体性、翻译主体间性等问题的研究还只是一个开端,还需要更深入、更全面的研究。

翻译主体和译者主体性问题是解决文学翻译行为中的意义问题的前提条件,意义与翻译行为中的主体(人)密切相关。只有弄清了翻译主体及其之间的关系,以及弄清翻译主体性,才能真正解决文学翻译中的意义生成问题。译者虽不是原创作者,却在文学翻译行为中起着关键的作用,文学翻译是从译者独特的位置进行跨语境的审美交际行为,译者是文学翻译行为中的主角,译者是翻译主体,这是毫无疑问的。但是,还有哪些主体,这些主体之间的关系如何,他们在文学翻译行为中所起的作用如何,都是需要探究的问题。

第八章　文学维度下的英语翻译问题研究

（三）文学传统问题

1. 文学传统与文学翻译

传统只是埃文-佐哈尔（Evan zohar）的多元系统的一个子系统，所以下面首先对多元系统进行概述，在此基础上探讨文学翻译与翻译文学。

（1）多元系统理论

由于语言的问题，俄国形式主义文学理论直到 20 世纪六七十年代才为西方文学界所熟悉。20 世纪 60 年代末 70 年代初，以色列学者埃文-佐哈尔受俄国形式主义理论启发，提出了多元系统假设，后来这种假设逐渐演变成多元系统理论，并逐渐走出文学领域，进入文化系统。

多元系统假设的背后隐含着一条原则：文学要素不再被看作孤立的，而是相互联系的。换言之，文学作品并不只是文学技法的简单堆积，而是一个结构整体，一个有秩序、分层次的集合。文学要想常新，就必须不断地将新的文学技法纳入前景中，而将其他技法贬谪。

不过，与其说是这些新的技法重要，不如说重要的是它们与周围事件的关系。文学不是社会中孤立的行动，它受到独特的、不同于一切其他人类行为的法规约束，是人类行动中一个完整的并且常常位于中心的强大因素。

埃文-佐哈尔明确指出，多元系统的思想源于俄国形式主义文学理论。当然，影响埃文-佐哈尔的还包括接受和发展了俄国形式主义理论的捷克结构主义者，以及苏联符号学家尤里·洛特曼（Yury Lotman）。在俄国形式主义理论家中，尤里·梯尼亚诺夫（Yury Tynjanov）对埃文-佐哈尔的影响最大，尤其是 1924 年和 1927 年的两篇论文：《文学事实》（*The Literary Fact*）和《论文学进化》（*On Literary Evolution*）。

梯尼亚诺夫在《文学事实》一文中提出，文学事实就是一个"关系实体"（relational entity），所谓的文学作品、文学类型、文学时代、文学或文学本身，实际上是若干特征的聚合，这些特征的价值完全取决于它们与网络中其他因素之间的相互关系。这个网络就是一个系统，而且是一个变动的系统。文学研究必须置于共时和历时两个维度之下来进行。只有在这样的关系中，才能确定某一作品、某一时期、某一类型或某一文学与众不同的特点。共时和历时的交汇之处将会显示不断变化的统治和依附关系。由占据统治地位、拥有特权、已经经典化了的中心构成的系统在运行一段时间后变得僵化，被从系统边缘爬出来的更具有活力的新形式所取代。

1927年,梯尼亚诺夫在《论文学进化》一文中又提出,文学的进化在于"系统的变异"(mutation of system),而所谓的变异是指系统内要素之间关系的变化,最典型的就是中心和边缘位置的互换。这个变异过程并非缓缓地发展或成长,而是充满了推推搡搡,充满了分裂、斗争和颠覆。

1928年,梯尼亚诺夫与雅各布逊(Roman Jakobson)合作的一篇短文中,两位作者指出:"倘若文学是一个系统,那么文学史反过来也可以视作一个系统,因为'进化'必须是系统的。"倘若文学通过系统的进化过程而形成一个系统,那么人们就有理由把其他的文化和社会活动看作系统。这些林林总总的系统之间的关系就形成了一个"系统的系统"。

(2)翻译文学与文学传统

多元系统理论将翻译文学视为一个系统,是译语文学这个多元系统的一个子系统。翻译文学一头连接源语文学,一头连接译语文学。换言之,翻译文学联系着两个文学传统,其中"外国文学—源语文学—传统"通过翻译文学这个中介影响"本土文学—译语文学",促进新的"本土文学—译语文学—传统"的形成。

对外国文学传统来说,翻译文学像是撒出去的种子,在译语文学系统内生根发芽,生命得到延续。但是,人们永远也不可能将某一外国文学系统全部移植到译语文化中来,只能有所选择,甚至是盲目选择。其结果是翻译文学所展现出的传统可能与源语文学传统大相径庭,甚至面目全非,如晚清对侦探小说、传记小说的推崇,不免使人对英美小说传统产生误解。所以,依照翻译文学去推断源语文学传统无异于盲人摸象,把翻译文学等同于外国文学是自欺欺人。正如谢天振指出的那样,翻译文学"已不复是原来意义上的外国文学作品"。

翻译文学源自不同的外国文学系统。由于译者所代表的文化势力如何,以及他对这一文化所持的态度怎样,都会在译者的不自觉中以这样或那样的方式制约着他的语言选择,所以在不同时期对外国文学作品的选择必然不同。早先遗漏的作品也许会受到青睐,原先热门的类型如今也许会无人问津。就这样,翻译文学不断进化,形成其特有的传统。然而,这一点却很少有人注意到,文学史只是在无可避免的情况下才会谈及翻译作品,并且绝大多数人提到翻译文学想到的仅仅是个别作品的"翻译"或"翻译作品",从没有想到翻译文学是一个特殊的文学系统。翻译文学绝不是某一个或某几个文学系统的移植。它源自外国文学系统,在本国文学系统中扎根,是一个杂合的系统。

对于本国文学系统来说,翻译文学就像搅局的鲶鱼,使得原本可能是死气沉沉、僵化的系统充满了活力。通过翻译文学所引进的新概念、新类

第八章 文学维度下的英语翻译问题研究

型和新技巧等,使本国文学系统得到了输血。在外来因素的催化之下,本国文学传统经历了淘汰和新生,其中一部分从中心走向了边缘,一部分得以保留甚至发挥,其中心地位得以巩固,还有一部分则和外来因素进行化合,产生新的传统。

例如,现实主义本是我国古代文学的传统之一,到了20世纪二三十年代,受苏联文学的影响,批判现实主义逐渐成为新文学传统,甚至一度占据绝对的统治地位,其他要素无不望之披靡。到了20世纪70年代末,随着我国改革开放以及引介西方各种文艺思潮和文学传统,批判现实主义不再一统天下,而是群雄逐鹿,一些曾经被放逐的要素又重新登场,一些崭新的外国传统也挤上了舞台,我国的文学领域变得热闹非凡、丰富多彩起来。

当然,有时候外来的文学冲击力比较大,本土文学传统一下子难以消化,因此不得不改变其范式,通过一场革命来吸收接纳外来因素。所以,翻译史也就是文学革新史,是一种文化影响另一种文化的历史。不过,人们还应当注意到另外一种情况,不妨称为"隐性翻译"的影响。如果说把实实在在的翻译(包括改编和改写)叫作"显性翻译"的话,那么那种因为阅读外国文学著作等而在文学创作过程中受到的影响则称为"隐性翻译"的影响。

相对于显性翻译的影响,人们很难对隐性翻译的影响进行实证研究。文学之间的相互影响很多时候难以确证,没有作者的自陈,有时候明知道作者受到某种影响,对其中的过程却很难弄得明白,不知道究竟是受到直接的影响,还是经由其他途径受到间接的影响。以钱钟书为例,他在《围城》中所反映出来的受外国文学影响的文字中,究竟有哪些是受到小时候阅读林译小说的影响?又有哪些是在他游学欧洲时受到欧洲文学的直接影响呢?这一点人们也许永远不得而知。事实上,有时候连作者自己也无法弄清楚。

例如,某位作者曾经阅读或听闻过某些事,这些事进入了作者的记忆库。由于人脑不是电脑,记忆库中的事件随着时间的推移有的会变得模糊,不经过特殊刺激,很难被调用;而有的则部分变得模糊,不再完整。因此,作者在进行创作并调用这些记忆时可能连自己也不太清楚其来源。尽管如此,这种隐性翻译的影响仍然是值得关注的课题。相对于显性翻译所体现出的不完整的外国文学传统,这种无形的翻译可能体现的是更全面的外国传统。

2. 文学传统影响下的文学类作品翻译

文学类作品的翻译过程会不断发生改变,并对文学传统起到一定的反拨效应。基于此,下面就对这两个层面展开分析。

（1）文学传统对文学类作品翻译的制约

人们都存活于传统中,呼吸到传统的气息,每时每刻都受到传统潜移默化的影响。文学传统也不例外,也时刻影响着一切文学行动,包括文学类作品翻译。社会上的大多数人都不希望抛弃传统,也就是那个整个发挥着作用的文化范型综合体。传统意味着成功范型,显然与前途未卜的创新相比更有吸引力,更值得效仿。反抗传统意味着走上一条前途不明的道路,也许会成功,成为文学史上的丰碑,但是更有可能倒毙在途中,成为文学发展道路旁的累累白骨。传统就以这种润物无声的方式,让身处传统中的人进行抉择。

文学传统并不直接影响翻译过程,而是通过赞助人来发挥影响。安德烈·勒弗维尔认为赞助系统、专家、意识形态和诗学控制着文学系统,因此也就控制着文学的生产和流通。在控制文学系统的几个要素中,意识形态和诗学、文学传统一样并不直接控制,而是通过赞助系统和专家来实现控制的目的。

事实上,文学传统和意识形态、诗学颇有共同之处。按照安德烈·勒弗维尔的定义,意识形态即"制约我们行动的形式、习俗和信念的网络",而诗学则包括两部分:"一部分包含文学技巧、类型、主题、原型人物和情境、象征符号等;另一部分则是指文学观念,即文学作为整体,在整个社会系统中所扮演或应该扮演的角色。"那么,什么是文学传统呢？那就是有关文学的观念、思想、技巧、主题等,而按照《辞海》的定义,文学则是"社会意识形态之一"。

可见,文学传统、意识形态和诗学概念相互交叉,有很多重合之处,只不过传统强调延传,意识形态着眼于政治、经济方面,而诗学则侧重文化方面。所以,适用于安德烈·勒弗维尔系统中的意识形态和诗学也基本适用于文学传统,不过意识形态要素的约束力要远远大于诗学和文学传统的约束力。在安德烈·勒弗维尔的文学系统内,文学活动包括文学类作品翻译,直接受到两方面的制约。

第一,文学系统中的专业人员,即批评家和评论家(影响作品的接受)、教师(决定用什么做教材)以及翻译家(决定翻译文本的诗学观念和意识形态)。他们偶尔会压制明目张胆地违背主流诗学或意识形态的作品,不过更多的时候会对作品进行改写,直到作品符合主流诗学或意识形态。

第二,文学系统之外的赞助系统,即促进或阻碍文学的阅读、创作和重写的力量。其中,包括有影响或有权力的个人、团体(出版商、媒体、政党或政治阶层)以及规范文学和文艺思想流通的机构(国家学术机构、学术期刊,特别是教育机构)。赞助系统可通过意识形态、经济利益和社会地位三个方面发挥作用。意识形态决定文学与其他社会系统之间的关系,经济利益保证作家的生计,社会地位提供特权和知名度。由于受到这两方面的制约,文学类作品翻译活动并不是完全自由的。换句话说,文学传统通过赞助系统和专业人员这两个代理在一定程度上实现了对文学类作品翻译的操控。

(2)文学类作品翻译对文学传统的反拨

文学传统在一定程度上操控文学类作品翻译,而文学类作品翻译反过来又对文学传统形成反拨。

首先,文学传统虽然具有相对稳定性,但是并非铁板一块。在主流文学传统出于维持稳定的目的而选择某些或某类作品进行翻译时,必然有支流对这些作品进行排斥,引进别的作品,冲击主流文学传统,促进文学变革。有时为达到目的,反抗者甚至不惜"发明"传统,意图狐假虎威,借助外部的力量来实现内部的革命。

其次,尽管在文学系统的稳定阶段,翻译可能成为保护传统趣味的手段,但是翻译通常都是引进新观念、新文类、新技法的媒介。虽然文学内部有一个反文学传统,但是传统中人由于思想受传统的束缚,除了走向其反面外,往往没有太多的办法。通过文学类作品翻译,反抗者可以接触到不同的文学传统,找到现成的榜样,于是在外来要素的催化下,新的文学作品诞生了并成为文学传统的一部分,文学传统不断进化。

第三节 文学维度下英语翻译的具体策略

一、小说的翻译实践

小说是以艺术形象为中心任务,通过叙述和描写的表现方式,在讲述部分连续或完整的故事情节并描绘具体、生动、可感的生活环境中,多方位、多层面、深刻且具象地再现社会生活的面貌。通过阅读小说翻译作品,人们可以充分了解国外人们的思维,并借鉴他们的文学营养。小说是对社会现实的反映,所以翻译小说还需有宽广的知识面,具备丰富的社会文化知识,同时要具备一定的文学鉴赏能力,必备一定的母语表达能力,既能对源语意会,又要能用译入语言传。

(一)小说的文体特征

小说的目的是通过情景描写、人物刻画等使读者有所感悟,因此在文体上有着显著的特点,具体表现为以下几个方面。

1. 使用形象与象征手法

小说一般很少通过抽象的译论或直述其事来表达观点和情感,而是多采用意象、象征等手法来形象地展现观点和情感。

为了让读者有更加深刻的体会和感悟,使读者产生身临其境之感,作者常会采用形象的语言来描绘一些具体的场景、事件和人物,即将抽象具体化,用有形体现无形。作者通常会通过词语表达来体现这一特点,具体是准确用词,使用限定词和修饰语。

象征手法在小说中经常被使用,象征常通过用启发、暗示的方式激发读者的想象,其语言特点以有限的语言表达丰富的言外之意和弦外之音。[①]

2. 句式复杂多变

小说语言要生动活泼,活灵活现,跌宕起伏,这样才能吸引读者阅读。对此,作者常会在句式上下功夫,如长短句交替使用,圆周句与松散句相互结合等。

3. 注重讽刺与幽默效果

小说在表达道德和伦理等教育意义时,一般不直接说明,而是采用讽刺的方式表示,这样可以得到强化意图的目的。幽默对增强语篇的趣味性有着重要作用。讽刺和幽默的效果一般要通过语气、音调、语义、句法等手段来实现,它们是表现作品思想内容的重要技巧。

4. 人物语言个性化

小说要刻画鲜明的人物形象,人物语言是展现人物鲜明形象的重要途径之一。小说人物的性格、身份、教养等各不相同,有的文雅、有的粗俗,对此作者就要通过不同的语言来展现不同人物的个性,这也是作者塑造

---

① 侯维瑞. 英语语体[M]. 上海:上海外语教育出版社, 1988:197-198.

第八章 文学维度下的英语翻译问题研究

人物形象的重要手段。读者通过这些语言,可以了解某一人物的性格,甚至推测到有关这一人物更多的情况。

(二)小说的翻译方法

1. 审美与翻译

小说以人的情感脉动为主线探索宇宙与社会,而情感的脉动离不开由心理事实构成的人的精神世界,因此小说的创作与欣赏是人的一种审美活动。翻译离不开语言审美,小说翻译也是如此。刘宓庆指出,翻译必须回归美学,翻译学应该成为美学的重要分支。另外,翻译研究应大力倡导科学的理论原则,要加强语言间的互补性研究。翻译研究要摆脱二元化的认识局限,不能认为除了直译就是意译,二者并非相互排斥的关系,更多是表现为你中有我、我中有你。例如:

The excellence of every art is its intensity, capable of making all disagreeable evaporate from their being in close relationship with beauty and truth.

任何一种艺术的高超之处就在于它具有强烈的感染力,因为它与美、与真紧密相连而使种种有失于怡人的成分烟消云散。

(刘宓庆 译)

在本例中,译者就是将直译和意译结合起来,才建构出了这样优秀的译文。这正是梁启超所谓的好的翻译,也就是直译和意译的圆满调和,对"二元化"的优化解构。

翻译审美中必须把握住作者的情志、意旨,才能以此为准绳选择词语,确定译文总体风格、风貌或风骨的再现。

如果属于文学语言,就没有必要管一字对一字的准确、一句对一句的工稳、一段对一段的齐整了。所要求的是笼罩全书的气氛,是鸟瞰整体宏观的架构,把语言不能表达的表达出来。既是文学的本质,翻译一事就不能用任何肯定的方法,只有求之于从模糊中显出要表达的意思来。求"雅"是文学之为艺术的唯一要求,"信"与"达"是不能列为要求的条件的。翻译小说,是翻译文学语言,是把日常语言所不能表达的东西予以表达。不能谈"信",也不必谈"达"。

2. 语体与翻译

语体分为口头语体和书面语体。书面语体又分为文言语体和白话语体。这两种书面语体先后成为小说创作的工具,并一直共存。文言语体注重写意传神。文言小说语体可以吸收口语元素以及韵语、骈语,以至译音译意外来词等各种成分。通常情况下,当文言语体中引进了较多的口语元素时,就越能发挥写实描摹的作用,也越能将写意表现得更加充分,这样就慢慢形成了"杂而文"的语体特色。由于文言语体在写意功能上具有很大的延展性,因而文言修养较高的人几乎可以近似地描摹任何事物。

古代小说的两种书面文体是动态发展的,俗和雅是发展的两端,两种语体从不同出发点进行相向运动,文言语体的由雅趋俗,白话语体的由俗趋雅,最后实现语言的雅俗融合和雅俗共赏的终极目标。这就表明通俗化和艺术化是小说文体对语体和语言发展的根本要求。近年来,由于翻译文化转向潮流来袭,学界开始注意到了林语堂成功的翻译活动及其对中西方文化交流的价值。他始终将忠实、通顺和美作为自己的翻译目标。例如:

惟每年篱东菊绽,秋兴成癖。

The chrysanthemum, however, was my passion in autumn of every year.

在上述例子中,林语堂将"癖"译为 passion 而不是 addition,让西方读者认识到了中国人赏菊的审美情趣,以及菊花在中国文化中独有的地位。

在《围城》中钱钟书以掉书袋的方式评人评事,英文、法文亦手到擒来。与其说是幽默,不如说是讽刺。《围城》中的中外夹杂句子出现在叙述部分时,多半是中外并置,中文多为外国词语下定义或释名词。那对话又如何呢?《围城》中有一段描写方鸿渐拜访张先生,张先生喜欢在言语里中英夹杂,简单举一个例。

张先生大笑道:"我不懂什么年代花纹,事情忙,也没工夫翻书研究。可是我有 hunch;看见一件东西,忽然'What d'you call'灵机一动,买来准 OK。他们古董掮客都佩服我,我常对他们说:'不用拿假货来 fool 我。Oh yeah,我姓张的不是 sucker,休想骗我!'"关上橱门,又说:"咦,headache,——"便按电铃叫佣人。

Mr. Chang laughed heartily and said, "I don't know anything about period designs. I'm too busy to have time to sit down and study it. But I have a *hunch* when I see something, and a sudden—*what d'you call*? — inspiration comes to me. Then I buy it and it turns out to be quite *OK*. Those antique dealers all respect me. I always say to them, 'Don't try to *fool* me with fakes. *Oh yeah*, Mr. Chang here is no *sucker*. Don't think you can cheat me!'" He closed the cupboard and said, "Oh, *headache*,"

第八章 文学维度下的英语翻译问题研究

then pressed an electric bell to summon the servant.

(茅国权 译)

原书夹杂的英文字在英译本中自然是不译,但译者把原来的英文字以斜体来表示,以资区别。这倒不失为一个聪明的方法,至少在英译本中可以看出原文就掉的是洋书袋,比加小注要高明些。

二、诗歌的翻译实践

诗歌是一种运用高度精炼、有韵律且富有意象化的语言来抒发情感的文学样式,是具有一定外在形式的语言艺术。诗歌用优美的形式表达思想、传递情感,可以咏志,可以言情,可以表意。诗歌翻译是沟通世界文学艺术的一个重要渠道,也是促进诗歌发展的重要方式。

(一)诗歌的文体特征

1. 形式与风格特征

(1)结构形式少变

英语诗歌文体的发展与演变尤其独特之处,相较于其他文学形式,诗歌的形式与语言的演变较为缓慢。其中,十四行诗这一形式就是一个经久不衰的范例。意大利首先出现了将十四行、抑扬格、五音步用作全诗的形式,16世纪中期传入英国,并受到当时文人的宠爱,莎士比亚、斯宾塞等诗人都写过著名的十四行诗。18世纪,十四行诗逐渐没落,但后来又被浪漫派诗人济慈、沃兹沃斯等人所复兴,以后许多诗人也多有采用。从十四行诗的发展可以看出,英文诗歌的形式相较于其他文体比较缓慢。

(2)语言风格独特

从16世纪开始,英文诗歌的风格就有着不同的时代特色。在当时,诗歌的语言多呈现朴素自然的风格,与人们的生活用语相贴近。到17世纪下半叶,古典主义风格开始盛行并确立,当时很多诗人都采用"英雄双行体"的诗歌形式,这种形式韵律整齐,句法明确,用词妥帖,可以说语言风格完美。到18世纪,诗人开始脱离古典主义的道路,开始使用朴素自然的语言来抒发情感,浪漫主义在文艺领域逐步确立。19世纪中叶以后,诗歌领域又出现了现代派的新风,一些诗人开始用更加自由的诗体来抒发情感,甚至有些诗人用不规范的语言(如俚语)来写诗歌,以获取不一样的效果。

2. 美学特征

诗歌是一种文学性程度很高的文学样式,而且有着高境界的美学特征,具体表现为如下两点。

（1）意境美

诗歌的意境美主要是诗人通过将自己的思想情感与所描绘的风格完美地融合在一起,达到情景交融的目的,并通过语言表达出来,从而使诗歌产生意境之美。诗歌的美妙之处也体现在诗歌的意境美上,意境也是诗歌的命脉所在,通过与意象相结合,可以使人产生美感。创造意境也可以说是诗歌的命脉,通过深奥高远的意境的营造,不仅可以生动地展现诗歌的内容,还能给人带来精神和思想上的享受,使人获得心灵上的审美愉悦,达到思想与情感上与诗人的交流。例如,罗伯特·弗罗斯特《未选之路》与《雪夜林边小驻》所呈现的静谧与沉思,拜伦的《她在美中行》当中的素雅与纯真,华兹华斯《我好似一片孤独的流云在游荡》中的闲适与欢欣等,每首诗歌都洋溢着一种意境美,给人充分联想的空间,让人深刻感悟诗歌的情趣与精神。

（2）意象美

意象是诗歌最深处的灵魂。所谓意象,就是寓意之象,也就是通过客观的事物来承载主观的情愫。诗人常常将自己的所思所想寄托在一定的意象之中,从而达到"言有尽而意无穷"的效果。读者只有充分理解诗歌的意象,才能深刻感悟诗歌的美妙之处。意象发挥到淋漓尽致的莫过20世纪初期的意象诗派诗人,他们多采用新奇的句法、鲜明的意象创作诗歌,使诗歌富有意象美。

（二）诗歌的翻译方法

诗歌是一种重要而且古老的文学形式,诗歌艺术的发展在很大程度上也影响着整个文学艺术的繁荣。通过诗歌,人们可以充分展现个人情怀,包括对人生的感叹、对情与爱的抒发等。诗歌翻译是沟通世界文学艺术的一个重要渠道,也是促进诗歌发展的重要方式。就文学文体的翻译而言,诗歌翻译的难度很大,因为诗歌中的诗味和音韵美等很难翻译。在具体的翻译过程中可以采用以下几种方法。

1. 准确传达意思

诗歌翻译首先要准确传达原文的思想内涵,使译文符合译入语的表达习惯,以便于译文读者理解。形式与内涵同等重要,但在保留形式的基

第八章 文学维度下的英语翻译问题研究

础上无法有效传达诗歌的含义,此时就要舍弃形式,在直译的基础上进行必要的调整,即采用调整翻译法进行翻译。

2. 充分还原美感

诗歌有着极强的美感,这在形式上、韵律上、文辞上和意境上有着鲜明的体现。因此,译者需要在准确传达原文思想内涵的基础上充分还原原文的美感,从而使译文读者获得美的享受。具体而言,译者可采用以下几种翻译方法。

(1)形式翻译

实际上,很多诗歌的形象与思想都是密切相关,诗人往往会通过恰当的表现形式来充分表达自己的思想情感。在翻译这类诗歌时,就要采用形式翻译法,使译文与原文形式保持一致,以传递原文的形式美,保留原文的韵味。

在诗歌中,其形象和诗歌的思想内容有着密切的联系。诗人若想更加全面地表达自己的思想,就应该选用恰当的诗歌表现形式。具体而言,形式翻译要注意两点。首先,要保留原文的诗体形式,在翻译时,译者要将原文所包含的文化特性与诗学表现功能传递出来。其次,要保留原文分行的艺术形式。不同的诗行形式演绎着各不相同的诗情流动路径,体现着作者各种各样的表情意图,所以译者应充分考虑诗歌分行所产生的形式美学意味。

(2)解释性翻译

解释性翻译是介于调整翻译与形式翻译之间的一种翻译方法,它强调在保留原诗形式美的基础上,要传递原诗的意境美和音韵美。

在音韵美方面,要求译作忠实地传递原作的音韵、节奏以及格律等所体现的美感,确保译文富有节奏感,并且押韵、动听。在意境美方面,要求译诗与原诗一样可以打动读者。

在进行解释性翻译时,译者要注意语言与文化方面的问题,译者要尽量创作与原文在形式、音韵、意境上相对等的作品。

三、散文的翻译实践

散文是一种自由的文体,其结构灵活自由,语言韵律优美,意象生动,意境深远,有着独特的风格。因此,散文的翻译不仅要表达原文的意义,还要传达原文的美感,再现原文的意境。

(一)散文的文体特征

相较于其他文学形式,散文有着独特的文体特征,主要体现在体裁和语言两个方面。

1. 散文的体裁特征

(1)题材广泛

散文的题材十分广泛,生活中的细小事件、场景以及对某个事物的态度等都会成为作者写作的对象。在写作过程中,只要与主题相关的材料,都可以拿来用,经过作者的精心构思和安排,就可以形成一个有机整体。

(2)结构松散

散文的结构自由和松散,散文可以描述、可以议论、可以抒情。散文的结构松散并不是说散文没有结构,散文的内容与主题和风格是相一致的,所有的描写都要围绕主题开展。可以说,散文是形散神不散,这也是散文的显著特征。

2. 散文的语言特征

(1)简练、畅达

在散文中,简练是最基本的特点,正是因为散文的简练性,其能够将作者所要表达的内容高效地表达出来,也不失其中的态度与情感。所谓畅达,即作者在写作中运用词句顺畅注入,在抒发情感上也是如此。在散文中,简练与畅达是重要的两个层面,是散文艺术的生命线,二者是相辅相成的关系。

(2)口语化且富有文采

散文语言具有明显的口语化特点,作者常常根据自己的风格、姿态等来展开写作,将作者的个性凸显出来。但是,这一特征并不是表明散文是没有文采的,而是在口语化的语言中衬托着真挚的情感,是真正的文采。

(二)散文的翻译方法

1. 准确传达情感

作者创作散文的主要目的即表情达意、抒发情感,情感是散文的灵魂所在。在翻译散文时,译者首先要传达原文的情感,做到译文与原文在情感效应上达到对等,即使译文读者获得与原文读者相同的感受,对此译者可采用移情法进行翻译。具体而言,译者在翻译之前首先要了解原文的

第八章　文学维度下的英语翻译问题研究

写作背景,明白作者的写作思想,将自己放在与作者相同的情感地位上,切实体会作者的思想情感,进而对其进行传达。

2. 充分还原意境

散文作者常将自己的情感表达寄托在一定的意境描写上,从而给读者带来美的享受以及引发读者对生命的思考。因此,在翻译时译者也应注重对原文意境的还原。但散文的语言表达十分自由,对此译者也应不拘泥于原文的表达,也应做到收放自如,在准确传递原文思想的基础上,通过优美、流畅的语言再现原文的意境。

第九章 文体学维度下的英语翻译问题研究

无论是英语中还是汉语中都有着丰富的文体类别,对不同的文本体裁进行分析对于翻译来讲十分重要。简单来讲,文体是独立成篇的一种文本体裁,是一种独特的文化现象,有着丰富的内涵和形式。不同的文体有着不同的特点,也对应着不同的翻译方式。本章将对文体学维度下的英语翻译问题进行探析。

第一节 文体学概述

一、文体

《现代汉语词典》对文体的解释是"文章的体裁"。

《辞海》中将文体解释为两点,首先是"文章的风格",而"文章的体裁"居于第二位。

根据分类标准不同,文体可以划分成不同的类型。

从广义层面来说,以交际方式作为划分的标准,即可以划分为口语体与书面体;以时间作为划分标准,即可以划分为古代文体与现代文体;以交际目的作为划分标准,即可以划分为文艺文体与实用文体。

从狭义层面来说,多指文学文体。

在翻译学中,文体主要指的是文章的风格,并且其风格与作者的个性关系密切。简单来说,作者就有鲜明的个性,那么文章也会具有鲜明的风格。就这一角度而言,如果一名作家非常出色,那么必然是文体家。文体并不是作家进行简单的语言组合,其中包含了作家对社会、生活的体会和感悟,从而努力推动社会的变革与发展。

二、文体学

20世纪六七十年代,形式主义文体学非常盛行,直到21世纪初,文体学与语言学的联系都非常紧密。2004年,辛普森(Simpson)重新对文体学进行定义,他将传统上文体学研究中使用的"语言学"一词改为"语言",并将文体学定义为"一种将语言摆到首要位置的文本阐释方法"。[①] 自此,文体学与语言学逐渐脱离。目前,对文体学比较常见的一种界定是由利奇(Leech,2008)做出的:"文体X是Y内所有跟文本或语篇样本相关,被一定语境参数组合所定义的语言特征的总和。"[②] 利奇对文体学的界定指向的是作为语篇特点的文体。

第二节 翻译文体学研究

一、文体学对翻译的指导

文体学指导着翻译的实践活动。对文体知识的了解和学习有助于译者在翻译时对文体色彩予以关注,从而增强译者对不同文体类型与语言风格的处理能力。

在进行翻译时,应该保证译文语体风格与原作风格的一致。也就是说,如果原文使用的口语体,那么在翻译时也需要使用口语体,同样如果原文使用的是书面体,那么在翻译时也需要使用书面体。

译者要想真正地做好翻译工作,需要对原作的"语域"有清楚的了解,除了要保证意义上的"合意"外,还需要对语用层面的"合宜"予以关注。译者需要对原作的风格特点有所熟悉,并对译文的文体风格进行准确把握,从而应对多变的语码转换。同时,译者需要具备丰富的知识与文化素养,不断提升自身的文体意识,这样才能在翻译的时候做到得心应手。

二、翻译文体学的界定

一直以来,中外学者都对文体学与翻译的关系进行了深入研究,并逐

[①] 转引自邵璐.西方翻译文体学研究(2006—2011)[J].中国翻译,2012(5):10.
[②] 同上.

渐形成了一门新的学科——翻译文体学。下面将通过阐述翻译文体学的相关知识来了解文体学与翻译之间所具有的密切关系。

由于译者文体并不是译文所展现的静态的语言特征，上述的文体学定义在广义上可以用在译作的分析层面上，但是对于译者文体并不适用，因此这时候诞生了翻译文体学。

Popovic（1976）首先对翻译文体学进行了研究和分析，在他看来，翻译的文体对等是原作与译作某些成分的功能对等，以便于产生具有意义等同这个不变量的一种表达层面的等同。① 在 Popovic 看来，翻译文体学主要是对译作与原作文体层面的对等展开的研究，并认为要想实现文体的对等，就必须对原作忠实并且能够将充分性展现出来。

Chan 认为，翻译文体即译者从美学与主题的视角出发做出选择，翻译文体学属于文学批评的范畴。② 实际上，在翻译研究中，将翻译文体学归入文学批评中是不合理的，因为这样对于文学性过于强调，无法将翻译本身的跨学科性与复杂性体现出来。

当下，结构主义思潮等的引入使得翻译研究更为多元化，更与翻译研究的实际贴近，从多文体、多角度出发对翻译展开研究，并将对等与不对等等问题置于研究范畴。

第三节　文体学维度下英语翻译的具体策略

一、文体学维度下的商务英语翻译

（一）商务英语概述

近年来，商务往来日益频繁，尤其是国际上的商务往来，在商务交流中，商务翻译的作用日益凸显。商务英语是以英语作为基础的一门学科，具有英语语言学的特点，同时商务英语主要是在商务活动中使用，因此需要将英语知识与商务知识结合起来。因此，商务英语除具有英语的一般

---

① Popovic, Anton. *Dictionary for the Analysis of Literary Translation*[Z]. Edmonton: Department of Comparative Literature, The University of Alberta, 1976: 6.
② Chan, Tak-hung Leo. *Readers, Reading* and *Reception of Translated Fiction in Chinese: Novel Encounters*[M]. Manchester & Kinderhook(NY): St. Jerome Publishing, 2010: 178.

第九章　文体学维度下的英语翻译问题研究

特点外,还具有自身独特的一些语言特征。

1. 专业术语丰富

所谓专业术语(technical terms),是指适用于不同学科领域或专业的词汇,其具有明显的文体色彩和丰富的外延、内涵,是用来正确表达科学概念的词。商务往来中少不了商务英语尤其是大量专业术语的使用。

在商务文体中,有些术语是普通词汇在商务英语文体中的专用。例如,All Risk 在保险领域应理解为"一切险",而不是普通英语中的"所有危险"。再如,At Sight 在国际贸易支付英语中的意思是"见票即付",并非是普通英语中"看见"的意思。在商务文体中,还有些词汇是仅仅用在商务活动中,这些专业词汇在普通英语中基本不会使用。需要指出的是,专业术语与行话并不是同一个概念。专业术语属于正式用语,而行话在非正式用语中经常使用。例如,know-how(专业技术),cargo interests(各货方)等。

总之,商务文体中的专业术语非常丰富,译者在翻译过程中首先要正确理解这些专业词汇的含义,以免产生误译。

2. 正式词汇使用较多

一方面,商务英语文体用词需要简单易懂;另一方面,由于商务活动涉及双方的利益,因此为了保证合作双方的利益,在选词时需要做到天衣无缝。正式词汇更能确保商务文书的准确性、严谨性,并增加文本的慎重感,所以正式词语在商务文体中的使用频率非常高。例如:

ask 可以用 request 代替

end 可以用 expiry 代替

prove 可以用 certify 代替

like 可以用 along the lines of 或 in the nature of 代替

before 可以用 prior to 或 previous to 代替

3. 缩略语丰富

商务活动讲究务实高效,而缩略语化繁为简、快速便捷的特点使得其在商务表达中十分受欢迎。所谓缩略语,就是人们在长期的国际商务实践中,约定俗成、演变而确定下来的词汇。商务文体中的缩略语大致有四种,即首字母缩略语、首字母拼音词、拼缀词以及截短词。例如:

CSM ← corn, soya, milk 玉米、黄豆混合奶粉

CAD ← Computer-Aided Design 计算机辅助设计

medicare ← medical+ care 医疗服务

trig ← trigonometry 三角学

flu ← influenza 流行性感冒

taxi ← taximeter cab 出租车

4. 长句较多

虽然在商务活动中人们比较喜欢用简洁的语言来交流,但为了防止出现歧义,引起不必要的纠纷,人们需要清晰地表达出来所要说的是什么,这就导致商务文体中经常出现句义完整、严密的复杂句。当然,商务文体中的复杂句并不是啰唆冗长,而是必要的表达方式,它可以使要表达的概念和内容更加地清晰明了,使行文更加严谨。

5. 修辞手段丰富

商务英语讲求表达客观、实事求是,而修辞则是修饰言论,即在使用语言的过程中,利用多种语言手段以收到尽可能好的表达效果。表面上看,商务英语和修辞之间似乎毫不相关,更不应该有联系。事实上,商务文体中常常使用各种修辞手段,二者相得益彰,十分和谐。这是因为修辞作为增强语言表达效果的有力武器,可以有效增强商务英语的生动性、艺术性和感染力,从而加深读者的印象。

They murdered us at the negotiating session.

谈判时他们枪毙了我们的方案。(夸张)

The loss of jobs is regarded by some as a necessary evil in the fight against inflation.

有些人认为要遏制通货膨胀就难免有人得失业。(隐喻)

(二)商务英语翻译的策略

1. 遵循商务英语的翻译原则

任何翻译活动都要遵循一定的翻译原则,如此才能更顺利地完成翻译任务。在商务英语翻译中,译者需要遵循的原则有很多种,如简洁、通顺、专业、准确等原则。这里重点强调严谨准确原则与规范统一原则。

首先,译者在翻译过程中,要保证书面翻译和语言表达符合基本规范,保证双方的利益,了解不同领域和流程中语言使用上的差异。

其次,如前所述,在商务文体中有很多专业术语,译者翻译时不能任意变化这类词汇的意思和表达,必须正确使用,以免影响商务交际效果。

最后,在涉及基本的细节问题,如时间、质量和价格等时,译者要把握好分寸,在遵循准确原则的基础上,尽量用简洁的方式来表达完整的

第九章 文体学维度下的英语翻译问题研究

内容。

2. 了解不同国家的文化背景知识

翻译是语言之间的转换活动,而语言本身是文化的重要组成部分和反映,因此翻译必定受文化因素影响。商务文体的翻译也不例外。不同国家有不同的社会制度、历史条件、文化环境、思维方式等,这些差异都很容易使译者在翻译过程中产生分歧。因此,为了更好地翻译商务文体,译者必须全方面地了解并掌握不同国家的文化背景知识。在此基础上,译者要本着认真负责的态度,避免在翻译时产生误译甚至错译。

3. 掌握必要的商务文体翻译技巧

英汉两种语言在词汇、句法、修辞等方面均存在很多差异,加之商务文体有其自身的语言特点,因此译者在进行商务文体英汉互译时必然会遇到很多困难,这就需要有一定的翻译技巧做指导。在商务文体翻译中,译者可采用的技巧有很多,如直译、意译、反译、增译、省译、创译等。译者在具体的翻译实践中可根据实际情况灵活选用。

一般来说,在翻译中能直译的就尽量直译,在商务文体翻译中直译多用于翻译专业词汇、简单句或带有修辞的语句。如果直译行不通,译者可以采取意译法,舍弃形式而注重意义的传达。译者也可以将属于某种词性的词语转译为属于另一种词性的词语,即采取转译技巧,如动词转译为名词、名词转译为动词或形容词、形容词转译为名词或动词等。在处理复杂长句的翻译时,译者可以采用顺译法、逆译法及综合法等。此外,在商务广告的翻译中,译者还可大胆采用创译法,充分发挥想象力,将原文的意境翻译出来。

二、文体学维度下的新闻英语翻译

(一)新闻英语概述

1. 词汇特点

(1)使用简短词

一些形象生动、简明扼要的简短词在新闻中经常被使用,它们可有效增强新闻的可读性与趣味性。例如,在表述"破坏"时,新闻文体并不用 damage,而是用 hit、hurt、wreck、ruin 等。

（2）使用新闻词

很多普通词汇在新闻文体中都有着广泛的使用,但是这些普通词汇的含义在新闻文体中发生了变化,被赋予了与新闻密切相关的特殊含义,最终形成了新闻词汇。这些词汇往往词义宽泛,而且简明生动,非常有利于新闻的表达。例如:

head 率领,带领

pact 协议,条约

clash 冲突,争议

sway 影响,支配

（3）多用新造词

新闻最能体现社会的发展,常报道一些最新情况和新鲜事物,因此常使用一些新造词,同时淘汰一些不适应社会需要的旧词。例如:

news blackout 新闻封锁

citynik 都市迷

holiday blues 假期忧郁症

2. 句法特点

（1）使用被动句

新闻的首要目的是向大众传播信息,为了突出重点,让读者更快地了解信息和事件,新闻文体常广泛使用被动句。例如:

At least 53 persons, most of them children, were killed Saturday in a bus accident in the central part of France.

伤亡人数和对象是上述报道想要强调的内容,所以上述报道采用了被动形式,突出了信息中的重点。通过被动句表示的效果是陈述句远不能相比的。

（2）使用套话与行话

新闻文体中有着固定的套语和行话,如在表示新闻来源时,就可以采用与之相对应的套语或行话。例如:

It has been announced that... 据称……

According to reliable sources... 据可靠人士称……

上述套话不仅使用便捷,而且能有效提高新闻工作效率,因此备受新闻工作者的青睐。

第九章 文体学维度下的英语翻译问题研究

（二）新闻英语翻译的策略

1. 把握翻译要求

（1）准确性

新闻语言表述客观、严谨，很少掺杂个人情感，所以在进行新闻翻译时应确保译文的准确性。如果新闻语言不够准确，不仅会让读者理解错误，还会引发常识性错误，所以在对新闻文体进行翻译时，要根据上下文来翻译词语，因为有些语义是由语境决定的。

（2）清晰性

新闻的主要作用是向受众传递信息，而便于受众准确理解和获取信息，新闻翻译就必须做到清晰。如果译文意思模糊，偏离原文信息，也就无法达到传播的效果和目的。

要做到译文清晰，译者就要充分了解中西方语言和文化差异，并按照译入语的思维方式和表达习惯进行翻译，以便于读者清晰理解和掌握新闻信息。中国有着很多独特的文化现象和语言表达，外国受众对其往往都感到比较陌生，此时在翻译时就要进行简短的说明和解释，以便外国受众清晰理解。例如，对于"打白条"这一特色词语，外国读者是很难通过其字面意思理解其本质内涵的，此时在翻译时就可以借用英语中的 issue an IOU 这一现成表达，这样就便于被外国读者理解。

2. 掌握翻译技巧

（1）运用对称结构

新闻标题常会由两个句子组成，形式对称，内容对照。在翻译此类新闻标题时，译者要注意寻求意义对等，同时保证形式对称。例如：

Food drops "great TV", but almost useless.

空投食物无异作秀，杯水车薪于事无补。

在上述新闻标题中，前后两句是对称的，这样的翻译可以从形式到内容上更好地传达出原文的意蕴。

（2）补全背景

新闻标题不能无限制地写，其长度要控制在一定的范围内，也就不能将与新闻事件相关的全部信息包含在内，常常会省略一些信息。针对这一情况，译者要把握标题的重心，同时考虑读者的心理，将读者不熟悉的重要信息加以补充说明，同时可以删除一些不必要的内容。例如：

I Worry that We Won't Live to See Our Daughter

日朝人质何时休,老母盼儿泪满流

如果直接进行翻译,上述标题可译为"我担心活不到见到女儿的那一天",这样翻译虽无过错,却未能给读者传播任何有用信息。上述译文对当时的语境条件进行了增补,简明扼要地交代了事件的背景,这样不仅便于读者了解,也能激发读者的情感。

(3)巧译修辞手法。

修辞格在新闻文体中的使用十分普遍。对此,在翻译新闻标题时,尽量保留原文的修辞手法,如果无法还原原文的修辞手法,也可用其他修辞手法代替,从而达到与原文相似的语言效果。例如:

All Work, Low Pay Makes Nurses Go Away.

工作繁重薪水低,护士忙着把职离。

上述标题仿拟了英语谚语"All work and no play/bakes Jack a dull boy."但汉语中很难找到与之语义相同、修辞方式相似的表达,此时只能舍弃原文的修辞形式对其进行调整翻译。上述译文虽然没有保留原文的修辞手法,但尾韵修辞的使用不仅读起来朗朗上口,而且便于读者理解,具有异曲同工之妙。

第十章 语用学维度下的英语翻译问题研究

随着语言学与翻译学研究的深入,很多学者开始从语用学角度对翻译展开研究,以拓宽这方面研究,并构建了很多与之相关的语用翻译思想。这些研究对于翻译而言有着巨大的意义。本章就从语用学维度入手分析英语翻译问题。

第一节 语用学概述

语用学是一门系统性学科,是语言学的一个重要分支,其主要是对语言的运用与理解展开分析。本节就对语用及语用学的定义展开探讨。

一、语用

语用使用的目的在于交际,是传达思想、交流情感的手段。因此,人们在运用语言时会选择适合的语境,采用不同的语言手段,传达自身所要表达的内容,并保持人际关系。

需要指出的是,要想保证交际的顺利展开,仅依靠基本的词汇、语法是远远不够的,还需要掌握一些非语言知识,如百科、文化背景等。另外,发话者还需要在交际的过程中不断合理调整语言形式与策略。可见,语言交际是一门学问,并且基本的能力与恰当的策略对于交际的展开是不可或缺的。

在日常交际中,一些信息可以直接被理解到,一些信息却隐含于语言之中。例如:

Teacher: what's the time?
Student: My bike was broken.

上例是教师与学生之间的对话,学生迟到了,教师非常生气,学生并没有给予直接的回答,而是说"车子坏了",言外之意就是说"因为车子坏了,所以才迟到的。"其实这样的回答已经提供了教师相关的信息,看似是答非所问的,但是教师转念一想就可以明白。

在交际过程中,语境条件也是影响交际的重要因素,也能够体现出交际人的能力。在日常交际中,一些话语看似不相关或者关联性较差,但是从语用学角度分析是可行的。例如:

Husband: How about?

Wife: The data has been took away.

通过分析可知,上例中妻子和丈夫有着共知的信息,因此丈夫通过两个词就可以让妻子理解。对于外人来说"How about?"仿佛句子没有说完,也不可能理解,但是对于拥有共知信息的妻子来说,是非常容易的,因此在说话时丈夫省略了后面的内容。

很多时候,尤其是与陌生人展开交际时,语境信息往往表现为客观的环境。这时,交际方需要根据推理来理解。例如:

Passengers: I want to check my luggage.

Flight attendant: The luggage office is in the west side of the second floor.

表面上看,上例中旅客是向服务员描述一种信息,但仔细分析,旅客是在向服务员寻求帮助,询问行李处的具体位置,服务员推测出旅客所要表达的意思,给予了旅客具体的位置,使得交际顺利完成。

另外,在日常交际中,很多话语并不只是为了传递信息,更重要的是为了维护人际关系。从语义的角度分析,这些话可能是无意义的,但是从人际交往的角度来说,这些话也是必不可少的。例如:

A: It's fine today, isn't it?

B: Yeah, really fine.

上例是英美人的一种常见的寒暄方式,类似于中国人所说的"吃了吗?"表面上看,两人是在谈论天气,实际上他们并不是对天气的关心,而只是作为交际的开场白而已,这样的话并没有什么信息量,但是这样的开启方式有助于搞好人际关系。

总之,上述这些例子在日常生活中非常常见,这些都是语用的范畴,并且类似的现象也都不是无缘无故产生的,与特定的语境有着密切的关系。

二、语用学

对于什么是语用学,不同学者对语用学有着不同的认识,这里仅列举

第十章　语用学维度下的英语翻译问题研究

一些有代表性的学者及其观点。

语用学是语言学的一个分支学科,因此其与语言学的其他学科有着密切的关系。著名学者格林(Greem,1996)认为,语用学是包含语言学、文化学、人类学、心理学、社会学等在内的一门交叉学科。因此,要想知道什么是语用学,必然需要从不同角度入手分析。

这里再列举一些列文森((Levinson)提出的有代表性的定义,以便帮助读者从中总结语用学关注的普遍问题及其涉及的普遍因素,进而加深对语用学的理解和认识。

(1)语用学探究语言结构中被语法化或被编码的语言与语境之间存在的具体关系。

(2)语用学对语义学理论进行研究,但其中不包含意义的层面。

(3)语用学研究语言理解必需的语言与语境之间的关系。

(4)语用学对语言使用者能否将语句与语境相结合的能力进行探究。

可见,要为语用学下一个准确、全面且统一的定义是很难的。

托马斯指出,语用学研究一方面要考虑发话者,另一方面要考虑听话者,还应考虑话语的作用与影响意义的其他语境因素。简单地说,语用学的研究对象是发话者与听话者之间、话语与语境之间的互动关系。

布莱克莫尔等人(Blakemore et al.,1992)从话语理解的角度对语用学进行界定,认为听话者的语言知识与世界百科知识之间是存在差异性的,这种差异包含了语义学与语用学的差异。

事实上,在什么条件下,发话者会对具有特定意义的某个话语或结果进行分析与选择,在什么条件下,听话者会运用某种技巧或方式对意义进行理解,为何会选择这一方式,对于这些问题的分析,都是属于语用学的范畴。

第二节　中西语用翻译观

经过中西方翻译理论家的努力,语用翻译研究已经取得了一些成效,并逐渐形成语用翻译思想。本节就从中西方两个视角探讨语用翻译理论,为翻译研究开辟一个更为广阔的空间。

一、中国的语用翻译理论研究

从1987年开始,我国将语用学置于翻译理论研究之中,当时香港大学举办了一场翻译理论研究的讨论,其中将语用与翻译的融合视作重点探讨对象,并在此基础上探究了英汉翻译中的语用对比问题。自此,一些学者开始对语用翻译理论展开分析。

(一)赵元任的研究

中国著名学者赵元任在他的《译文忠实性面面观》一书中指出如果译者要想确立语言意义,就必然需要将语境考虑进去。[①]赵元任还指出,功能与语用是对等的关系,并且语用的对等要明显比语义的对等层次高。例如:

wet paint

在这一例子中,很多人会将其译作"湿漆",显然这是直译出来的,但是翻译是错的,因为汉语中并不存在这样的表述,其正确的含义是"油漆未干"。这样的翻译才是对等的翻译。

(二)曾宪才的研究

学者曾宪才(1993)对语用翻译观展开探究,并认为应该将语用、语言与翻译研究融合起来。曾宪才指出,对原文意义的再现是翻译最主要的任务。[②]

所谓对原作意义的再现,即涉及语用意义与语义意义这两个层面。翻译的语用意义的再现对于译者来说是非常困难的,其涉及的内容有很多,如联想意义、表征意义、风格意义、社交意义等。对于这么多的内容,译者如何采用正确的技巧展开翻译是需要认真考虑的问题。

(三)何自然的研究

何自然教授根据奈达的"动态对等翻译"理论,将语用翻译视作一种等效翻译理论。[③]具体来说,其涉及如下两点内容。

第一种是语用语言等效翻译,即主要是在词汇、语法等语言知识层面

[①] 转引自王宗炎.介绍赵元任《译文忠实性面面观》[J].中国翻译,1982(3):14.
[②] 曾宪才.语义、语用与翻译[J].现代外语,1993(1):23-27.
[③] 何自然.语用学与英语学习[M].上海:上海外语教育出版社,1997:185-186.

第十章 语用学维度下的英语翻译问题研究

的翻译,其翻译中心在于对原作内容的保留,不在乎形式,而是尽可能接近目的语。

第二种是社交语用等效翻译,即从社交的角度来研究等效翻译,尤其是在跨文化的场合之中。

另外,何自然教授还认为,翻译活动中会涉及原作作者、译者、译文读者三者之间的关系。因此,译者应该分析语境与原作之间的关联性,并采用各种语用技巧对英汉语言差异进行处理,从而实现两种语言的等效对等。

对于语用翻译对等理论,何自然教授给予了这样一个例子。

宝钗独自行来,顺路进了怡红院……不想步入院中,鸦雀无闻。

(曹雪芹《红楼梦》)

译1:...The courtyard was silent as she entered it. Not a bird's cheep was to be heard.

(霍克斯 译)

译2:...To her surprise, his courtyard was utterly quiet.

(杨宪益夫妇 译)

通过对比不难看出,译1暗示着院子中有鸟儿,只是没有声音,而译2没有提到这一点,但是翻译时与原作更为接近,表达的是一种寂静的环境。因此,何自然教授认为译2实现了与原作的语用对等。

(四)钱冠连的研究

著名学者钱冠连先生也提出了语用翻译理论,在钱冠连先生看来,译者应该处理好混成符号束、语境和智力干涉的参与和干涉之下的语义隐含。① 当然,在处理这些问题时需要考虑如下三点。

第一,必须保留作者隐含的意图。

第二,在保留时必须有混成符号束、语境和智力的参与和干涉。

第三,要重视"文化亏损"现象。

只有注意到了这三个层面,才能真正实现等值翻译。

二、西方的语用翻译理论研究

当然,对于语用翻译研究,西方很多学者较早地给予了关注,下面就来分析一些学者的观点。

---

① 钱冠连.汉语文化语用学[M].北京:清华大学出版社,2002:249.

(一)哈蒂姆和梅桑的研究

著名学者哈蒂姆和梅桑(Hatim & Mason)最早对语用翻译展开分析和研究,他们在《话语与翻译》(*The Translation as Communicator*)一书中指出了语用学与翻译二者之间存在的必然联系。同时,两位学者还将合作原则、言语行为问题等置于翻译研究之中。

除了这一点,他们还将语境研究置于翻译研究之中,并根据具体的语境来分析源语,要求译者对源语进行把握,从而呈现原作的意图。

(二)贝尔的研究

英国著名语言学家贝尔(Bell)研究了认知与翻译的关系。在贝尔看来,翻译需要经历如下几个环节。[①]

(1)视觉词汇识别系统与书写系统。
(2)句法处理器。
(3)语义处理器。
(4)语用处理器。
(5)思维处理器。
(6)计划器。

另外,贝尔还将翻译的这六大环节划分为分析与综合两个阶段,并且这两个阶段都包含句法、语用、语义这三个层面的操作域。

翻译过程是从源语到目的语的转向过程,并且这一过程必然会经过语用分析器与语用综合器。

一般来说,语用分析器有如下功能。

一是通过语用分析器将信息的主位成分分离。

二是对分析的信息展开语域分析。

语用综合器包含如下功能。

一是对原作意图进行处理。

二是对原作主位成分进行处理。

三是对原作风格进行处理。

当然,无论翻译处于语用分析阶段还是语用综合阶段,译者都需要对语境展开分析,提取语用信息与命题内容,对原作语域、主位成分进行合理的处理,这样才能准确地进行翻译。

---

① Bell, R. T. *Translation and Translating: Theory and Practice*[M]. Beijing: Foreign Language Teaching and Research Press, 2001: 167.

第十章 语用学维度下的英语翻译问题研究

(三)利奥·希金的研究

著名学者利奥·希金(Leo Hickey,2001)编写的《语用学与翻译》(*The Pragmatics of Translation*)一书,从多层面就语用学对翻译活动的意义进行了分析和探讨,这些层面包含如下内容。[①]

(1)新旧信息之间的关系。
(2)前提与指示的关系。
(3)合作原则与文化翻译的影响。
(4)模糊限制语的使用。
(5)语用前提与语义前提的出现。

另外,利奥·希金还认为,从语用学角度对翻译进行研究,有助于实现译文与原作的等值,最大限度地保证译文读者获得与原作读者相同的阅读感受。

第三节 语用学维度下英语翻译的具体策略

一、宏观语用学的翻译

(一)对比语用学的翻译

在具体的实践中,对比语用学对翻译有着重要的影响。具体来说,翻译理论、翻译方法等是基于原作与译作的对比建构起来的。为了实现自己的任务,翻译理论必须明确原作与译作对同一意义表达的异同,并基于此找出应对二者差异的方法。

从语言结构上说,译者需要探究英汉两种语言的结构、描写手段,对两种结构进行对比,如词汇、句子、语篇等,只有这样才能全方位、多角度地了解两种语言。由于中西方文化的差异性,导致中西方翻译主体翻译观的差异,从而影响对翻译语言的选择。例如:

"My dear Mr. Bennet," said his lady to him one day, "have you heard that Netherfield park is let at last?"

(Jane Austin: *Pride and Prejudice*)

---

① 转引自钟海英.文学翻译策略的语用理据[J].广东技术师范学院学报,2007(11):38.

王一科译：有一天，班纳特夫人对她的丈夫说："我的好老爷，尼日斐花园终于租出去了。你听说过没有？"

孙致礼译："亲爱的班纳特先生"，一天，班纳特太太对丈夫说道："你有没有听说，尼日斐庄园终于租出去了。"

在王一科的译文中，My dear Mr. Bennet 译成了"我的好老爷"，这与中国文化很适应，但是很容易产生文化误导。实际上，在奥斯汀的英国，男尊女卑也是存在的，但是称呼上并没有达到"老爷"的情况。因此，按照原作直接翻译为"亲爱的班纳特先生"会比较好，即孙致礼的翻译会符合表达习惯。

（二）词汇语用学的翻译

根据词汇语用学，在翻译过程中，译者需要对词汇运用的不确定性加以处理，如前面所说的词汇休克、词义调整、形容词的语用属性等问题，从而对源语的词汇语用意义进行合理的转译。

（三）语篇语用学的翻译

作为语用学的一个重要分支，语篇语用学研究的最终目的在于交际的顺利开展。语篇语用学的翻译也是研究者关心的一个话题，其存在是有一定的理据的。

1. 日常语言观

路德维希·维特根斯坦（Ludwig Wittgenstein）在前期的研究中，受伯特兰·罗素（Bertrand Russell）的人工语言学的影响，提出了形式化语言学。但是，随着自身研究的深入，维特根斯坦逐渐改变了之前的看法，转向对日常语言的研究，提出了一个著名的语言观——意义即用法。之后，这一理论为语篇语用学翻译提供了重要的依据。

综上来说，维特根斯坦是日常学派的代表，是核心与关键人物。他在后期的《哲学研究》一书中，明确了日常语言分析的重要性，并对后人关于日常语言学的研究产生了重要影响。虽然，他从未说自己属于日常语言学派，但是西方学者们都将其看作创始人。

2. 符号学观点

20世纪30年代后期，著名学者皮尔斯（C. Peirce）提出了符号学的相关理论，而后查尔斯·莫里斯（C. Morris）对该理论进行了深入的研究和分析，并提出了"符号三分说"。正是由于"符号三分说"这一经典定义，

第十章 语用学维度下的英语翻译问题研究

"语用学"术语诞生。之后,莫里斯对语用学的定义进行了修正,指出语用学是符号学的一部分,其随着符号所在的行为活动中对符号起源、符号用法、符号功能等进行考察。

在《符号学理论基础》中,莫里斯指出:句法学主要侧重于研究符号与符号间的形式关系,语义学主要侧重研究符号与符号所指对象间的关系,语用学主要侧重研究符号与符号解释之间的关系。之后,无论发生什么改变,语用学中的两个要素是不发生改变的:一是符号,二是解释者。因此,语用学实现了从符号与符号间关系转向符号与符号解释者关系的目的。换句话说,如果人们抓住了符号与符号解释者这两大要素,那么语用学的研究就不会脱离轨道。

3. 功能文本类型

在《翻译批评的可能性与局限性》中,卡塔琳娜·赖斯(Kantharina Reiss,1971)首次提出了功能类别这一概念,作者从对等论的一些观点入手来分析和研究功能类别,其标志着翻译学术分析的开始。

基于卡尔·布勒(Karl Buhler)的语言功能论,赖斯又提出了文本类型的相关问题,她将文本类型划分为三种。

(1)信息型文本。
(2)表达型文本。
(3)操作型与视听媒体文本。

但是,很多学者认为视听媒体文本的划分过于勉强,因此在之后的发展中,很多学者强调的是信息型文本、表达型文本与操作型文本这三大类,并总结出三大文本各自的特点。

信息型文本一般具有简朴的文字,将内容作为文本的核心,所陈述的内容具有较强的逻辑性,并且内容与话题是交际的焦点。

表达型文本属于创作类别的文本,即其中富含了创造力与想象力。这类文本的内容非常具有审美价值,彰显出作者特别的传递信息的方式以及独特的审美特点。

操作型文本的目的在于促进行动,即通过要求或劝阻等让读者采取行动。

对于赖斯的研究成果,学者曼迪(Munday)给予了很高的评价,并认为其是对纯语言层面,即文字与意义层面的超越,其将视野拓展到翻译的交际层面。

4. 翻译质量评估

当代著名翻译家朱莉安·豪斯（Juliane House）对翻译质量评估方法展开分析和研究，提出著名的翻译质量评估模式，并根据研究的结果，提出"翻译分类学"这一概念。所谓翻译分类学，是指分析源语文本与目的语文本的相同点与差异性，将翻译划分为两大类：一类是显性翻译，一类是隐性翻译。

豪斯在《翻译质量评估模式：一种重访模式》一书中，他吸取了韩礼德等人的研究成果，创立了自己的翻译质量评估模式。这一新模式主要通过词法、句法、篇法等来分析源语与目的语的语域。

豪斯将翻译划分为显性翻译与隐性翻译两大类。显性翻译即翻译的文本专门供原作的读者使用。一般情况下，文学类作品、政治类演说等需要显性翻译。隐性翻译即将原作的语言特点加以遮盖，实现功能上的对等即可，译者并未将读者带入原作的语境。当然，这种对等只强调一些语篇功能或话语类型的对等，其跳出对原作的文化、语言等的依赖性，将原作文本与目的语文本都看作阅读对象。一般情况下，学术论文、计算机使用指南等都需要隐性翻译。

根据豪斯的分析模式，在显性翻译中，对等只能建立于语言或文本、体裁等层面，而不能建立在功能层面。实际上，豪斯认为显性翻译是不可能实现功能对等的，仅仅实现的是第二层次的功能对等。与显性翻译相比，隐性翻译的目的在于实现功能对等，当然这也导致语言或文本、体裁等层面对等的缺失。可见，从某种意义上而言，豪斯的语篇翻译理论对翻译实践意义非凡。

（四）修辞语用学的翻译

作为一门学科，修辞语用学有着独特的审美观与文化观，这就要求在翻译时也应该注重这两大层面。

1. 审美观

修辞语用学具有独特的审美观，在特定的语境下，修辞语用学的审美观体现为对语言的感染力与表现力的凸显。当然，这需要借助一定的手段，还需要借助语调、词汇、句式等语言单位对语言进行推敲，从而使语言达到最佳的表现效果。

总体而言，修辞语用学就是运用各种修辞艺术手法来实现语篇相应的语用价值。在很大程度上，修辞艺术手法在修辞功能、艺术形式上体现

第十章 语用学维度下的英语翻译问题研究

得更为明显。换句话说,要想达到理想的表达效果,不仅需要修辞格的恰当运用,还需要词汇、句子等的恰当选择,只有这样才能展现语言的结构美与意境美。

语言要求内在美,而这一审美理念要求人们在语言活动中应该选择恰当的修饰性词语来彰显语言的表现力,并且这些词语要求具有韵律美与节奏美,这样才能彰显出语言的优雅与美感。

2. 文化观

从很大程度上来说,文化决定着人们的思维定式与认知模式及与之相关的物质形式。

文化与修辞的关系还体现在文化的不同导致修辞的差异,即处在不同时期的同一种文化,其修辞也会根据时期而发生改变,因此时期不同,鉴赏标准也必然存在差异。

随着历史的不断发展,不同的民族为了保证交际的顺利开展,逐渐形成了具有特色的言语系统,尤其体现在语音、词汇、语篇等层面。同时,一些具有特色的修辞手法也相应诞生,这些手法与本民族的审美心理、行为习惯等相符,并且修辞语言符号体现的也是文化信息与语用价值,这些都成为修辞语用学研究的内容。同时,通过对这些层展开的研究,也更好地透视出修辞语用的意义与功能。例如:

Steven, be careful. Your boss is a piece of chopping block.

上例中,本体为 your boss,而喻体为 a piece of chopping block,乍一看二者并无关联,但是如果仔细一想就可以得知,你的老板是一个"狡诈的或者八面玲珑"的人,这样的人如同切菜板一样,具有两面光滑的特点。

(五)文学语用学的翻译

文学语用学是对语用学研究对象的拓展,也将语言学与文学之间原本存在的割裂状态予以消除,具有明显的跨学科性。随着对文学语用学研究的深入,人们将研究的视角转入翻译领域。

学者霍姆斯(Holmes)是较早一批对翻译进行研究的学者,他将翻译学划分为三大类别,即对描写、理论与应用三个层面的研究。进入 20 世纪 80 年代,翻译学研究被广为关注,语用学也在这一时间得到迅猛发展,因此将语用学研究融入翻译之中也因此得以发展。

1. 文学语用学翻译的取向

文学语用翻译观不仅将原作与译作、译作与读者间的动态关系明确地展现出来,还将翻译的本质加以凸显。因此,文化语用学翻译观不仅将语言学前期的翻译观加以融合,还将文化学派的翻译理论进行结合。

温特司(R. J. Watts)认为:"文学语用学侧重于研究文学作品结构外所蕴含的语篇意义。"[①] 另外,他还指出,文学语用学的研究可以采用内观法与外观法两种方法。

除了研究语用理论在翻译中的运用及各种关系问题,文学语用学翻译还研究语用学对文学的描述与解释问题,这可以将文学作品中隐藏的翻译哲学、翻译原则等揭示出来,并探索出文本深层的结构与语用意义、语用价值等。同时,能够将文学作品与心理、认知等融合,将文本、交际世界、交际对象作为整体来进行研究与探讨,阐释文学的交际功能与交际过程,为文学语用翻译的科学研究奠定基础。

需要指出的是,文学语用学翻译也具有跨学科的性质,其会涉及心理学、语言学、社会学、美学等多个学科,这样的跨学科性使得言语交际的认知更加全面与完整,还能够实现语言学与文学之间的合理对话,具有划时代的作用。

2. 文化阐释与语篇翻译

语言背后必然隐含着语用意象,语言的这一特征决定着翻译的文化取向,而其中必然涉及文学翻译。众所周知,翻译是一种跨语言、跨文化的现象,其涉及各种认知语境与能力,因此其比一般意义上的言语交际更为复杂多变。无论是社交世界、物理世界,还是心理世界、语言内部的交际世界,都属于语用思维的世界。语用学可以引导人们运用语用思维的世界,对语言运用的干扰因素加以透视,从而获取文化翻译的实质。同时,从语用学的角度来分析翻译的影响因素,还能够避免"翻译文化转向"的过激倾向。

有些源语带有异域文化的信息,在对这类文本进行翻译时,译者要想将源语的语用价值、语用功能展现出来,就不能拘泥于原本的文字意义,而应该挖掘其内涵意义,采取多种手法加以变通,有时甚至需要取舍,这样才能保证译语容易被理解,并且与源语的含义更为贴切。例如:

只见王婆推开房门入来,怒道:"你两个做得好事!"

西门庆和那妇人吃了一惊。那婆自便道:"好呀!好呀!我请你来做衣裳,不曾叫你来偷汉子!……"

(施耐庵《水浒传》)

---

① 曾文雄.语用学翻译研究[M].武汉:武汉大学出版社,2007:127.

第十章　语用学维度下的英语翻译问题研究

赛珍珠的译本：...I did not tell you to come and steal a man!
杰无逊的译本：...and not to carry on this man.
沙博理译本：...not to play adulterous games!...

源语出自《水浒传》，其中将人物及人物语言的特点刻画得非常精妙。对于上面三个译本，却各自显现出各自的特点。例如，在对"偷汉子"这一俗语进行翻译时，赛珍珠直接进行翻译，杰无逊则描摹了源语的结构，而沙博理则从中国文化背景出发来考量。根据三位译者的翻译可知，要想准确翻译源语背后的文化，彰显语言的语用功能与意义，就必须较好地展现出原作中的语用成分、语用结构以及语篇等，这样才能克服文学语用翻译的各种困境。

3. 语用价值与动态的翻译批评

从形式上说，文学语用学翻译仍旧是语言的一种转换活动，但是除了转换这一形式，其中还蕴含了对源语思想、源语文化、源语语用等层面的传播，这些传播都或多或少地影响着读者的思想与情感，甚至会扩大到对政治、经济等的影响。翻译活动是具有社会性的，因此文学语用学翻译的社会价值也体现得尤为明显。

对于文本的解读上，译者与读者具有历史性的特征。为什么这样说呢？这是因为文明状态不同，文化需求也不同，而时代背景的影响，加之读者的接受能力对译语的产生有着重要的影响。也就是说，文本、译者、读者所处的时间或者时代不同，译者要想能够让读者理解，就必须对原作者的所想、所感进行挖掘，这样才能真正地与原作者进行交流，分析出原作者写作的意图，进而进行推断，将其历史价值体现出来。

文学语用学是一个新兴的边缘学科，其研究的热门话题就在于如何对文学语用学翻译进行解释与评价。随着翻译的语用学转向的深入，文学语用学翻译批评也受到众多学者的关注，尤其是诗学、意识形态、赞助者等文化语境因素，并指出应该将文学翻译的语用价值、社会文化价值等凸显出来，并从对文本的侧重转向对文本相关因素的侧重。

此外，文学语用学翻译批评对于译语能否实现源语在语言、交际、语用、文化等层面的统一性也是非常看重的，它将译语的接受程度作为前提，对交际者、文化、文本、语用这些对翻译起操作作用的成分进行合理假设，从而揭示出译者的语用能力、认知假设能力等，评判译者能否揭示出译作的社会文化意义与语用意义。

（六）认知语用学的翻译

传统翻译理论的核心在于语言形式的转换,而从语言意义的视角来研究翻译问题就是认知语用学翻译研究的关注点,从而挽救传统翻译理论的一些弊端。简单来说,在进行翻译时,译者不仅要考虑各要素,还需要考虑译者的主体性地位,这样才能让译文更加通顺与忠实。

认知语用学翻译将翻译视作一种认知活动,即认为译者应该将关联理论运用到源语意义的理解之中,然后对源语的语用意义进行转述,揭示与传递出语言运用的本质与价值,让读者了解源语的现实世界与认知世界。

可见,认知语用学翻译深入剖析了交际双方的认知过程与心理活动,也分析了语言运用的意义与价值,探索了翻译的本质问题,因此对于翻译理论的构建意义巨大。

1. 认知语用学翻译观

在翻译过程中,译者需要基于认知语境,不断补充与语用推导。如果将翻译看作一个过程,并对其进行研究,那么了解翻译的认知机制、转换机制就显得十分重要。具体而言,在理解与产出译文的过程中,译者头脑中的语言知识与文化知识会逐渐被激活,并通过关联—顺应,运用一些认知策略,就会选择恰当的语言来组织与表达,从而展现译文的字面意义与语用意义的串联性。因此,翻译不仅是作者与译者的互动,还是译者与读者的互动,这就是明示—推理的过程。在这一过程中,作者与译者的交际效度会受到作者、译者、读者三者关系的制约和影响。

在具体的翻译过程中,译者不仅会考虑词与词、句子与句子等基本语言单位的转换,还会考虑认知心理单位与认知模式之间的转换。认知模式与认知心理密切相关,其是语言单位进行转换的心理依据,而认知模式形成的基础就是心理经验,由于不同民族的认知心理经验不同,因此不同语言的认知模式也会存在明显差异,导致翻译方式与结果也必然会受到影响。

2. 认知语用学对翻译的解释力

根据认知语用学的观点,一些经常出现的语言语用情况或者具体场合的语言运用,往往可以在大脑中通过结构化的处理而形成人的知识结构,即通过语用人的经验,具体语境可以被容纳为语用知识。如果场合不明朗,语用人可以借助认知语境与语用知识来进行推理。

第十章 语用学维度下的英语翻译问题研究

(七)社会语用学的翻译

翻译作为一种语言现象是众所周知的,但是翻译还是一种社会文化现象,因此其属于社会语用学研究的范畴。这是因为翻译受社会环境的制约,并且为社会意象提供服务,因此有必要将社会语用学引入翻译研究领域。同时,当前的社会语用学研究还涉及语言变异现象,因此在翻译中应该多加注意。

1.语言变异的翻译

在社会语用学研究中,语言变异是非常重要的一项内容。所谓语言变异,是指通过运用不同的语言变体呈现的语言运用层面的变化与差异。简单来说,由于不同群体在社会因素、人际交往等的影响下,产生的语言行为变异即语言变异。

在对社会中语言现象加以分析和探讨时,变异是最基本的单位,并且在语言学领域应用非常广泛。变异也囊括了单个的语音、词汇、语法项目,语体、方言、职业与年龄等内容。

语体即语言的功能,很多因素都对其产生影响,如目的、动机等。就表现形式上说,语体的差别主要通过句子结构、用语等彰显。例如:

We know Eggsactly how to sell eggs.

这是一则某鸡蛋品牌的广告,句子中使用 Eggsactly 一词,不仅使用了谐音手法,在语义上也与后文的 eggs 衬托。这种变异的运用使得句子充满风趣,也更容易吸引读者。再如:

食全食美,鳖来无恙。

这是一则饭店的招揽顾客的广告。这样的广告词让顾客感受到"食得满意,请君再来"的含义,并且是对汉语中"十全十美"与"别来无恙"的套用。这样的变异更好地吸引了顾客,让顾客愿意去吃。

2.语言文化的翻译

社会语用学侧重语言交际中社会因素对语言运用功能的制约与影响,并研究社会因素在语言结构中的具体反映情况。受社会环境的影响,翻译超越了语言现象,更是一种社会文化现象。由于中西方思维模式、文化传统等存在明显的差异,语言使用也存在明显的不同。因此,在翻译的过程中,译者需要考虑文化因素,对源语文化进行转换处理。例如:

"这断子绝孙的阿Q!"远远地听到小尼姑的带哭的声音。

(鲁迅《阿Q正传》)

译文1："Ah Q, may you dies sonless!" sounded the little nun's voice tearfully in the distance.

译文2："Ah Q, may you dies sonless（a curse intolerable to ear in China）!" sounded the little nun's voice tearfully in the distance.

在中国的传统文化中，没有子嗣是最不孝的表现，并且这一思想深深禁锢在传统中国人民的脑海之中。因此，"断子绝孙"是一个诅咒的话语，是非常恶毒的。但是，西方国家并没有这样的说法。因此，在翻译时除了直译外，还需要加入相应的注解。译文2的处理要比译文1更为恰当，也可以让西方读者领略到这句话的真正含义。

3.语言风格的翻译

根据社会语用学翻译观，社会语用学翻译应该将源语的神韵、意境等充分展现出来。刘宓庆也指出，译者作为审美主体，应该对语言符号的音系标记、词语标记、修辞标记等形式进行标记，还应对语言符号的非形式标记的开放性、整体性进行识别，通过接受原则、对应原则的运用，对社会语用语码进行重构与转换，从而真正地传译源语的特色，再现源语的风格。例如：

To some scholars, instruction emanate from lecture or laboratory, too there radiates from with in. No scholars is so well thought a she who can help him.

学人中有受教于讲堂、实验室者，亦有教发之于内者，能自教自学，则学人中之最上乘矣。

通过分析原作可以看出，其属于古语体，阐述了学与用的关系，用词是非常严谨的，如scholars, instructions, emanate等。在翻译时，译者也遵循了其中的特色，展现高雅的文学特色，运用"之""则""受教于"等词语，是对源语风格的再现，也展现了源语的美。

二、微观语用学的翻译

（一）语境的翻译

著名学者严明指出："语用学主要对语言的运用与理解进行研究，即研究语用人如何采用恰当的语境对意义加以传达，同时研究对方如何对语用人的话语加以理解。"[1]就这一意义而言，语用学并不是简单地对语

---

[1] 严明.大学英语翻译教学理论与实践[M].长春：吉林出版集团有限公司，2009：110.

第十章 语用学维度下的英语翻译问题研究

言意义的研究,重点在于交际双方在交际过程中,如何在特定语境下传达与理解意义。因此,语境翻译显得十分必要。

1. 语用学翻译语境的意义

要想保证交际的顺利开展,交际双方不仅需要了解双方语言内的知识,还需要弄清语言交际的上文,即之前的交际。交际是动态变化的,交际双方也会随着交际内容的变化而不断产生新的话语,这时候就需要了解语境的重要性,这对于译者来说非常重要。

(1)对原文等效翻译的意义

虽然对于语境的定义、划分等还并不统一,但是语境的作用是非常巨大的,是不容忽视的。翻译是两种语言的转换,也是跨文化交际活动,在具体的实践中,语境有着重要的理解与表达意义。如果译者对语境知识不了解,那么就会直接影响译文的质量。

在进行语用翻译的过程中,译者会受到多种因素的影响和制约,而语境在之中扮演着重要的角色。如果译者能够以语境为基础理解与处理翻译问题,必然有助于作者与译者之间的交际,从而便于读者理解原作。

(2)对译者理解原文的意义

对于语用学翻译,语境还能够促进译者理解原作,不仅存在于字形上,还存在于句子、语篇上。在具体的翻译中,译者不考虑语境因素的话,很容易忽视原作的语言表达风格。很多时候,源语与译入语存在明显的差异,那么要想实现文本等效是非常困难的,这时候就需要译者从整体出发,对语篇加以分析,从而正确地理解作者的意图。

2. 翻译中的语境

前文的论述中体现出了语境对翻译的重要影响。译者翻译行为与不同语境因素息息相关,并最终在译作中有所体现。下面就对翻译中的语境进行分析。

(1)在上下文中确定词义

词汇翻译是进行翻译的基础。但是,英语中一词多义现象十分普遍,加之在特定表达效果的影响下,很多人对词汇的选择也是不拘一格,有着一定的特殊性。这就要求译者能够通过上下文语境对词汇含义进行判断与推导。例如:

……医生说只好等日子了。……想不到这么快亘生就殁了!

(朱自清《哀亘生》)

...The doctor said there was nothing he could do but to wait for the day to arrive...How quickly the day had arrived!

上例中,"等日子"是委婉语,指等待死亡。英语中不存在这种表达,译者对其进行直译,并与后文形成呼应,便于译入语读者理解。

（2）言外之意寓于语用环境中

语用学关注语言的运用,具体就是研究在具体的语境下话语的内在含义。在交际过程中,交际者会使用一定的语境来表达一些言外之意。译者也可以以此为突破点进行针对性翻译。

（二）指示语的翻译

在语用学的各个概念中,指示语是非常重要的概念,其在言语活动中意义巨大,其能够阐释出语言与语境之间所蕴含的密切关系,也能够根据语境的改变而不断发生改变。因此,要想翻译指示语,必须将发话人、听话人、语境等都考虑进去,同时还需要注意文化与背景,只有关注这些层面才能更好地进行翻译。[①]

（三）会话含义的翻译

在会话含义的翻译中,译者必须基于合作原则展开针对性翻译,因此下面着眼于四项合作原则来探讨会话含义的翻译问题。

1. 质量准则与等效翻译

质量准则要求发话人要选择正确、真实的词语。因此,在翻译时,译者需要尽可能保证与原文形式、语义的统一。例如,有的文章在表达上可能会有些话语模式,根据质量原则,译者需要将其忠实地传达给读者,从而将原作风格展现在读者面前。

……以致眠花卧柳,吹笛弹筝,所无不为。

...but he was not averse to gentler pastimes: he frequented the budding groves and could play on both the flute and zither.

该例中,译者将"眠花卧柳"翻译为 frequented the budding groves,其实际含义是狎妓的委婉说法,如果这样翻译,很难让英语读者理解,这是违反了质量准则的体现。

2. 数量准则与等效翻译

数量准则要求发话人的话要详尽但不累赘。因此,在翻译时,译者需要尽可能传达原作的信息,同时不能自作主张增加或减少不必要信息。

---

① 彭慧.社交指示语的汉英翻译[J].湖南人文科技学院学报,2007,(6):125.

第十章　语用学维度下的英语翻译问题研究

例如：

莫向临邛去！

译文1：But that another steals your heart away.

译文2：Than your heart being stolen away.

原作中，"临邛"一词源自司马相如与卓文君的故事，表达一种夫妻离别之后，妻子期待丈夫对家庭一定要顾念，不要舍弃自己。通过对比发现，译文1很容易让读者想到丈夫有了外遇，因此是对信息量的增加，与数量准则不相符。译文2则保证了这一原则，是比较好的表达。

3. 关联准则与等效翻译

关联原则要求发话人语言要贴切、有条理，避免晦涩难懂。因此，在翻译时，译者也需要保证这一点，保证译文与源语的规律相符，便于译语读者理解。例如：

别学他们猴在马上。

Don't ride a horse like those men.

Don't copy those apes on horseback.

原作中，"猴"用得非常贴切，彰显了王熙凤的性格，译文1并未表达出来，是对信息的丢失，而译文2则将源语发话人的特点再现出来。

4. 方式准则与等效翻译

会话含义对语言形式有较大的依赖性，译者在翻译时，也需要保证与原作的形式对等。例如：

……先生们，你们是有耳朵的哪！

... Are you deaf? ...

会话含义十分重视语言的形式，因此译者应尽量使用含义对含义的翻译策略按原文形式进行对应翻译。上例译文虽然已基本上译出了原文的语用含义，却显得太直白、刺耳，与原文中说话人的身份不符，也不能体现出说话者的心情，从而大大降低了原文中语用修辞的表现效果。

第十一章　心理学维度下的英语翻译问题研究

翻译属于一种心理活动,译者的性格、志向、翻译动机等都会在译作中呈现出来。翻译心理学又可以称为"心理翻译学",其是从认知心理学、文化心理学等多个学科发展而来,是基于应用层面进行的研究,其运用文艺与科学的方法对翻译过程、翻译现象等进行分析和研究,从而将翻译活动的本质揭示出来,目的是获取翻译学意义上的理论总结。翻译心理学可以从宏观视角来理解,也可以从微观视角来理解。就宏观视角来说,翻译心理学主要依据文化心理学、社会心理学对翻译原理与翻译现象进行广义的研究。就微观视角来说,翻译心理学主要依据认知心理学、普通心理学对翻译过程与翻译行为展开狭义的研究。另外,翻译心理学除了与人文学科有着密切的关系,还与自然科学等密切相关,因此是从本源的思维到语言应用的庞大体系,是从文艺审美到情感需要的深入研究。因此,从心理学视角对翻译学加以研究,能够更系统、全面地解析翻译现象与活动,并能够借助多个领域的研究成果进行多学科的交叉研究。本章就从心理学维度对英语翻译问题进行介绍与分析。

第一节　心理学概述

心理学主要研究的是人类认识世界、获取知识、获取技能等的心理规律和心理机制。心理语言学是心理学的一个重要分支,从认知能力、信息处理的角度对语言的学习与运用进行研究。

概括来说,心理语言学的研究内容主要涉及以下几个方面。

(1)思维与语言的关系,即到底是语言使用决定思维还是思维决定语言使用。

(2)语言习得的过程与途径。

(3)语言在思维活动中的作用。

第十一章　心理学维度下的英语翻译问题研究

一、心理学

心理学是一门研究人类心理现象及其影响下的精神功能和行为活动的科学,兼顾突出的理论性和应用(实践)性。

心理学包括基础心理学与应用心理学,其研究涉及知觉、认知、情绪、思维、人格、行为习惯、人际关系、社会关系,人工智能,IQ,性格等许多领域,也与日常生活的许多领域——家庭、教育、健康、社会等发生关联。心理学一方面尝试用大脑运作来解释个体基本的行为与心理机能,同时,心理学也尝试解释个体心理机能在社会行为与社会动力中的角色;另外,它还与神经科学、医学、哲学、生物学、宗教学等学科有关,因为这些学科所探讨的生理或心理作用会影响个体的心智。实际上,很多人文和自然学科都与心理学有关,人类心理活动其本身就与人类生存环境密不可分。

心理学家从事基础研究的目的是描述、解释、预测和影响行为。应用心理学家还有第五个目的——提高人类生活的质量。这些目标构成了心理学事业的基础。

二、心理语言学

心理语言学(Psycholinguistics)是研究人们学习语言和使用语言心理过程的学科,是用实验的方法来探讨语言行为规律的学科。其研究目的是试图解决人类是如何获得、理解、学习、生成、运用语言等问题。研究语言和心理的学问有心理语言学和语言心理学(Psychology of language)之分。前者主要是从语言学的角度研究语言使用者的心理层面的问题,而后者主要是从心理学的角度思考语言的问题。

心理语言学研究的问题包括言语的知觉和理解,言语的产生,语言的获得,言语的神经生理机制,各种言语缺陷,言语和思维以及言语和情绪、个性的关系等等。这不仅对理论语言学的发展有重大意义,而且推动了应用语言学,使语言理论更有效地应用于学习理论、思维理论、儿童心理发展理论的研究。同时它对语言教学、失语症治疗、聋哑人语言教育、电子计算机的语言识别等人工智能的研究也都有应用价值。

心理语言学与语言学、认知语言学以及社会语言学之间存在着密切的联系,心理语言学的发展也为这些关联学科的发展提供了相关的理论依据并起到了促进作用。

从研究方法来看,心理语言学主要采取心理测量和统计在内的实验方法,同时在诸如言语习得等领域也采取自然观察方法和语料库方法。例如,斯坎特(Schachter,1974)对母语为阿拉伯语、波斯语、汉语和日语的英语学习者做了调查,分析了他们在作文中使用英语关系代词的习得状况。结果显示,母语为汉语、日语的学习者出错少。由此可以说明母语与英语之间的距离(难易程度)与学习者的出错率并不成正比。进一步的分析显示,母语为汉语和日语的学习者出错率小,是因为他们使用率低。

心理语言学从诞生之日发展到现在,具有深远的理论研究意义和实践意义,心理语言学这一学科在外语学习、心理词汇、阅读理解中已得到了充分的应用,作为应用语言学的分支学科,心理语言学的应用价值得以充分体现。

三、翻译心理学

(一)翻译的文化心理

翻译心理学与文化心理学有着密切的关系。具体来说,翻译心理学是基于文化心理学的理论建构起来的。从本质山来讲,文化与心理相互依赖的关系,文化是人们用心理建构的图景,在心理建构的过程中,心理也会被建构。简单来说,依赖与自己的心理,人类才能去改造世界,同时人类改造世界的实践活动又赋予世界一个崭新的图景,使世界更加的文化化,这时人们往往会从自身的文化规范出发,对自己的行为加以规范。作为本土文化的承载者,译者对原文的解读往往是从自身的文化语境出发的,他们对原文的理解往往不可避免地会将自身的文化因素注入进去,这样就容易导致原文文化信息的丢失。因此,文化心理学就对其展开研究,尤其是人的文化行为与心理。其中所谓文化行为与心理,即基于一定的语境对一定的文化刺激做出的规约反应,也可以说是一种解释或行为模式。

如前所述,由于译者对原文的解释是从自身的文化语境出发的,因此对于同一原文,不同的译者所赋予的意义完全有可能不同。这就要求翻译心理学要侧重研究或解释翻译中的文化丢失现象,并分析具体的原因及何种情况下发生。

从文化心理学的视角来看,翻译心理学主要对翻译过程中的文化因素如何影响译者展开研究。具体来说,就是对误译问题的分析。而误译与翻译的忠实性原则是相悖的,虽然在翻译中不可避免。也就是说,即便是再具有高超能力的译者,也不可避免地会出现误译情况。对于这种误

第十一章 心理学维度下的英语翻译问题研究

译情况,翻译心理学认为可以划分为有意误译与无意误译。前者是为了迎合本族文化,对原文的文学形象、语言表达方式等进行大幅度的改变,具体可以从广义与狭义两方面来理解,广义上的有意误译就是对原文进行改写与删减,如欠额翻译、超额翻译等;狭义上的有意误译即运用其他词语而不是现成的对应词语进行的翻译。后者主要是指译者的疏忽或者对文化因素不了解而造成的错误翻译,这并不是翻译心理学研究的内容。

(二)翻译的认知心理

1. 翻译心理学与认知神经科学

翻译心理学与认知神经科学密切相关。认知神经科学诞生于 20 世纪 90 年代,是一门边缘性的学科,其是认知科学与神经科学相结合的一门学科。认知神经科学目的在于将人类认知活动的脑机制揭示出来,即阐明人类大脑是如何对各个层次的分子、细胞等进行调用的,以及全脑是如何实现自己的认知活动的。

通过与认知心理学的实验设计相结合,认知神经科学对大脑结构与功能展开了深入的研究。神经成像技术就是其中一个典型的技术,即通过生理属性研究,对大脑活动区域进行测定。换句话说,当大脑的一个区域活动逐渐增加,那么这一区域的含氧量、大脑供血也会相应增加。这项技术被广泛用于对人的语言与记忆系统的研究。

20 世纪 90 年代,认知神经科学开始对译者与双语者展开研究,主要侧重于译者与双语者的双语表征、切换机制、翻译神经机制等,因此认知神经科学为翻译认知心理学的发展产生了重要影响。

2. 翻译心理学与心理语言学

心理语言学是心理学与语言学的交叉学科,其以言语产生与理解、语言习得作为主要的研究对象。如果言语理解是为了对语言解码,那么言语产生就是对语言进行编码。而翻译是一种在语言媒介基础上产生的心理活动,翻译理解就等同于言语理解,翻译表达就等同于言语产生。因此,心理语言学的研究为翻译心理学甚至是翻译认知心理学的诞生与发展奠定了基础。

但是,心理语言学并不与翻译心理学/翻译认知心理学等同,因为心理语言学中的"言语"指代的是第一语言,就是我们所谓的母语,因此心理语言学中的言语理解与产生、言语习得都是针对第一语言(母语)来说的。相比之下,翻译是两种语言的转换,且两种语言分属于不同的语言系统,因此翻译中的理解与产生就是根据不同的媒介而建立起来的。

具体而言,翻译具有方向性,其包含两种:一种是正向翻译,一种是逆向翻译。二者的言语编码的编码机制是完全不同的。翻译心理学更加关注译者如何将源语的外部言语转化成源语的内部言语,再将源语的内部言语转化成译语的外部言语。另外,翻译心理学还是心理语言学的拓展,其是译者展开的跨语言的心理活动。

总之,从认知心理学与心理语言学角度来说,翻译心理学对语言与思维的关系、译者双语思维加工模式、心理词汇组织与提取模型等进行重点研究。有的学者还指出,在翻译过程中,译者一般会采用两种加工模式:一种是横向加工;一种是纵向加工。从译者的双鱼心理词汇提取模式来说,译者大脑中一般也会存在两种提取模式:一种是静态提取模式;一种是动态提取模式。前者指的是译者从静态词库中对与源语词汇等同价值的译语词汇进行提取。后者指的是译者考虑语境的因素,从译语心理词库中对适合源语文化或译语文化语境的词汇进行提取。

(三)翻译的审美心理

审美心理学主要对审美经验进行研究,这也是研究的核心。所谓审美经验,是指当人们欣赏艺术品、自然等美的东西时,产生的一种愉快的心理体验。简单来说,审美心理学就是对人类审美过程中产生的心理活动规律进行研究的一门科学。一般来说,其中的审美主要是美感的产生以及对美感的体验,而心理活动指的是审美主体自身的感知、情感与想象。

美感包含审美感知、审美情感、审美想象。就广义角度而言,审美心理学与心理美学是等同的关系;就狭义角度而言,审美心理学与文艺心理学是等同的。因此,审美心理学还需要对人类从事的各项艺术以及在开展艺术活动时产生的各种心理特征等展开研究与说明。同时,审美的心里过程就是审美主体的逐渐外射与移动的过程,因此在进行审美时,人们会将自身的情感转移于审美客体上,然后在对审美客体进行欣赏。

翻译不仅仅是一种认知心理活动,还是一种审美心理互动,因此翻译与审美心理学密切相关。如前所述,译者的审美过程有感知、情感与想象这些要素,那么翻译中的审美主要是在审美创造活动中,译者能够敏锐、直接地捕捉客观对象,对客观形象进行特殊的认知的能力。

但是需要指明的一点是,在翻译过程中,审美感知非常重要,但除了审美感知,译者的移情也是不可或缺的,即译者将自身的情感移入作品中,注入原文没有的东西。当然,这种移入的过程也是为了更好地彰显原文,是为了与原文的情感相契合。

第十一章 心理学维度下的英语翻译问题研究

第二节 翻译心理学的运行模式

一、翻译心理学

（一）翻译心理学的界定

翻译是人类古老的文明活动，是文化的产物。中国的翻译活动最早是从 3 000 年前的周朝开始的，而西方的翻译历史开始于公元前 3 世纪。部落与部落之间要想进行往来、先民之间互通贸易，必须通过翻译来完成，这也是各国间历史、文学、艺术等能够传播与交流的关键。可以说，翻译对维护世界的和平与发展意义巨大。如果没有翻译，那么即便有伟大的成果与思想，那也是徒劳的。

翻译不仅仅是人类得以生存的甘泉，还是人类传播精神与思想的一束阳光。通过开展翻译活动，各个民族才能摆脱故步自封的限制，扩大视野，增进彼此的交流与借鉴。同时，由翻译带来的世界文明成果与本国文明交汇，实现世界的和平共处与繁荣发展，其对不同文化人群心理的形成也意义巨大。当然，在这之中，文化心理学发挥了不可小觑的作用，其使得翻译研究更加深入。

从本质上说，翻译是一个复杂的思维、心理、生理过程，其是使得人们具备高级思维行为与能力的助推器。当然，这种思维活动跨越了语言与文化，是非常复杂与多变的，因此要想对翻译行为进行研究，必须将思维科学引入进去，即神经语言学、脑科学、符号学等多学科。

翻译是一门对语言进行运用的艺术。随着人类社会的进步与发展，人类语言更为细微与复杂，主要表现在结构与语汇数量上。因此，要想实现语际的纯熟应用，就必须掌握高超的技巧，并且只有人类的灵感、动机等心理活动的参与才能真正实现。

除此之外，翻译是不同个人或群体间为了理解与沟通，借助语言展开交际与互动的行为，其功能决定了翻译在社会中的地位和作用。这也就凸显了翻译的社会性。翻译对社会群体行为、社会意识形态形成意义巨大，而翻译语言的运用也会受到不同地域、不同时期的制约。因此，社会语言学、社会心理学的原理也适用于对翻译的研究，尤其是对其功用与目的的研究。

(二)翻译心理学的研究对象

1. 翻译的文化心理

翻译心理学与文化心理学有着密切的关系。具体来说,翻译心理学是基于文化心理学的理论建构起来的。从本质上来讲,文化与心理有着相互依赖的关系,文化是人们用心理建构的图景,在心理建构的过程中,文化也会被建构。简单来说,依赖于自己的心理,人类才能去改造世界,同时人类改造世界的实践活动又赋予世界一个崭新的图景,使世界更加文明化,这时人们往往会从自身的文化规范出发,对自己的行为加以规范。作为本土文化的承载者,译者对原文的解读往往是从自身的文化语境出发的,他们对原文的理解往往不可避免地会将自身的文化因素注入进去,这样就容易导致原文文化信息的丢失。因此,文化心理学就对其展开研究,尤其是人的文化行为与心理。其中所谓文化行为与心理,即基于一定的语境对一定的文化刺激做出的规约反应,也可以说是一种解释或行为模式。

如前所述,由于译者对原文的解释是从自身的文化语境出发的,因此对于同一原文,不同的译者所赋予的意义完全有可能不同。这就要求翻译心理学要侧重研究或解释翻译中的文化丢失现象,并分析具体的原因及何种情况下发生。

从文化心理学的视角来看,翻译心理学主要对翻译过程中的文化因素如何影响译者展开研究。具体来说,就是对误译问题的分析。误译与翻译的忠实性原则是相悖的,虽然在翻译中不可避免。也就是说,即便是再具有高超能力的译者,也不可避免地会出现误译情况。对于这种误译情况,翻译心理学认为可以划分为有意误译与无意误译。前者是为了迎合本族文化,对原文的文学形象、语言表达方式等进行大幅度的改变,具体可以从广义与狭义两方面来理解,广义上的有意误译就是对原文进行改写与删减,如欠额翻译、超额翻译等;狭义上的有意误译即运用其他词语而不是现成的对应词语进行的翻译。后者主要是指译者的疏忽或者对文化因素不了解而造成的错误翻译,这并不是翻译心理学研究的内容。

2. 翻译的认知心理

(1)翻译心理学与认知神经科学

翻译心理学与人认知神经科学有着密切的关系。20世纪90年代,认知神经科学诞生,成为一门边缘性学科,其是认知科学与神经科学的结

第十一章　心理学维度下的英语翻译问题研究

合体。认知神经科学研究的目的在于揭示出人类认知活动的大脑机制,阐明人类大脑是如何对各个细胞与分子展开调节与使用的,以及大脑是如何让身体实现认知的。

通过与认知心理学的实验结合,认知神经科学深入研究了大脑结构与大脑功能。其中,神经成像技术得到了广泛的认可和应用,即通过生理属性来测定大脑是如何活动的以及活动的范围。换句话说,如果大脑的活动区域增加了,那么就会导致大脑的供血量、含氧量增加。现如今,这项技术在人类的语言与记忆层面有了广泛的使用。

20世纪90年代,认知神经科学开始研究译者,尤其是译者的翻译神经机制、双语转换机制等,这就意味着认知神经科学开始与翻译认知心理学相结合,并对其产生了重要影响。

（2）翻译心理学与心理语言学

心理语言学是心理学与语言学的结合,其主要研究的是言语是如何产生和理解的以及语言是如何习得的。如果言语理解是对语言进行解码的活动,那么言语产生就是对语言进行编码的活动。翻译是一种基于语言媒介而产生的心理活动,翻译理解与言语理解等同,翻译表达与言语产生等同。因此,心理语言学的研究为翻译心理学的产生与发展提供了依据。

但是,心理语言学与翻译心理学或者翻译认知心理学并不是等同的关系,因为心理语言学中的言语主要是对第一语言的描述,因此心理语言学中的言语产生与理解都是针对第一语言来说的。相对而言,翻译是两种语言的转换活动,并且两种语言所属的语系不同,因此翻译需要建立在不同的媒介上。

具体来说,翻译是具有方向的,可能是正向的,也可能是逆向的。但是,正向的和逆向的编码机制完全不同。翻译心理学对于译者如何将源语的外部言语向内部言语转换、如何将这些内部源语向译语的外部言语转换非常关注。

总之,就认知心理学与心理语言学角度而言,翻译心理学主要研究了如下几个层面。

第一,语言与思维之间的关系。

第二,译者的双语思维加工模式。

其三,心理词汇的提取以及相关的模型。

3. 翻译的审美心理

审美心理学主要对审美经验进行研究,这也是研究的核心。所谓审美经验,是指当人们欣赏艺术品、自然等美的东西时,产生的一种愉快的心理体验。简单来说,审美心理学就是对人类审美过程中产生的心理活动规律进行研究的一门科学。一般来说,其中的审美主要是美感的产生以及对美感的体验,而心理活动指的是审美主体自身的感知、情感与想象。

美感包含审美感知、审美情感、审美想象。就广义角度而言,审美心理学与心理美学是等同的关系;就狭义角度而言,审美心理学与文艺心理学是等同的。因此,审美心理学还需要对人类从事的各项艺术以及在开展艺术活动时产生的各种心理特征等展开研究与说明。同时,审美的心里过程就是审美主体的逐渐外射与移动的过程,因此在进行审美时,人们会将自身的情感转移于审美客体上,然后再对审美客体进行欣赏。

翻译不仅仅是一种认知心理活动,还是一种审美心理活动,因此翻译与审美心理学密切相关。如前所述,译者的审美过程有感知、情感与想象这些要素,那么翻译中的审美主要是在审美创造活动中,译者能够敏锐、直接地捕捉客观对象,对客观形象进行特殊的认知的能力。

但需要指明的一点是,在翻译过程中,审美感知非常重要,但除了审美感知,译者的移情也是不可或缺的,即译者将自身的情感移入作品中,注入原文没有的东西。当然,这种移入的过程也是为了更好地彰显原文,是为了与原文的情感相契合。

(三)翻译心理学的未来发展

英国著名的哲学家约翰·洛克(John Locke)在他的《人类理解论》一书中,对人类的心理活动展开研究,之后学者戴维·休姆(David Hume)在《人类理解研究》一书中,对人类的观念与思想进行研究,再后来美国心理学家威廉·詹姆斯(William James)在《心理学原理》一书中阐释与研究心理学的功能主义层面,这些都为心理学相关研究奠定了基础,也创新了视角,是心理学相关领域研究不可或缺的源泉。

文化心理学家、人类学家也在不断做出尝试与努力,从狭义与广义两个层面对自身的"意义"进行解读。随着科技的发展与进步,人类对思维活动的探索逐渐成为翻译研究的根基,而随着应用心理学新理论的融入,翻译研究者们又不断开拓视野,使得翻译心理学的研究呈现更多新的研究成果。

1. 翻译心理学未来的研究思路

通过社会心理学、文化心理学等学科的辅助,翻译心理学对翻译现象与翻译活动展开了宏观观照,总结出在某一时期产生的文化心理及具体

第十一章　心理学维度下的英语翻译问题研究

特征,以及这些文化心理对翻译造成的影响。并通过认知心理学、普通心理学的辅助,翻译心理学对翻译过程、翻译行为展开微观观照,从而探求译者在具体的翻译实践中所呈现的心理特征。

但是不得不说,虽然具体的翻译过程与翻译行为是个性化的,但是也会受到群体的影响和制约,不可脱离社会而存在。翻译原理与现象虽然是广义层面的研究,但是其中也掺杂一些个体行为,即也会蕴含个体的特质,因此要想对翻译各种现象展开整体的讨论,就必须从宏观与微观多个层面展开探讨。

翻译心理学的研究思路是将应用心理学作为依托,并提出了一些翻译学的新看法,目的是将翻译心理学视作一门交叉学科,从其他学科中汲取精华,对翻译心理学展开更深层次、更细微的探究,以挖掘出翻译本质与规律。

2. 翻译心理学未来的研究任务

(1)研究翻译思维

关于翻译与思维的关系、翻译思维的运行机制等内容已经在前面章节做了探讨,这里论述的主要是其他层面。

①思维的普遍性。语言符号具有任意性与约定俗成性,语言的这些特性使得不同的人群在交流思想时产生障碍,但是人们面对的客观世界是统一的,人脑共同的物质构造使得思维具有了全人类的特征,因此虽然人们所处的时空不同,但人们对客观世界本质的认识是相同的。这就是思维的普遍性,也是语言能够转化的重要条件。

在人类众多的思维中,翻译思维也是其重要的组成部分,通过人类普遍思维机制的辅助,翻译研究有了客观的基础,并且是作为深层基础呈现的,对翻译思维的研究有助于人们探究翻译语言层面转换的问题。因此,虽然翻译思维的研究由于神经学、心理学等学科的局限,导致起步要比其他翻译研究晚,但是非常可行。

②思维是翻译过程的本质。在翻译研究的所有范畴中,对翻译本质过程的研究是众多学者都关注的层面。众所周知,翻译不仅仅是一个作品,而是一个复杂的过程。苏联翻译理论家巴尔胡达罗夫在《语言与翻译》一书中指出,将翻译理解为两种语言的转换包含如下两层含义。

其一,呈现译作,即经过一定的思维过程的结果。

其二,一种行为,并且能够产生译作这一结果。

那么,到底翻译是一个怎样的过程呢?就表面上说,翻译源于语言,以另一种语言结束,这样看似就是转换。但是,从深层角度来说,这些转换是在译者大脑的指挥下产生的。就个体而言,译者的思维方式、知识结构等会对翻译结果产生直接的影响,对于同一部作品的翻译,不同的译者,所呈现的作品风格也会不同。就整体而言,无论是对何种作品展开翻译,译者的思维是语言得以转换的保障,并且由于大脑具备共同物质基础,因此这些思维往往具备共性。这就表明,翻译的过程实际上属于思维的过程,并且是与其他任何语言思维活动相区别的一种思维过程。可以说,无论是从跨文化交际学来说,还是从语言学上来说,思维过程可以看作翻译过程的本质与核心。

③翻译思维在研究中的重要地位。在众多学者建构的翻译学理论框架中,翻译思维都占据重要地位,即作为翻译活动的本质与基础呈现在人们的视野中。例如,刘宓庆(1999)将翻译思维置于翻译基础理论中;董史良(1988)认为,作为人脑的思维活动,翻译离不开思维,如果离开了思维,那么就称不上翻译了。因此,就思维科学的角度而言,翻译研究的一个重要途径就是思维,这也是最基础的层次。

④语言符号对翻译思维研究的作用。事实上,人类的思维过程是语言与思维间的转换,即人脑中语言符号的编译机制发生的作用。在人类的多元符号系统中,语言符号是最复杂、最常见的。在对翻译思维的研究中,这些语言符号起着如下两点作用。

其一,对于翻译思维而言,语言符号是其重要的工具与材料。人类之所以能够进行思维,主要是因为语言符号的存在,正在进行的思维就是语言符号的操作活动。人们从思维前提得出结论,实际上就是一种符号的转换与再生。当然,翻译思维也是如此,当语言符号通过听神经、视神经等传送到大脑后,大脑的某个部位会对这些语言符号进行加工与处理,将这些符号转换成大脑思维可用的材料。借助这种符号手段,人们才能进行编码与解码。

但是,翻译思维要比其他思维更为复杂与特别,因为在从源语创作到译语表达中,要经过两次符号转换,即首先将源语符号传入大脑进行编码,再经过思维加工之后转换成译语符号表达输出。如果源语文本也是翻译过来的,那么这个原始文本的语言符号转换过程就不止两次了。

其二,语言符号也是翻译思维的具体化与外在表现,二者是统一的。作为语际转换的过程,翻译首先需要考虑的就是语言问题,并且语言符号的角色非常活跃。语言是思维的外在表现,英汉语言符号转换就是翻译思维的外在表现。

⑤翻译思维研究的成果。当今,思维科学是一门新兴科学,在我国仅有三四十年的历史,如果要从美国认知科学的兴起来算,也仅有六十年的

第十一章 心理学维度下的英语翻译问题研究

历史。同时,语言与思维的关系并没有固定的结论,这决定了翻译思维科学的研究也比较晚。因此,翻译思维的研究还是一个比较大的难题。

总之,目前我国对翻译思维的研究主要呈现如下几个成果。

其一,在翻译学理论框架中融入翻译思维,并确立翻译思维在翻译学研究中的重要地位。

其二,认识到翻译思维研究需要与其他学科相结合,属于一门跨学科研究。

其三,确立翻译是信息转换的过程,而大脑是在信息处理过程中的重要部分。

其四,总结翻译思维中包含三个方法,即感知思维、形象思维、抽象思维。

⑥翻译思维研究的进步空间。对翻译思维的研究还有很大的进步空间,还需要进一步的思考。

其一,在翻译思维层面,需要更加细致地对翻译思维内在机制进行挖掘,并提出一套模式与方法,同时运用双语符号转换,对翻译思维机制的作用进行合理的验证。

其二,在语言符号转换层面,试图将符号学与翻译转换两大理论结合起来,从句法、语义、语用三个角度出发,对字、词等展开探讨,并基于符号学提出语言符号转换的四大模式。

(2)读者集体心理与翻译活动的关系

进入20世纪80年代,翻译研究向多学科的方向发展,通过人类学、心理学等学科理论的辅助,从而开拓了翻译研究的新思路。同时,新兴的文化学派、功能学派等日益重视读者在翻译中的地位与作用。

虽然国内外学者对翻译学与心理学结合的研究已经着重关注,也将读者的意义纳入研究之中,但对于翻译活动与译语读者心理的作用问题,至今还没有形成一个典型的体系。

①探讨读者集体意识和翻译的关系的意义。翻译活动不仅是语言交流的媒介,还是不同文化建构的媒介。换句话说,翻译对读者大众文化心理的建构意义非凡。同时,作为文化的一种体现,读者的心理在一定程度上对翻译活动起着促进作用。从不同国家历史的发展中可以看出,重要的文化发展都与翻译有着密切的关系。就宏观角度而言,探讨翻译与读者的心理之间的关系也很有意义,具体可以从如下几点理解。

其一,文化心理学、文艺心理学理论指导下的翻译活动对翻译研究领域予以扩充,并提供了新的研究方法。

其二,从宏观角度对翻译活动与过程进行梳理,可以避免微观角度上翻译研究的片面性。

其三,对翻译活动与读者心理关系的研究意义重大,可以根据二者的关系对源语文本进行有效选择,从而翻译出与大众读者心理需要相符的译作,当大众获得了自己心仪的作品,会不断提升整个民族的心理水平。

②文化和心理的联系。文化心理学是应用心理学的一个重要分支,其认为文化与心理有着十分密切的关系。文化心理学是基于文化学、心理学等相关学科建立起来的,具有跨学科的性质。文化心理学也对符号与心理的关系进行研究,探讨文化符号在心理发展中所产生的作用与意义。文化心理学研究的主要问题在于心理如何对文化产生影响,以及文化如何对心理加以塑造。

著名学者荣格提出了集体无意识理论,这一理论可以用于对翻译文学作品中产生的集体意识的分析与探讨。所谓集体无意识,指对个人经历收集与整理,其方式与该群体中每一位成员的方式呈现一致的特点。在荣格看来,集体无意识是由原型构成的,其不直接在意识中加以体现,而是为某种心理内容划定具体的范畴。[①]换句话说,集体无意识是不构成体系的,是杂乱的状态,间接在意识中得以体现。从荣格的理论中可以看出,集体无意识属于人类心理的一个重要组成部分,其不同于人体无意识下对个体经验的依赖,因此不属于单个人的心理范畴。

个体无意识主要是从那些曾经被意识到的,但是经过一段时间而被遗忘之后,从意识中消失的内容构成。集体无意识的内容并不在意识中呈现,因此并不为某个个体单独拥有。简单来说,个体无意识之所以存在,是因为遗传的存在。因此,个体无意识的内容与"情结"有着密切的关系,而集体无意识的内容主要与"原型"有关系。集体无意识的现实表现形式就是集体意识,是对某一种或者某一类行为的认同与接受,并且这种结构是无条件的或者自然而然的接受。

(3)翻译实证类型研究

对于翻译心理学来说,实证类型研究也是非常重要的一个研究层面。由于翻译文本的目的、功能等往往是不同的,翻译实证往往有各种形态与类别,并且每一种类别都会受到应用功能心理学的影响与制约而产生一些共性特征。从应用心理学出发分析与判断这些共性特征,有助于准确地展开翻译。

在翻译实证类型研究中,误译现象是非常常见的,对于翻译中的误译现象,可以从普通心理学、文化心理学等视角进行研究,从而获取让人能够相信的结果。由于译者与读者处于不同文化背景或不同时代,因此他

---

① 陈浩东.翻译心理学[M].北京:北京大学出版社,2013:24.

们不可能以完全相同的心态对不同文化背景与时代的文学作品进行传递与接受。如果对译作进行改动,就会认为是误译,然后将这些错误归结到译者对原文的理解不当或者自身修养不足上。

当然,很多误译情况的确有这些方面的原因,但是并不是所有错误都是这些原因造成的,有可能是译者出于某些原因而采用了一些并不适合该译作的翻译策略,导致无意识犯下错误。虽然人们认为翻译应该保证忠实、准确,但是误译情况仍旧很多。这是因为很多语言文字文化有着悠久的历史,并且随着历史的发展也在不断发生改变,因此与原文不是同一个时代或者不是同一种文化的读者,很难对另外一种文化中每一个字词予以准确的把握。除了那些不负责任的译者出现的误译情况外,很多译者的无意识的误译情况是值得研究的,也是极具研究意义的。因为这些无意识的误译情况生动地展现了不同文化背景或不同时代的摩擦,反映的是文化交流过程中的误读情况。

从译入语文化心理的角度对误译现象进行分析与考察,从而探究误译现象出现的根源,并且更好地解析中西方文化差异及差异对翻译的影响。在人类生活中,人们面对同一自然因素,中西方的人可能会有相同或相似的感受,也可能会有差异的感受,这都是由于文化心理因素导致的。因此,文化心理因素也会引起误译情况。

总而言之,翻译心理学这门学科具有跨学科的性质。国内外学者对其研究还未成体系,还需要进一步的研究与探讨。学者们需要加强翻译学与心理学之间的合作,展开大范围的实证研究,从而推进翻译心理学研究的进步与发展。

(四)译者翻译心理研究

翻译活动是一项复杂的智力活动,无论是翻译成何种语言,也不管是何时何地展开翻译,亘古不变的一条就是:翻译是一种交流活动,也是人类所独有的,主体始终归结于人。随着智能化技术的发展,机器翻译逐渐崭露头角,但就目前的发展来说,电脑很难替代人脑。可见,用人脑翻译的地位还是非常重要的。但长期以来,译者并没有获得与作者同等重要的地位,译者往往并未受到学者的重视,也未得到肯定与评价。但是,译者的重要性是不能忽视的,作为一个有个性与思想的人,他的心理因素会直接影响着翻译。因此,对译者的心理研究也非常重要。译者的意志、兴趣等会在翻译活动中打上烙印,影响着翻译动机与翻译过程,最终左右翻译结果。在之前的研究中,翻译语言学派与翻译文艺学派仅关注翻译的具体方法,并未探讨译者这一翻译主体在翻译实践过程中的作用。但是,随着研究的深入以及人本主义思潮的融入,译者的作用凸显出来,译者翻译心理的研究也成为人们研究的重点话题之一。因此,下面就对译者翻译心理展开探讨。

1. 中国译者的翻译心理研究

关于译者的地位问题,翻译文艺派内部各位学者也持有不同的观点。

杨武能(1998)通过自身的翻译实践,对译者的翻译心理活动进行了分析,并指出文学翻译活动是一种艺术再创作的活动,其不仅是语言信息、语言形式的转换,还意味着一种限制,并且限制与创造本身就是矛盾的。在这种矛盾中,译者需要不断地自我张扬与否定,从而才能达到彼此的协调,避免出现"一仆二主"的情况。在杨武能看来,译者应该置于作者与原文、译作与读者中间,并且只有认识自己在创作中所形成的心理规律,才能获得创造的乐趣,才能创作出自由的作品。杨武能将翻译过程划分为两个阶段:一是理解,二是表达,这两大阶段会贯穿译者的判断与选择,因此文学翻译就是译者判断与选择的艺术。同时,他还阐释了译者所存在的社会心理,认为译者应该提升自身的文学修养,要努力克服社会对译者产生的各种偏见,努力树立自身的形象,这样才能真正地实现平衡。

颜林海(2015)主张从学科建设上对译者的心理活动加以系统的科学研究,即建立翻译心理学。

2. 西方译者的翻译心理研究

认知心理学的核心在于信息加工,其主要是对注意、感知觉等展开研究。认知心理学将大脑与计算机加工系统作比,并指出大脑就相当于计算机的 CPU。

（1）翻译策略

洛舍认为,要想反映翻译策略的本质,描述式的研究方法是必不可少的,通过对译者认知心理活动的观察与分析,他将翻译策略定义为:译者为了解决翻译中出现的问题而采用的一系列步骤,既然是步骤,那么必然存在起点与终点。在这一过程中,译者的心理活动可以视作翻译策略的要素,这些要素构成翻译的分析模型。一般来说,当译者遇到翻译问题时,不一定立即找到解决方法,往往需要从大脑记忆中进行搜索,对大脑中的相关信息进行激活,从而找到临时的方法,并进行优化,以达到最佳。

洛舍认为,翻译策略可以由以下 22 个要素组成,如图 11-1 所示。

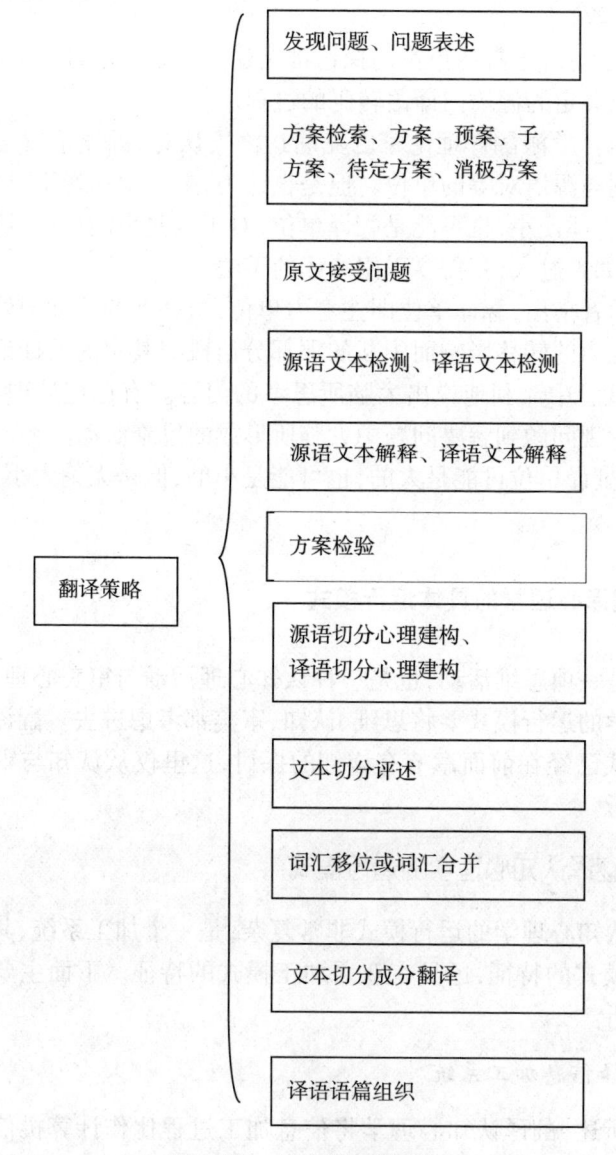

第十一章 心理学维度下的英语翻译问题研究

翻译策略 {
- 发现问题、问题表述
- 方案检索、方案、预案、子方案、待定方案、消极方案
- 原文接受问题
- 源语文本检测、译语文本检测
- 源语文本解释、译语文本解释
- 方案检验
- 源语切分心理建构、译语切分心理建构
- 文本切分评述
- 词汇移位或词汇合并
- 文本切分成分翻译
- 译语语篇组织
}

图 11-1　洛舍的翻译策略

（资料来源：颜林海，2015）

在乔姆斯基理论的影响下，洛舍还将翻译策略的要素组合成三类结构模式，即基本结构、扩展结构与复杂结构。其中扩展结构是在基本结构的基础上增加一个及其以上的策略；复杂结构是由几个基本结构构成的，或者由几个扩展结构组成。

（2）翻译单位

长期以来,对于翻译单位的探讨都是建立在语言学理论基础上的,如将翻译单位界定为源语向译语转码的过程。

苏联语言学派翻译理论家巴克胡达洛夫认为,翻译单位是在目的语中可以找到与源语对等的单位。但是也认为,翻译中的音素、词等都可能是翻译单位,即便小,也可能是翻译单位,对于这些小的单位,可以采用直译的手段,如果过大,就需要采用意译的手法。

有的学者指出,翻译单位即注意力单位,指译者的无标记处理活动因为受到注意力的转移影响而中断的那部分语段。其中的无标记处理即译者能够在试验中流利地说出大脑所思考的内容。有标记处理与之相反,指译者从发现问题到解决问题中大脑所形成的思维活动。

当然,翻译单位可能是大的,也可能是小的,但是无论大小,其都因人而异。

二、翻译心理学的具体运行模式

翻译是一项思维活动,也是一种认知心理活动与审美心理活动,因此翻译心理学的运行模式要将思维、认知、审美都考虑进去。翻译心理学中的思维模式已经在前面章节有详细的探讨,这里仅从认知与审美两个层面进行分析。

（一）翻译认知心理学的运行模式

翻译认知心理学的运行模式非常复杂,是一个加工系统,其不仅具有单语加工模式的特征,还具有双语加工模式的特征。下面主要从两大层面进行分析。

1. 翻译信息加工系统

如前所述,翻译认知心理学将信息加工过程比作计算机信息加工作用,因此翻译信息加工模式可以用图 11-2 的翻译认知加工模型来描述。

对图 11-2 进行分析,可以将翻译过程划分为三个阶段：前翻译阶段、语码转换阶段、后翻译阶段。这三大阶段都是根据信息加工模式来对信息进行加工,但是各自所承担的任务是不同的。

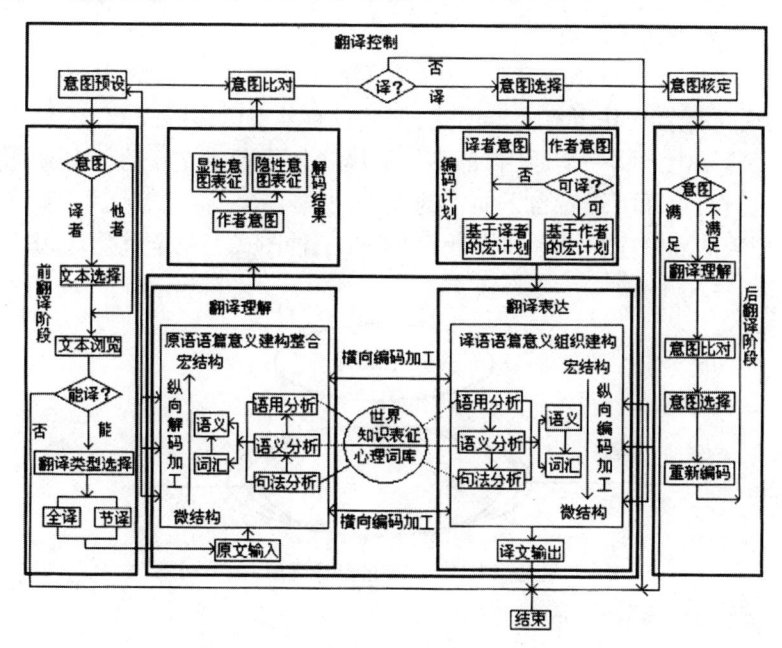

第十一章 心理学维度下的英语翻译问题研究

图 11-2 翻译认知加工模式

（资料来源：颜林海，2015）

2. 翻译图式加工模式

翻译理解与表达都与译者的固有知识有关，而固有知识往往以图式的形式在人的大脑中存在，如同网络一般，相互包含与缠绕。因此，翻译过程就是大脑图式进行加工的过程。

（1）翻译理解中的图式加工

基于图式理论，译者的理解是作者、作品、译者相互发生作用的结果，译者如果想与文本展开互动，需要在内容图式、语言图式等层面与文本共通。语言图式是译者的基础部分，是其他图式的外在表现。译者如果想与作者进行互动，语言图式是必不可少的。具体来说，如果没有语言图式的存在，译者即便有丰富的内容图式等其他图式，也很难完成与作者的互动与沟通，如图 11-3 所示。

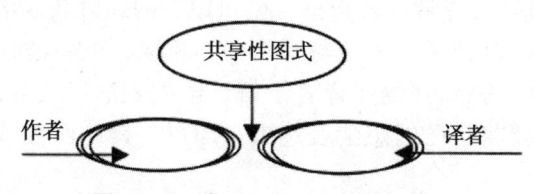

图 11-3 缺乏语言图式的翻译理解

（资料来源，颜林海，2015）

这主要有两大原因。

其一,译者与作者之间不仅没有共同的语言图式,还没有内容图式等。

其二,译者与作者有内容图式,但是没有共享语言图式。

无论是上述哪一个原因,都不能使译者与作者建立互动与沟通,也就无法进行自上而下或者自下而上的加工。

完美的理解应是译者和作者 / 文本在三种图式上完全重叠,如图 11-4 所示。

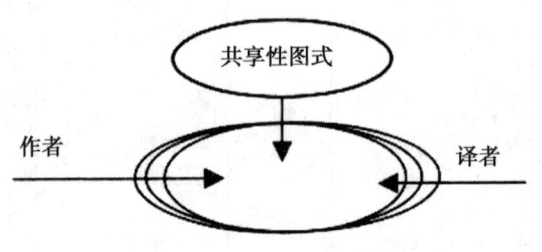

图 11-4　完美的翻译理解

(资料来源,颜林海,2015)

由于在理解过程中,译者与作者是一种互动过程,因此完全重叠只是一种理想。绝大多数情况如图 11-5 所示。

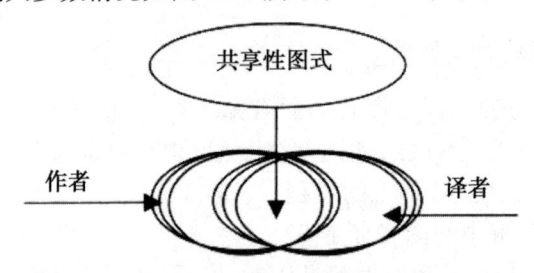

图 11-5　翻译理解的常态

(资料来源,颜林海,2015)

实际上,从某种程度而言,译者的任何理解都与作者 / 文本存在或多或少的出入,因此在翻译时,译文也是存在内容的伸缩性的。

(2)翻译表达中的图式加工

在翻译表达中,译者需要根据自己对原文的理解获取信息,并通过译入语进行表达。翻译中的表达与写作并不相同,其不仅需要译者对原文的表达意图进行考量,还需要译者了解译语的表达形式与读者的接受程度。写作只需要将自己的想法表达出来即可。具体而言,译者需要解决如下问题。

其一,译者是否具备能够对某一命题进行表达的词汇量。

第十一章　心理学维度下的英语翻译问题研究

其二,译者是否具备充足的句法知识。

其三,译者是否能够谋篇布局。

其四,译者是否能够获取与主题相关的信息。

这些信息都是以图式的形式在译者的记忆中存在的,如同网络一样,但是网络中的图式可能是大的,也可能是小的,包罗万象且相互关联。

具体来说,在翻译表达中,如果输入信息与译者大脑中的记忆是一致的,那么译者就会很自然地表达出来;如果是不一致的,译者需要从大脑中抽取与之相关的记忆,然后进行重组,构成新的图式,得出最佳的结果。

(二)翻译审美心理学的运行模式

翻译审美心理学的运行模式主要可以从三个阶段来分析。

1. 原文意图分析

无论是说话,还是写作,人们都是在某些意图的驱使下产生的言语行为,因此通过分析这些言语行为,就可以获得发话人或写作者的意图。就写作的角度来说,写作者的意图不同,对字、词的选择与篇章设置也会不同。就赏析的角度来说,通过字、词、篇章等可以分析出发话人或写作者的意图。

在整个翻译过程中,意图有着非常重要的地位,因为意图对行为起着决定性作用。一般来说,意图划分为两种。

(1)预设性翻译意图,即在进行翻译时,受他人约定或自身爱好影响而产生的意图。

(2)操作性翻译意图,即译者根据前面一种意图而设定的意图。

一般来说,在翻译时,译者应该将作者的意图作为自己的意图,但实际上译者往往是作者意图与自身意图的结合。因此,意图的解读与再现显得尤为重要。

在翻译过程中,译者不仅要做到"设身处地",还要做到"字斟句酌"。"设身处地"有如下三重含义。

(1)将自己想象成作者来探讨为何这样写。

(2)将自己想象成作品中的人物来体验他们所经历的事情。

(3)将自己想象成译语读者,是否他们能够了解写作的意图。

2. 理解与翻译阶段

翻译过程是一个理解和表达相互交织的过程。

（1）理解即顺着条理与脉络来分析。

（2）表达即将头脑中的画面进行符号化转化。

（3）相互交织即理解和表达在源语和译语中交替出现。

3. 后翻译阶段

后翻译阶段指从审美意图出发，对翻译表达能够再现原文审美信息进行核定。无论是在翻译过程中还是翻译完成后，译者都需要调用自身的意图对作品进行核定。如果译语表达不准确或者与自身设定的意图计划相违背，那么他们就需要再次进行润饰与加工，直到满足自身的意图计划，也只有这样才能算作翻译的完成。

第三节 心理学维度下英语翻译的具体策略

一、认知心理学层面的翻译策略

（一）翻译理解的认知本质

理解是一个生成复杂意义的认知加工过程。任何认知加工都是基于人的认知能力建立起来的。所谓认知能力，即对信息进行接受与处理的能力。一般来说，认知会受到主观因素与客观因素的影响，其中前者指的是读者的先知识，如社会经验、语言意识等，后者指的是语篇类型、语篇目的等。

理解是建立在情景模型与赋予意义的过程之中的，是语篇与读者之间互动的结果。具体来说，翻译理解的认知本质涉及如下几点。

1. 意义分配的过程

意义分配的前提在于译者本身具备先知识与语言意义。从本质上说，意义分配是译者从自身的先知识出发，对阅读中的知识进行动态的解释。

换句话说，意义分配即译者基于自己的先知，为语篇以及相关单位配备意义的过程。意义分配不仅在建构语篇时发生，在整合语篇时也会出现，这就导致翻译理解可能因译者的不同，理解也不同。

2. 记忆加工的过程

由于感觉记忆与工作记忆的容量是有限的，译者在理解时需要将小的单位进行整合，成为大的单位，直到装满自己的记忆。既然翻译理解是

第十一章 心理学维度下的英语翻译问题研究

一个加工记忆的过程,那么翻译过程的操作也可以基于命题展开。

3. 激活先知识的过程

译者只有了解原文的心理表征意义,并且具备充足的知识,才能更好地理解原作。译者不同,他们的先知识存在差异,因此在理解原作时也必然存在差异,翻译出来的作品也存在明显的不同。

4. 情景模型的建构过程

任何语篇都具备情景模型表征,这是因为译者的理解也是建构情景模型的过程。在译者分配语篇意义的时候,需要激活旧有的模型,然后建构新的模型。一旦有新的语篇出现,那么译者就能够生成新的模型,从而扩展自己的知识结构。

5. 在线阅读和动态解释的过程

只有译者展开阅读,才能使语篇呈现意义。动态解释将翻译理解视作一个线性输入的过程,由于输入不断增加,理解也会发生改变。

6. 语篇宏结构建构的过程

既然译者在对语篇进行理解时,会将小的单位整合成大的单位,那么语篇可以被认为是由文本命题库构成的网络结构。在理解的过程中,读者可以通过一系列的规则,对原文宏结构的层次关系进行整合。

(二)翻译理解的认知加工模式

翻译理解需要译者基于具体的原文来获取信息及意义。具体来说,其包含对词汇、句子、语篇的理解。对词汇的理解指的是将译者的心理词库激活,并对词汇进行提取,对句子、语篇的理解则是有各自符合的理解机制与分析策略。下面从不同角度出发来分析翻译理解。

1. 基于信息加工方向的角度

从信息加工的方向视角出发,可以将翻译理解的认知加工模式划分为如下两种。

第一种是自下而上模式,即译者从一个词到一个句子到一个语篇进行处理,从而得出意义。简单来说,就是先对单词进行理解,进而对句子结构再到语篇加以理解。

第二种是自上而下模式,即译者先运用自己的先知识来理解语篇的整体意义,用语境对一些生疏项目的意义进行理解,然后再研究具体的词、句子的意义,是如何通过词、句子来加以表达的。简单来说,自上而下模式是一个首先要对全文的语义图式加以建构,明确作者的写作意图与背景,进而通过较高语言层面的理解来帮助较低层面的理解。就加工流程上来说,自上而下模式对文章的重构是非常强调的,对形式不过分重视。从翻译理解的角度来说,译者需要带着兴趣、意识等来理解文章,与作者展开跨时空的交流。

显然,无论采用的是哪一种模式,理解都是一个互动的过程,在翻译理解的过程中,译者会考虑自身的先知识,进而结合自身的经验来对信息加以体验、建构与确定。

如果译者并不熟悉原文的文本,其先知识未在自己的头脑中贮存,那么就可能选择自下而上的模式进行理解。如果译者熟悉原文文本,那么先知识也存储在自己的脑海中,那么选择自上而下的模式就较为妥当了。

当然,在理解的过程中,译者不可能会使用一种加工模式,往往需要多种模式,这两种模式的结合就是图式加工模式。

2. 基于信息加工媒介的角度

就信息加工媒介的角度而言,可以将翻译理解的认知加工模式理解为如下两种:一种是横向加工,一种是纵向加工。这是因为译者的先知识不仅有源语环境知识,也有译语环境知识,因此译者在理解的时候会出现如上两种加工模式。译者在理解过程中到底选择哪种加工模式,并未给予明确的规定,译者只能从译语表达与加工耗时层面来进行深入的分析。但可以确定的一点是,译者目的语的流利程度越低,使用范围越小,先知识越欠缺,那么就会使用更大几率的横向加工模式。

所谓横向加工,即译者受源语语言符号的刺激之后,直接将源语对应的译语符号进行激活,而不是在使用自上而下模式进行加工时,源语符号指向内部言语信息。

所谓纵向加工,即译者通过解码源语符号获得具体指向的信息,然后用译语符号进行编码。简单来说,纵向加工是对信息先解码之后再进行编码,解码是对信息的理解,编码是对信息的表达。

二、审美心理学层面的翻译策略

(一)审美控制机制

审美过程是一个基于审美意图控制的意有所指的过程。所谓审美控制

第十一章 心理学维度下的英语翻译问题研究

机制,即主体根据特定审美意图,对审美活动加以控制的规律与原理。

1. 审美意图

所谓意图,即所指,其中"意"是心有所指的心理活动,因为主体审美对象包含理、事、情、象和境,因此主体审美心理过程就是一个意理(义)、意事、意情、意象的过程,从而实现对意境的理解和把握。

（1）意理（义）

所谓意理（义），即审美主体的心有所指事物所涉及的道理和思想,而在这之中,心理所指就是意理（义）。实际上,人的言语并不仅仅是为了抒发情感,还可以用来阐述道理和真相。因此,从审美过程上说,意理（义）就是义理的审美过程。

（2）意事

所谓意事,即审美主体心有所指的事物在不断发展过程中的状态,这就是事。因此,意事就是心有所指,是对事物发展状况的审美。

（3）意情

所谓意情,即审美主体发自内心的志向。"意"可以指心有所指的"志",也可指"情",就是这里所说的"意情"。实际上,"意"就是心有所指的情感,是基于主体情感的审美过程。

（4）意象

所谓意象,即审美主体心有所指的事物的形象,是事物形象的审美过程。

人有心有所指,并不一定要对某事进行直陈,也并不一定要抒发胸臆,而往往可以借景抒情,实现情景之间的交融。也就是说,文本要想有意境,首先应融入情感,如果没有情感,如何才能让人感动。无论是叙事,还是抒情或者写景,都需要达到情感的形象化与直观化,实现情境的完美融合。

2. 审美方法

审美方法即主体对原文欣赏、体验与评价等的方法。下面以刘勰在《文心雕龙·知音》中提出的"六观论"为例来展开具体的说明和介绍。

（1）观位体

在审美创作中,"设情以位体"及"情理设位"是必不可少的,那么审美解读中也必然少不了"位体",通过文本的"位体"来对其中的情进行观察。所谓的观位体,即通过对文本体裁的分析,对文本中所涉及的情进行观察。

（2）观置辞

文辞能否恰当运用决定了译者能否传达原文内容,这就是所谓的"观置辞"。这里的"辞"就是文本的措辞,是表情达意的关键。情就是所谓的情感、情理,是诗文表现的重要内容。主体的情感往往通过文辞来进行表达。就创作角度来说,遣词造句能否抒发主体的情感,是作品成功的关键层面。

（3）观通变

所谓通变,即作品风格要得以传承与发展。风格是作家在创作过程中的特色与格调。这种特色在作品内容、形式上有明显的体现。这里的通变,不仅涉及内容上的继承,还体现在形式上的继承,当然除了继承之外,还需要在内容与形式上加以创新。

（4）观奇正

所谓奇正,指作者在传达情感时采用的手法。一般来说,"情思"表达的是作品的内容,作品的内容如果与主流意识形态相符合就是"正",如果与主流意识形态不相符合,那么就是"不正"。因此,在审美创作中,审美主体要对内容进行审视,观察其是否与主流意识形态相符合,其表现形式是否体现出新奇性。在审美解读时,审美主体要观察表达手法是否新奇。

（5）观事义

所谓事义,即作者所叙述的事情与引用的典故所传达出的具体的意义。作者在写诗的时候,不仅可以通过描写叙事对意义加以传达,也可以通过古书记载或者引用名人名言等对意义进行传达。

（6）观宫商

宫商就是所谓的声律,指的是文本所具备的音乐性。所谓文本的音乐性,即用来传达主体之情。在进行审美创作的过程中,审美主体要观察文本的音乐是否能够传达情感,是否是自然的。在进行审美解读的过程中,审美主体要观察文本是如何通过音乐来传达情感的。

（二）审美心理机制

审美活动是一项非常复杂的活动。所谓审美心理机制,即审美主体在审美过程中各种心理要素构成的基本规律与基本原理。[1] 简单来说,在审美过程中,无论是创作还是欣赏,都是开始于审美层面的观照,紧接着进行审美体悟,最后进行审美的品藻。

---

[1] 颜林海. 翻译审美心理学[M]. 北京：科学出版社, 2015：24.

第十一章 心理学维度下的英语翻译问题研究

1. 审美观照

在审美观照这一阶段,审美主体需要保持一种"虚一而静"的状态,同时要将情感投入进去。"观"这个字的本义是用耳朵、眼睛等感官对事物加以观察。作为一种审美范畴,"观"主要包含如下几点意思。

第一,从观的内容来说,指的是审美主体透过外形读物对其精神内涵加以审视。

第二,从观的方式来说,指的是审美主体将心灵、感官等投入到审美客体之中。

第三,从观的特点来说,指的是审美主体处于一种自由的状态,并且是无功利的状态。对于这一状态,可以认为是无为的状态,将一切有意识的、思虑的活动排除在外,使心灵处于一种无意识的、纯净的状态。

显然,审美观照即审美主体带着一种自由、无功利的状态,与审美客体融为一体,通过心灵或者感官,透过事物的表象来研究事物内在的过程。

2. 审美体悟

在审美体悟这一阶段,审美主体需要设身处地地研究审美客体的美。简单来说,审美体悟即审美主体对审美客体美的领悟。一般来说,"体"是一种方式,"悟"是一种过程或者结果。其中,"妙悟"是"悟"的最高境界,其中的"妙"就是美的,"妙悟"就是对美进行感知,对客体的审美属性进行直接的把握,其不仅是一种艺术思维活动,也是一种审美的手法。

3. 审美品藻

在审美品藻这一阶段,审美主体不仅要对审美客体进行追本溯源,还要对审美客体的各个部分进行品评。其中"品"本来指的是事物众多,那么既然这么多的事物,必然存在优劣之分,而要想知道事物哪些是优的,哪些是劣的,就必须进行品鉴。要想进行品鉴,必须要详细分析所有的事物。可见,在这里,"品"的本义已经包含着审美主体对众多事物的品鉴的心理活动,当然这里的"品"是一个动词,即代表着切身体会以及对优劣加以辨别。

从美学范畴上来说,"品"不仅指众多客体之间存在的优劣,还可以指通过切身体会,对客体的优劣加以体察与鉴别,这就是所谓的"品藻"。品评必然存在某些方法,这种方法就是所谓的审美理解。

"理"就是条理,就是脉络。解,"判也。从刀判牛角"。简单来说,理解就是从脉络进行考量来展开剖析。事物的脉络总会通过一些外在的表征形式体现出来,因此透过事物外在的表征形式,去抓住事物的内在条理与脉络。

第十二章 生态学维度下的英语翻译问题研究

生态翻译是从生态视角对翻译展开描述的总称,属于一个整体概念,有着丰厚的内涵。具体而言,生态翻译不仅可以指从生态视角对翻译整体进行综观,还可以指以自然生态对翻译生态进行隐喻;不仅可以指对翻译语言与文化的多样性加以维护,还可以指运用翻译促进生态文明的进步与发展。如果从文本角度来说,生态翻译主要指基于源语与译语生态的文本移植。本章就从生态学这一全新的维度出发,对英语翻译问题展开分析。

第一节 生态学概述

一、生态学

生态学是研究生物与环境之间相互作用的一门学科,包括:生物个体之间、群落之间、生物和非生物之间的相互作用。该词是由自然学家亨利·索瑞于1858年提出的,但他没有给生态学以明确的定义。德国著名博物学家艾伦斯·海克尔在其所著的《普通生物形态学》中初次把生态学定义为"研究动物与其有机或无机环境之间相互关系的科学",特别是动物与其他生物之间的相生相克关系。该词由希腊语 oikos 和 logos 发展形成,oikos 表示住所,logos 代表知识,因此对生物"居住"的研究是生态学的本义。

在这之后,作为现代科学体系中的一个关键学科——生态学,得到了确立并慢慢发展起来。一般情况下,研究环境系统是生态学的范畴。"环境"是指相对于人类创造的世界而言的自然世界。生态学研究自然界的各要素以及各要素之间的互动,包括生存、生命、生产之间的密切关系,体现了整体性、总体性和全面性的特征。

生态学中的重要概念包括生态平衡、生态系统、生态位。生态平衡是指在一定时间内生态系统中的生物和环境之间、生物各个种群之间,通过能量流动、物质循环和信息传递,使它们相互之间达到高度适应、协调和统一的状态。换句话来说,生态平衡是指处于顶级的稳定状态的生态系统的形成和维持,它是一种相对的动态平衡,是在生态系统的演替发展中,借助外部环境与内部组件之间的相互作用以及数字系统之间的联系,同时控制系统的内部功能。

1935年英国生物学家坦斯利首先提出了生态系统一词,他指出生物与环境是生态系统空间构成的基本单位,各单位在生存过程中相互竞争、作用、依赖,从而形成健康有序的状态。生态系统的基本特征是结构的多样性、物质的循环性、系统的复杂性、能量的流动性、自我调节性和系统的动态性。生物单位处于一定的生态位之中。生态位是在生态学中最主要的概念,又称为"小生态",是生物的"住址"和"职业"。根据达尔文的进化论,每个生物单位在自身发展的过程中都经历了优胜劣汰的过程,即每个生物单位处在复杂的生态环境之下,有利的变异保存下来,而不利的变异遭到毁灭,经过"自然选择"或者"适者生存",实现生态系统的"优胜劣汰"。

可见,在西方生态学中,生态系统是由无数相互联系、相互依存的生物单位组成的,每个生物单位都处于一定的生态位下,在某种特定的条件下通过"自然选择""优胜劣汰"等方式,实现生态系统的自我控制、自我调节和自我发展,实现生态系统的平衡。这些重要的生态学概念被广泛运用于生态研究和交叉学科领域。

二、中外生态思想

(一)中国传统生态思想

中国传统文化中蕴含着丰富而深刻的生态思想,这些思想反映了社会经济发展与自然环境相适应的过程。

1. 中国传统文化中的生态思想

(1)天人合一

儒家的"天人合一"思想有着悠久的发展历史,顺天的道理早在尧舜时代就已被人们知晓。《易经》是儒家经典著作之一,其中关于"天人合一"的观念非常多,如热爱自然,"天"与"人"相互交融;自然事物属性与人格品德的有机联系;人在天人关系中主观能动性的发挥;自然法则与人

第十二章　生态学维度下的英语翻译问题研究

事规律的统一性等。张载是中国文化史上明确提出"天人合一"概念的第一人。

中国文化传统与哲学的基本精神在儒家的"天人合一"思想中得到了集中体现,"天人合一"思想也蕴含着丰富的生态智慧,如建立和谐的人际关系、推动社会有序发展等。"天人合一"学说认为,作为人类生命之源的大自然本身也是有生命的,自然界应该得到人类的尊重;作为人类生存背景的大自然是一个生命体,其生命发育过程具有"自在自为"的特征,大自然的生命发育离不开人类的参与,人类在这方面肩负着重大责任与使命,即承担大自然的生命价值,参与大自然生命发育。

"天人合一"思想所包含的生态智慧是非常丰富的,在从整体上把握生态保护自然规律的基础上,这一思想在合理的尺度范围内规定了人自身的道德修养,提出了实现天人和谐发展的可靠路径,这些生态智慧都体现了整体性的思维方式。

（2）道法自然

道家是我国古代哲学史上的一个重要流派,代表人物有老子、庄子等。道家所有思想都是以"道"为出发点的,其中蕴含着颇具自然主义色彩的空灵智慧,而且强烈期盼着生命的永恒。基本上生态关系和人际关系的所有领域在道家思想中都有所涉及,道家哲学对天人关系进行了较为系统的论述,"道法自然"是道家哲学的精髓,意思是世界万物皆因"道"而存在,人类要以"道"为法则,顺其自然,不予干涉。

道家的"道法自然"哲学思想中蕴含着深刻的生态文明思想。

（3）众生平等

佛教是异域宗教,东汉时期传入我国,在中国生根开花结果,本质上来说就是在中国传统文化的影响下完成了中国化的改造,并成为中国传统文化的重要组成部分之一。经过改造后的佛教文化中所蕴含的生命意识与中国传统文化中所体现出来的生命意识是相契合的。中国佛教文化中与自然生态、精神生态有关的思想非常多,生态文明理论丰富而深刻,并将中国传统文化与生态学紧紧联系在一起。

2. 中国传统生态思想的现代价值

中国传统文化中蕴藏着丰富而深刻的生态思想,闪烁着耀眼的智慧光芒。儒家"天人合一"思想、道家"道法自然"思想、佛教"众生平等"思想中所体现出来的生态观在现代社会仍然具有重要的指导意义与借鉴意义,其现代价值不可忽视,大概可以总结为以下几点。

第一,帮助人们走出"人类中心论"的认识误区,引导人们树立人与自然有效合作、协同发展的世界观,这是具有现代意义和现实意义的思想观念。

第二,使人们正确认识人与自然的关系,并对人与自然的关系进行科学处理,为国家解决生态环境恶化问题提供新的思路。

第三,有利于促进人与自然和谐发展。

总体而言,传统生态思想告诉我们,大自然是人类赖以生存的家园,人类要以大自然为"本",而不能凌驾于它之上,否则就是"忘本"。鉴于中国传统文化中蕴含着深刻的生态保护思想,而且这些思想具有重要的时代价值,我们要深入学习与传承中国传统文化,大力弘扬与推广传统文化,在科学生态观的指引下进行生态文明建设,使人民群众在和谐的生态环境中幸福生活。

(二)西方生态思想

在人类思想史上,西方生态思潮的兴起与发展是一件大事,它使人们思考问题的传统模式发生了变化,引发了诸多学科(经济学、政治学、伦理学等)思维方式的变革,并引起人们关注与重视社会生态环境问题,对促进人类可持续发展具有重要贡献。

1. 可持续发展理论

经济的快速发展在一定程度上是以破坏生态环境为代价的,针对这个问题,发达国家的环境学家和生态学家最早提出了可持续发展思想,之后该思想在世界各国的学术界和政界都得到了广泛的认可与青睐。1987年,联合国国际环境与发展委员会发表学术报告——《我们共同的未来》,首次明确对可持续的发展的概念做出界定,即"既能满足当代人的需要,又不对后代人满足其需要的能力构成危害的发展"。

可持续发展的概念被明确提出后,其在环境问题与其他发展问题的相关研究中作为一个术语甚至是流行用语而被广泛应用。尤其是联合国于1992年举办环境与发展大会之后,可持续发展作为一个概念、原则、思想、理论而频繁出现在一些报纸杂志中。

可持续发展是一个整体的复合系统,涉及自然、经济、社会等方面,具体包括生态可持续发展、经济可持续发展和社会可持续发展三个方面的内容,这三者是协调统一的,其中生态可持续发展以安全为主,经济可持续发展以效率为主,社会可持续发展以公平为主。

(1)生态可持续发展

可持续发展要求充分考虑自然资源和环境的承载能力而追求发展,

第十二章　生态学维度下的英语翻译问题研究

要求人类在地球的承载能力之内进行发展,注意控制性的发展。发展的同时必须注重对地球生态环境的保护和改善,合理利用各种自然资源,这样才能保证资源开发与利用的持续性与长久性。所以,发展要有限制、要讲适度,否则就不可能持续发展。生态可持续发展也强调保护环境,但环境保护与经济发展不是对立的,不要强行将二者隔离开来,而是要通过转变经济发展方式来使环境问题从根本上得到解决。

（2）经济可持续发展

人类要生存,就必须以经济发展为第一要务,所以可持续发展鼓励经济增长,而不是以环境保护为名取消经济增长,但也绝不能以牺牲环境为代价来实现经济增长。可持续发展要求对传统的生产和消费模式进行调整与改善,倡导清洁生产和文明消费,以促进经济活动效益的提高,减少能源浪费和废物污染。集约型经济增长方式就是可持续发展观在经济领域的体现。

（3）社会可持续发展

可持续发展要求人类社会广泛分享发展带来的积极成果,特别是要利用这些成果来解决世界贫困问题,只有解决好贫困问题,缩小贫富差距,才能提升社会保护地球生态环境和美化地球家园的能力。世界各国可以处于不同的发展阶段,可以有不同的发展目标,但发展的内涵应一致,即创造一个保障全民住房和食物、健康和卫生、教育和就业、平等和自由、安全和免受暴力的良好社会环境,这是社会可持续发展的基本要求。

总之,可持续发展理论具有先进性,具体总结为如下几点。

（1）可持续发展是一种新的发展理念,其有别于旧发展观,这个新理念强调经济、社会、资源和环境保护等多方面的协调发展,目的是既发展经济,又使人类赖以生存的自然环境得到良好的保护,使子孙后代能够永久发展、安居乐业。

（2）可持续发展理论克服了旧发展观的片面性,实现了发展理论从经济向社会、从单一性向多样性、从主体单一化向主体多元化、从独立性向协调性的转变。

（3）可持续发展是在人类理智认识自然界、社会和人的关系,树立新的价值观和伦理观以及重新审视现有生存状态及方式的基础上提出的关于人与人、人与自然、人与社会之间协调发展的重大战略思想,是针对发展问题所做出的理性回答,是现代发展理论的核心。

2. 生态社会主义理论

生态社会主义是生态运动和思潮的重要流派之一,阿格尔的代表作

《西方马克思主义概论》(1979年)中最早出现这一流派,阿格尔、巴赫罗、莱易斯、佩伯、高兹等是该流派的主要代表人物。20世纪90年代之后,生态社会主义学家注重吸收绿党(提出保护环境的非政府组织发展而来的政党)和绿色运动推崇的一些基本原则,涉及生态学、基层民主、社会责任以及非暴力等方面,同时坚持马克思主义关于人与自然的辩证关系的基本理念,否定资产阶级狭隘的人类中心主义和技术中心主义及其把生态危机的根源归结为资本主义制度下的社会不公平和资本积累本身的逻辑,对资本主义的经济制度和生产方式进行了批判,要求重返人类中心主义时代,这为生态社会主义思想的形成奠定了基础。

3. 生态现代化理论

20世纪80年代,西欧发达国家最先提出生态现代化理论,20世纪90年代中后期,随着全球化进程的加快,该理论逐步向整个欧美地区以及东南亚等地传播与拓展。生态现代化理论提出了一种生态与经济相互作用的模式,旨在连接发达市场经济中的现代化驱动力与长期要求(通过改革与创新环境技术来构建环境友好型社会)。当代社会人类面临着严峻的生态挑战,生态现代化理论对这个问题做出了新的阐释,强调在有序的市场竞争的过程中加强绿色革新,从而一方面促进经济繁荣发展;另一方面减少环境破坏现象的发生,实现经济发展与环境保护的共赢,一举两得,这样就不必大张旗鼓地改革经济社会制度结构,也不必大规模重建市场经济运作方式。

生态现代化理论是一种绿色政治社会理论,该理论较为温和、实用,所以一些国际机构、国家政府和环境非政府组织很快就接受了这一理论。自20世纪八九十年代以来,该理论作为社会发展领域的一种重要生态思潮而不断传播与拓展,并为欧洲很多国家及其他地区的环境治理与变革提供了重要的理论指导。

总之,生态现代化理论和过去的环境学说相比而言,对于环境问题的认识更全面、深刻,并提出了更有利于解决生态危机和环境问题的政策方案,经过实践检验,这些政策方案的可操作性很强,切实可行且卓有成效。这一生态文明理论在西方国家乃至世界各国的生态文明建设中都具有非常重要的借鉴和参考意义。

(三)马克思主义生态思想

马克思主义思想体系的创始人和奠基人是马克思和恩格斯,他们以人类社会的发展历史、人类思维的发展规律以及自然界为考察对象,构建

第十二章　生态学维度下的英语翻译问题研究

了庞大而系统的思想体系,这些理论具有非常重要的现实意义。

1. 人与自然的辩证观

人与自然辩证关系的思想是马克思主义生态文明思想的核心。在所有的哲学观研究中,都将人与自然的关系问题作为研究的核心。正确理解与深入阐释人与自然的关系是哲学自然观的主要任务,从而使人们依据某种范式来对自身与自然的关系进行处理,使人类自觉规范自己的行为,善待自然。马克思主义的辩证唯物主义自然观是在积极扬弃旧的哲学自然观的基础上形成的,辩证唯物主义自然观坚持唯物主义原则,对自然界的客观实在性是承认的,而且对传统观点中关于劳动中介性的思想进行了批判性的吸收,从新的视角对人与自然的关系进行考察,从现实出发对人与自然的分化与对立关系进行解释,又在遵守生存实践原则的基础上对人与自然的和谐统一进行探索,从而向我们揭示了人与自然的实质关系,具体表现在以下几个方面。首先,人是自然界的产物和组成部分。其次,自然是人类生存的基础,是人类实践活动的对象。再次,人类和自然界的关系是受动性和能动性的统一。最后,人类要与自然界共同进化、协调发展。

2. 人与自然和谐发展的观点

人与自然和谐发展是马克思主义生态文明思想的目标。马克思主义生态文明思想认为,人类能够通过实践活动来改造自然,但前提是尊重自然界客观规律,不能为了一己私利而肆无忌惮地掠夺自然、破坏自然,否则不仅不能达到预期目标,反而会遭到自然的报复。恩格斯不断警醒人们:"我们必须时时记住:我们统治自然界,绝不能像征服者统治异族人那样,绝不能像站在自然界之外的人似的。相反地,我们连同我们的肉、血和头脑都是属于自然界的,存在于自然界的。我们对自然界的全部统治力量,就在于我们比其他动物强,能够从事和正确运用自然规律。"马克思还认为,不仅自然物质的内在规律不能改变,由于人类认识自然和受到自身利益的理性能力限制,不可能充分掌握自然界的全部规律,规律背后还有规律,人类只能循序渐进地加深对自然界的认识和理解。

马克思、恩格斯从科学技术的角度阐释如何解决资本主义工业文明时期遇到的环境恶化难题。一方面,马克思、恩格斯主张依靠科学技术"再加工"和"再利用"生产和消费过程中产生的废弃物,以减少工业废料对环境的污染。另一方面,马克思主张用科学技术改进生产工艺,发明和利用新的生产工具,有效减少废弃物的产生,减轻对环境的压力。

第二节 生态翻译的相关理论

一、生态翻译

随着生态研究的深入,国际翻译也从生态学视角入手,将翻译与"生存""适应""环境"等内容相结合,探讨具体的翻译问题。

1988年,著名学者彼得·纽马克(Peter Newmark)将翻译过程中的文化介入划分为五种,其中"生态学"翻译特征占据其中的一项重要地位。

米歇尔·克罗尼恩(Michael Cronin)在《翻译与全球化》(*Translation and Globalization*)一书中也指出,要对"翻译的生态"问题予以关注,认为不同语种间的翻译应该要保证"健康平衡"。[①]

在我国,对于生态翻译的研究不是很多,但是也有一些研究,主要对翻译理论、翻译质量展开分析和探讨。例如,《翻译生态学》一书就对生态翻译展开了研究,只不过作者将其纳入生态研究之中。

不管怎样,关于生态翻译的研究还处于初级阶段,还需要学者努力去深层次研究和探讨,以解决更深层次的翻译问题。

二、生态翻译的研究内容

(一)翻译生态("译境")

生态环境是由生态关系构成的环境,指的是对人类、生物产生直接影响的一切外部条件。翻译生态指的是翻译主体之间与外界生态之间产生的相关联性。简单来理解,翻译生态就是翻译主体在外界生存的状态。

对于翻译生态环境,我们往往想到的是与翻译相关的多个外界因素的集合。在这一层面而言,翻译生态环境与翻译生态具有相同的含义,但是二者是有区别的,区别在于翻译生态主要是对整合状态的描写,而翻译生态环境侧重于具体的环境因素。

翻译生态与翻译环境的存在主要是以一个整体来呈现的,基于特定的生态环境,译者的作用也是特定的,并且往往受到其他翻译主体的影响,译者需要符合目的语的文化规约。

[①] Phillipson, Robert. Book Review[J]. *Language Policy*, 2006(5): 231.

第十二章　生态学维度下的英语翻译问题研究

对于翻译主体而言,翻译生态环境是一个统一体,翻译主体不可以僭越,只能顺从。如果翻译生态环境被认为破坏了,那么就会造成其与翻译理论的违背,导致丧失整体性。

翻译生态环境是具有层次性的,具体可以划分为如下三种。

宏观层面,国家不同,社会政治与语言政策也存在差异,导致翻译政策也不同。

中观层面,即便是同一国家,从事翻译工作的人不同,那么翻译生态环境也存在差异。

微观层面,翻译生态环境主要指的是翻译研究本身的内部结构,如翻译应用、翻译批评等。

如果再进行细分,还可以划分为不同的种类。

需要指明的是,翻译生态环境也是存在差异性的,如视角、概念等层面造成的差异。翻译生态环境构成的要素包含三种,即源语系统、译语系统以及原文,这是译者与译文能够生存的环境,其对于译者选择最优的因素起着制约的作用,又对译者的适应性选择提供了依据。

(二)文本生态("译本")

文本生态即文本的生命状态以及生态环境。就生态翻译学的视角而言,源语与译语属于两种生态系统,各自包含各自的语言生态、文化生态、交际生态等内容。当然,语言生态、文化生态、交际生态存在大小区别。就语言生态而言,存在大小语种的差别;就文化生态而言,存在国家交往与区域交往等内容;就交际生态而言,存在行为交际、交际意图等内容。

生态翻译学将文本生态视作研究对象,对源语文本生态系统与译语文本生态系统的相同点与不同点展开分析,对二者在转换中的规律与机制展开探讨,从而更深层次地研究文本的生存状态,为研究生态问题提供新的研究视角。

(三)"翻译群落"生态("译者")

翻译群落即与某些特定的翻译活动相关的起源与发展、结果与效果等集合,其中涉及原作作者、译语读者、评论者等。当然,译者在其中充当了代表的角色。

以译者作为代表的翻译群落在思维形式、教育背景等层面是存在明显的差异的,加上译者需求、文本类型的不同,导致翻译群落主体的适应选择性不同。因此,这些主体需要从自己的需要出发,对自己展开调整,从而与翻译生态环境相适应。

另外需要指出的是,翻译生态系统之间需要相互进行适应,这样才能真正地实现互动。对于生态翻译学研究来说,译者只有做到上述三者的融合,处理好三者的关系,实现三者的互动,才能保证彼此的平衡。

第三节 生态学维度下英语翻译的具体策略

一、"翻译过程"的图解

早期,生态翻译学是基于"翻译适应选择论"建立起来的,这一论调对于翻译过程的描述是从达尔文的"适应/选择"这一学说来的,并从翻译的具体情况出发展开分析和解读。达尔文的"适应/选择"这一学说的根本在于任何生命体都有与自然环境相适应的能力,生命体只有与自然环境相适应,才能真正地生存与繁衍。换句话说,任何生命要想生存与繁衍,必须与自然的选择、环境相适应。这就是所谓的"适者生存"。

如果将这一论调置于翻译中,就是译者要想与翻译生态环境适应,就需要受到翻译生态环境的支配。根据这一理论,可以对翻译过程进行如下的研究和探讨。

一般来说,译文的产生往往包含两个阶段,即选择译者与选择译文。

从"自然选择"的原理出发,第一个选择译者的阶段就是以原文作为典型要件的翻译生态环境对译者展开选择的过程。同时,这一过程可以被视作译者对翻译生态环境的适应。

第二个选择译文的阶段就是以译者作为典型要件的翻译生态环境对译文展开选择的过程。换句话说,这一阶段就是译者以翻译生态环境的角色来展开选择,直到产生译文(图12-1)。

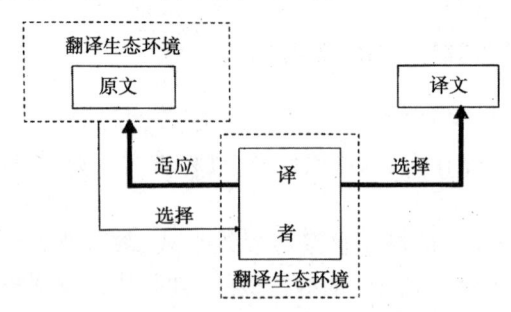

图12-1 译者"适应/选择"的翻译过程

(资料来源:胡庚申,2013)

第十二章　生态学维度下的英语翻译问题研究

在图 12-1 中,原文与译者周围的虚线框代表的是翻译生态环境。从表面粗略地来说,这一过程传达的是翻译过程是以译者作为主导的,是译者将原文作为典型要件的翻译生态环境的适应和以译者作为典型要件的翻译生态环境的选择的过程。显然,这一示意图传达了适应／选择的本来意义。

图 12-1 左侧的虚线框内的小方框代表的是原文,下面的细的箭头指向的是译者,表明这一阶段是选择译者的阶段。当然,这个细线的使用一是为了表明它是以原文作为典型要件的翻译生态环境对译者展开的选择,也是为了对粗线进行衬托。图 12-1 右侧的小方框代表的是译文。从译者向译文的指向箭头采用了粗线,表明这是以译者作为典型要件的翻译生态环境对译文展开的选择,即对译文选择的阶段。

简单来说,从适应／选择的视角对翻译过程展开解读就是译者适应与译者选择的过程。因此,生态翻译学将翻译定义为以译者作为主导,以文本作为依托,以跨语言信息作为宗旨,是译者为了与翻译生态环境适应而展开的文本移植的过程。这里译者"适应"的是原文、源语和译语所呈现的"世界"(即翻译生态环境),译者"选择"的是对翻译生态环境的适应度和对译本最终的行文。

如果运用等式表达就是:翻译过程＝译者的适应＋译者的选择。

更简化一点的公式就是:翻译＝适应＋选择。

二、"整合适应选择度"

所谓"整合适应选择度",即翻译的评定问题,即译者产生译文之后,在语言维度、文化维度等的选择性适应,并对其他翻译生态环境要素进行照顾的适应性选择程度的集合。

一般而言,如果某些译作的选择性适应与适应性选择的程度较高,那么其整合适应选择度也会较高。就生态翻译学而言,如果一篇译作俱佳,那么说明其整合适应选择度高。

译品"整合适应选择度"的评价与测定概括为如下"三个参考指标"。

(一)多维转换程度

"多维转换程度"是指译作的整合适应选择度从多大维度上对特定的翻译生态环境加以适应。具体来说,一是看其使用是否对原作的生态做到了尽量的保持,或者原作的生态是否破坏最小;二是要看其是否对译作的生态做到了尽量的保持,或者说译作生态是否保持很好。

如前所述,原文与译文生态主要体现在语言生态、文化生态、交际生态三个维度,因此"多维转换程度"也体现在是否做到了这三个维度的转换。译者只有在翻译中做到了"多维"的适应和至少三个维度的选择,才能塑造出俱佳的译作,才能成就"整合适应选择度"高的译品。这也说明一部好的译品,不仅体现在语言维度上,还体现在文化与交际维度上。

（二）读者反馈

"读者反馈"指的是包含专家读者、普通读者、翻译委托人、译作出版社等在内的各种人的反馈。就一定意义上说,这项指标主要是对译作的市场反馈与评价。

从生态翻译学的角度而言,其指的是对译作在目的语中的存活度的评价。一般而言,市场反馈的变量很大,也会涉及很多的因素。例如,就译作评论的目的来说,就有可能为了考核评分,可能为了欣赏介绍,或者可能为了审校译文等;就译作评论的重心角度来说,可以是作者、作者意图,或者是原文与译文语,或者是真理与社会等;就译作评论的操作程度来说,还需要了解与评估译者的意图,并根据这一意图指出其要凸显的重心,对译作进行剖析。总之,一般来说,"市场反馈"越好,表明译品在目的语中的"存活度"越高,也表明译品的"整合适应选择度"可能会越高。

（三）译者素质

"译者素质"指的是就生态翻译学的视角对译者展开研究,包括译者以往的能力、成就、知名度等。译者素质主要体现在译者对翻译主题是否熟悉、对跨文化是否敏感、对翻译生态环境能否有效判断、在翻译中是否表现出积极的工作态度等方面。这一指标的意义在于其能够使翻译标准的可预测性更高,侧重从整体的翻译生态环境来考量。可见,生态翻译学的译作评论标准是多维的,是整合的,因此与翻译效果的真实性更贴合。

就生态翻译学的角度而言,需要考虑两个层面:一是在对译者素质进行评定时,要注重译者在适应某项翻译任务时的基本素质;二是对译者素质进行评定时,要注重他们在以往的翻译工作中与这类翻译任务相似的适应素质。

三、文本移植与生态平衡

从翻译理念上来说,生态平衡和文本移植可以认为是挖掘翻译实质,

第十二章　生态学维度下的英语翻译问题研究

对翻译实质加以概括；如果从翻译行为与翻译操作上来说,可以认为是对翻译策略与翻译方法的研究。那么,为什么认识翻译实质又可以反过来成为翻译策略与翻译技巧呢？这一点不仅是因为二者有着紧密的关系,还在于其与看待问题的角度不同这一原因。

例如,严复提出"信达雅"这一翻译策略,如果仅仅从翻译标准的角度来说,可以将其视作翻译的标准或者翻译批评的标准；但是如果从翻译方法的角度来说,其又可以作为翻译操作中的一种参照。这样看来,生态翻译学中的生态平衡与文本移植观念也可以视作翻译策略与翻译方法,并将源语的文本原汁原味地移植到译语之中,实现源语与译语的平衡。

例如,为了保证与维持源语与译语的"基因"和"血液",使原文的基因和血液在译文里依然流淌并得到体现,作为一种策略选择,译者可以采用高度"依归"式的翻译策略处理文本。从生态翻译学的视角来说,这一策略是为了保证在翻译时译者对源语生态环境进行尽可能的适应,并对译文进行选择。例如：

将 to shed crocodile's tears 译为"流下鳄鱼的眼泪"

将 to carry coals to Newcastle 译为"运煤到纽卡斯尔"

上述理念表明,翻译过程中的译者适应与选择就是译者从原文内在的生态结构出发,对拟翻译的文本进行选择,并且在翻译的过程中依据原文固有的生态结构在另一种语言系统中进行再现。

四、生态翻译策略与方法的优化选择

译者对生态翻译策略与方法的优化选择,主要表现为译者在适应翻译生态环境变化的前提下,为获得较高的"整合适应选择度"而对翻译策略与技巧进行优化的变换使用。

一般来说,直译、语义翻译和异化翻译三者之间的共同之处是比较靠近原文；而意译、交际翻译和归化翻译三者之间的共同点是比较靠近目的语或目的语读者。虽然有交叉重叠的地方,但是也有区别。

从生态翻译学的视角来说,无论采用异化、归化还是直译、意译,这些策略与方法都可以看作译者为了与翻译生态环境相适应做出的一种翻译策略的选择。由于翻译适应选择的理论不是从作者/原文的角度来定义翻译,也不是从译文/读者的角度来定义翻译,而是从译者的角度对翻译展开界定,因此无论是异化还是归化,是直译或者意译,都可以将其理解为择善而从——即译者为"求存"而"择优"。从译者适应与选择的角度来解释上述问题的道理可以说是简单的：由于翻译定义为"以译者为主导、以文本为依托、以跨文化信息转换为宗旨,翻译是译者适应翻译生态环境而对文本进行移植的选择活动",而包括社会、文化、读等在内的翻译生态环境又是在不断地、动态地变化之中,为了适应动态的、不断变化的翻译生态环境,译者在归化和异化或者在直译和意译之间做出与翻译生态环境相适应的选择也就很自然了。

参考文献

[1] 芒迪.翻译学导论[M].李德凤等译.北京:商务印书馆,2007.

[2]《辞海》编辑委员会.辞海[M].上海:上海辞书出版社,1989.

[3] 巴尔胡达罗夫著.蔡毅等编译.语言与翻译[M].北京:中国对外翻译出版公司,1985.

[4] 白靖宇.文化与翻译(修订版)[M].北京:中国社会科学出版社,2010.

[5] 曾文雄.语用学翻译研究[M].武汉:武汉大学出版社,2007.

[6] 陈浩东.翻译心理学[M].北京:北京大学出版社,2013.

[7] 封宗信.现代语言学流派概论[M].北京:北京人民大学出版社,2006.

[8] 冯庆华,刘全福.英汉语言比较与翻译[M].北京:高等教育出版社,2011.

[9] 辜正坤.中西诗比较鉴赏与翻译理论[M].北京:清华大学出版社,2003.

[10] 郭建中.当代美国翻译理论[M].武汉:湖北教育出版社,2000.

[11] 何江波.英汉翻译理论与实践教程[M].长沙:湖南大学出版社,2010.

[12] 何远秀.英汉常用修辞格对比研究[M].成都:西南交通大学出版社,2011.

[13] 何自然,冉永平.新编语用学概论[M].北京:北京大学出版社,2009.

[14] 何自然.语用学与英语学习[M].上海:上海外语教育出版社,1997.

[15] 黑格尔.美学[M].朱光潜译.北京:商务印书馆,1976.

[16] 侯维瑞.英语语体[M].上海:上海外语教育出版社,1988.

[17] 胡庚申.生态翻译学:建构与诠释[M].北京:商务出版社,2013.

[18] 黄龙.翻译学[M].南京:江苏教育出版社,1987.

[19] 黄勇.英汉语言文化比较[M].西安:西北工业大学出版社,2007.

[20] 金惠康.跨文化交际翻译续编[M].北京:中国对外翻译出版公司,2003.

[21] 康德.判断力批判[M].朱光潜译.北京:商务印书馆,1979.

[22] 兰萍.英汉文化互译教程[M].北京:中国人民大学出版社,2010.

[23] 李炳全.文化心理学[M].上海:上海教育出版社,2007.

[24] 李建军.文化翻译论[M].上海:复旦大学出版社,2010.

[25] 李建军.新编英汉翻译[M].上海:东华大学出版社,2004.

[26] 李捷,何自然,霍永寿.语用学十二讲[M].上海:华东师范大学出版社,2010.

[27] 李鹏程.西方美学史(第三卷)[M].北京:中国社会科学出版社,2008.

[28] 李占喜.语用翻译探索[M].广州:暨南大学出版社,2014.

[29] 廖七一.当代英国翻译理论[M].武汉:湖北教育出版社,2001.

[30] 刘军平.西方翻译理论通史[M].武汉:武汉大学出版社,2009.

[31] 刘宓庆,章艳.翻译美学理论[M].北京:外语教学与研究出版社,2011.

[32] 刘雅峰.外宣翻译过程研究:译者的适应与选择[M].北京:人民出版社,2010.

[33] 卢明森.思维奥秘探索——思维学导引[M].北京:北京农业大学出版社,1994.

[34] 罗新璋.翻译论集[M].北京:商务印书馆,1984.

[35] 冒国安.实用英汉对比教程[M].重庆:重庆大学出版社,2004.

[36] 牟宗三.中国哲学十九讲[M].上海:上海古籍出版社,1997.

[37] 潘知常.中西比较美学论稿[M].南昌:百花洲文艺出版社,2000.

[38] 彭萍.实用旅游英语翻译:英汉双向[M].北京:对外经济贸易大学出版社,2010.

[39] 钱冠连.汉语文化语用学[M].北京:清华大学出版社,2002.

[40] 钱津.生存的选择[M].北京:中国社会科学出版社,2001.

[41] 冉永平.语用学:现象与分析[M].北京:北京大学出版社,2006.

[42] 苏姗·布莱克摩尔著,高申春,吴友军,许波译.谜米机器[M].

长春：吉林人民出版社,2001.

[43] 童庆炳．文学原理教程 [M]．北京：高等教育出版社,2001.

[44] 王武兴．英汉语言对比与翻译 [M]．北京：北京大学出版社,2003.

[45] 王祥云．中西方传统文化比较（2 版）[M]．郑州：河南人民出版社,2006.

[46] 魏海波．实用英语翻译 [M]．武汉：武汉理工大学出版社,2009.

[47] 吴叔尉,胡晓．英汉语言对比与翻译 [M]．北京：中国书籍出版社,2014.

[48] 吴为善,严慧仙．跨文化交际概论 [M]．北京：商务印书馆,2010.

[49] 武锐．翻译理论探索 [M]．南京：东南大学出版社,2010.

[50] 谢天振．当代国外翻译理论导读 [M]．天津：南开大学出版社,2008.

[51] 辛凌,王婷．大学英语实用翻译教程 [M]．重庆：重庆大学出版社,2009.

[52] 熊学亮．简明语用学教程 [M]．上海：复旦大学出版社,2008.

[53] 徐善伟．东学西渐与西方文化的复兴 [M]．上海：上海人民出版社,2002.

[54] 许钧．翻译论 [M]．武汉：湖北教育出版社,2003.

[55] 闫文培．全球化语境下的中西文化及语言对比 [M]．北京：科学出版社,2007.

[56] 严明．大学英语翻译教学理论与实践 [M]．长春：吉林出版集团有限公司,2009.

[57] 颜林海．翻译认知心理学（修订本）[M]．北京：科学出版社,2015.

[58] 颜林海．翻译审美心理学 [M]．北京：科学出版社,2015.

[59] 杨丰宁．英汉语言比较与翻译 [M]．天津：天津大学出版社,2006.

[60] 杨贤玉．英汉翻译概论 [M]．北京：中国地质大学出版社,2010.

[61] 张今,陈云清．英汉比较语法纲要 [M]．北京：商务印书馆,1981.

[62] 张今．文学翻译原理 [M]．开封：河南大学出版社,1987.

[63] 张培基．英汉翻译教程（修订本）[M]．上海：上海外语教育出版社,2009.

[64] 张维友．英汉语词汇对比研究 [M]．上海：上海外语教育出版社,

2010.

[65] 郑诗鼎. 语境与文学翻译 [M]. 重庆：西南师范大学出版社，1997.

[66] 钟书能. 英汉翻译技巧 [M]. 北京：对外经济贸易大学出版社，2010.

[67] 何远强. 文学翻译本质论——兼评"和谐理论"的文学翻译本质观 [D]. 上海：华东师范大学，2006.

[68] 曾宪才. 语义、语用与翻译 [J]. 现代外语，1993（1）.

[69] 陈治安，文旭. 关于英汉对比语用学的几点思考 [J]. 外语与外语教学，1999（11）.

[70] 方造. 文化移植中的若干问题 [J]. 外语学刊，1996（1）.

[71] 胡庚申. 傅雷翻译思想的生态翻译学诠释 [J]. 外国语，2009（2）.

[72] 柯飞. 译史研究，以人为本 [J]. 中国翻译，2002（3）.

[73] 马爱香. 英汉翻译中的文化移植 [J]. 兰州医学院学报，1999（4）.

[74] 彭慧. 社交指示语的汉英翻译 [J]. 湖南人文科技学院学报，2007（6）.

[75] 冉永平. 词汇语用学及语用充实 [J]. 外语教学与研究，2005（5）.

[76] 邵璐. 西方翻译文体学研究（2006—2011）[J]. 中国翻译，2012（5）.

[77] 沈苏儒. 继承·融合·创立·发展——我国现代翻译理论建设刍议 [J]. 外国语，1991（5）.

[78] 谭海玲. 翻译中的文化移植——妥协与补偿 [J]. 中南工业大学学报（社会科学版），2001（1）.

[79] 王宗炎. 介绍赵元任《译文忠实性面面观》[J]. 中国翻译，1982（3）.

[80] 郑丽君. 跨文化翻译中的文化移植 [J]. 科技信息，2010（26）.

[81] 钟海英. 文学翻译策略的语用理据 [J]. 广东技术师范学院学报，2007（11）.

[82] 朱宏达，吴洁敏. 朱生豪翻译活动大纪事 [J]. 中国翻译，1988（6）.

[83] Bassnett, S. & A. Lefevere. *Translation, History and Culture*[C]. London and New York: Pinter, 1990.

[84] Catford, C. *A Linguistic Theory of Translation*[M]. London: Oxford University Press, 1965.

[85] Firth, J. R. *Papers in Linguistics 1934—1951*[M]. London: Oxford University, 1957.

[86]Jakobson, R.On Linguistic Aspects of Translation[A]. *On Translation*[C]. R. A. Brower. Boston: Harvard University Press,1959.

[87]Katan, David. *Translating Cultures*[M]. Manchester: St. Jerome Publishing,1999.

[88]Lance, H. & M. Jacky. *Redefining Translation: The Variational Approach*[M]. London and New York: Routledge,1991.

[89]Lawendowski, Boguslaw. On Semiotic Aspects of Translation[A]. *Sight, Sound and Sense*[C]. Thomas A.Sebeok.Bloomington: Indiana University Press,1978.

[90]Lyons, J. *Semantics*[M]. Cambridge: Cambridge University Press,1977.

[91]Nida, E. & C. Taber. *The Theory and Practice of Translation*[M]. Leiden: E. J. Grill,1969.

[92]Phillipson, Robert. Book Review[J]. *Language Policy*,2006（5）.

[93]Warren, R. *The Art of Translation: Voices from the Field*[C]. Boston: Northeastern University Press,1989.